分断都市から包摂都市へ

東アジアの福祉システム

全 泓奎 編著

東信堂

はじめに

「もう平常への復帰はない。古い生活の廃墟の上に、新しい「平常」を構築しなければならなくなるだろう」(スラヴォイ・ジジェク, 2020)

いま世界は、新型コロナウィルス(COVID-19)感染症によるパンデミックの真只中にある。

全世界で2千万人を超える感染者が発生しており、死者の数だけでも80万人を超えている。東アジアでも感染源とされている中国をはじめシンガポールに感染者が多く、日本や韓国でも2万人以上の感染者が報告されている。しかし欧米に比べれば、東アジアは感染の広がりが弱まっているという報告もあり、今後は、コロナ禍による経験知をいかに共有していくのかという点が課題と言えよう。

本書は、このような東アジア間の経験共有を図っていくための一連の実践の記録であり、今後の交流や協力のプラットフォームを構築するための成果をまとめたものでもある。しかしそれは、ジジェクが指摘するように、これまでとは次元の違う、全く新しい「平常」を構築していくための取り組みになるかもしれない。

本書が対象としている内容は、東アジア、なかでも北東アジアの都市における福祉システムである。東アジアの福祉システムの特有性については、西欧の研究者のみならず、当該国・地域の研究者からの発信も増えつつある。それは、租税による再分配に大きなウェイトを置く欧米型の福祉システムとは異なる、東アジアの国や地域が辿ってきた開発主義のシステムと社会福祉領域の統合モデルとも言え、生産主義、もしくは福祉開発主義とも言われている。西欧の福祉モデルに比べ、相対的に関心の対象となりにくかった東アジアの福祉実践が、一つのモデルとして目されるようになった背景の一つには、1990年代後半にアジアを襲った通貨危機がある。当時、ソウル都心では急増するホームレスの人びとへの対応に追われ、圧縮的高度成長から忘れ去られていた貧困問題が、再び都市問題の象徴として浮上し、社会や政策側は対応を迫られていた。筆者もまた、当時、ソウル駅近くの公園で行われていた支援団体による炊き出しに参加していた。彼らは「失職野宿者」(問題の所在を経済危機による失業問題に照準を当て、政府の失策を問い質すための表現として使われていた)と呼ばれていた。

その後、危機的な状況に陥っていた東アジアの社会が、いち早く危機から脱することができたことへの関心が高まった。それは、東アジアの特殊性、つまり西欧の福祉先進国が福祉国家から撤退したのに対し、東アジアはまるでそれに逆行するかのように福祉国家への途をたどっていったことが、多くの関連研究者の関心を集めたからである。少々度合いの違いはあるにせよ、近年多くの国や地域で福祉予算が政府支出の大きなウエイトを占めるようになっており、それに一部の民間部門もパートナーとなって福祉実践の一翼を担っている。生産主義、福祉開発主義としての様相は色あせていない。

本書は、東アジアの都市間交流と実践の共有のために設けられてきた国際共同による交流で展開されてきた研究や実践内容をまとめる形で構成されている。取り上げる地域は、これまでに交流があった日本を始めとする北東アジアの5つの近隣国・地域の都市部「大阪、東京、ソウル、台北、新北、香港、九龍、北京等」の社会的不利地域(公共住宅、エスニックコミュニティ、簡易宿泊所密集地域、老朽したニュータウン、被差別地域、被災地域等)である。社会的不利地域にかんしては、日本のみならず、東アジアに通底する都市問題であることがこれまでの共同研究や相互交流のプロセスの中で明らかになっており、既に基礎的な理解を得るための入門書を刊行している(全泓奎編, 2016, 2019)。本書は、その活動の延長線上に位置づけられる。

また、これらの交流の場として、当初2020年に開催の予定であった、記念すべき「第10回東アジア包摂都市ネットワーク・ワークショップ」の開催が、この間のコロナ禍による影響で延期となっており、本書は交流の空白を埋め合わせるものでもある。

香港は、中国からの圧力が強まるなか、政治的困難を極めている。これまでの国際的な金融ハブとしての香港に、連日催涙弾が飛び交っているのも珍しくない風景になってしまった。Yip 論考は、そのような厳しい状況にある都市、香港における住宅問題を論じている。不平等都市におけるたたかいの実態について、都市の分極化や居住困窮、そして矛盾した行政施策にかんする鋭い考察を寄せている。コルナトウスキもこうした香港の住宅問題への対応として進められている社会住宅実践について紹介しており、両論考を合わせて読むことによって、香港における都市開発の歴史、居住実態や関連施策、実践の総合的な実像をとらえる手助けになる。

台湾では、都市住宅問題への対応として、若者を中心に都心の中心部を占拠しながら抗議活動を展開した住宅運動の始まりから 30 周年を迎えた。当時の運動の中心に立って路上で他の若者と一緒に闘っていた黄は、当時の経験から現在の住宅運動や、それに影響を受けてきた台湾の住宅政策の現状を述べる。劉の論考は、台北市内の社会的不利地域における住民の居住実態や問題等に直面し、地域住民や地元行政、そして研究者等の関係者が、どのように協力しているのかを報告している。

一方、中国では、近年若者の居住問題に注目が集まっている。IT 先進国を目指し、都市再開発や再編を繰り返している中国の都市における若者の暮らしや居住問題についての閻の論考は、東アジア共通の話題でもあり、時宜を得た内容である。

金は、少子高齢化の進展のような、韓国社会があたかも日本を追いかけているように見える中、積極的な政府介入を特徴として持つこれまでの日韓の住宅市場のように、今後も韓国が日本のような住宅市場の変化を経験するだろうかと問いかけている。南は、ソウル市の施策として始まったが、現在は中央政府まで巻き込んだ形で実施されている、社会住宅プログラムを紹介する。大規模土地を必要としている公共住宅に比べ、小回りが利き、アフォーダブル住宅を必要とする世帯のニーズにも応えやすい社会住宅の成果を取り上げ、さらに今後の課題を提示する。湯山は、韓国の公的扶助政策を紹介している。日本に比べると福祉国家の制度形成に遅れ、「後発型」ともいわれてきた韓国だが、1990年代後半となるとほとんどの社会保険制度が整備され、公的扶助制度にも革新的な変化が見られる。一方、国の制度だけではカバーしきれない人の存在もあり、ソウル市はそこから零れ落ちた人々への独自の制度を実施している。

続いて阿部は、「持続可能な開発目標（SDGs）」の日本での実施に向けた方向付けに、地域振興を重視する国の政策的意図を正確に把握した自治体側の「忖度」があったのではと指摘する。そして、自治体がSDGsのバランスのとれた達成を目指すためにも、そうした取り組みに対する国の支援が必要と述べている。

水内らは、社会的不利や支援が集中する地域を「サービスハブ地域」として提唱している。さらに各地で展開するさまざまなサービスハブ地域を抽出し、それらの地域の現状や変容および、今後の展望等について比較考察しながら、今後大陸欧州モデルとの架橋への貢献を試みている。

矢野は、 2002年の同和対策関連法失効後の大阪市内の3つの被差別地域の実態を取り上げ、各地域に共通する問題や取り組んできたまちづくりの特徴を紹介しつつ、法失効後にも続く様々な地域課題への解決に向けた新たな地域実践を紹介する。

志賀は、社会構造上の問題としての「貧困」「社会的排除」という理解に基づき、地域の取り組みの意義と理論的課題について検討する。さらに、地域のささいな取り組みであっても、貧困の再発見や社会的対応への貢献に資することができると論じている。

全と川本の論考は、両方とも移住者を対象としている。コロナ禍による影響で、難民・移住者の生活は厳しさを増しており、とりわけそれは、災害のような非日常が襲った時に困難を極める。全はコロナ禍による状況を災害と捉えることの意義を唱えながら、これまでの大きな災害での移住者の困難やそれに立ち向かうための関係者の実践を紹介している。川本は、コロナ禍による難民・移住者への影響について現場からのリアルな報告を行っている。移住者の命綱でもある教会が、緊急事態宣言時に閉鎖されたなか、移住者の困難や支援の難しさを詳細に取り上げ、社会的関心の重要性を促している。

各国や地域による報告に加え、これまでの交流の輪にかかわってきた研究者や実践家、都市自治体行政の実務家等による報告もコラムという形で紹介している。紙面の限りがありその全部を紹介することは割愛するが、各チャプターとコラムを読み合わせることで、これまでの交流による知見を読者とも共有できる機会としたい。

参考文献

全泓奎編、2016、『包摂都市を構想する：東アジアにおける実践』、法律文化社
全泓奎編、2019、『東アジア都市の居住と生活：福祉実践の現場から』、東信堂
スラヴォイ・ジジェク、2020、『パンデミック：世界を揺るがした新型コロナウィルス』、株式会社Ｐヴァイン

目次／分断都市から包摂都市へ：東アジアの福祉システム

【コラム：日本】

分断都市から包摂都市へ：

東アジアの福祉システム

I　香　港

1章　不平等都市における苦闘：香港の住宅問題

Ngai Ming Yip（葉毅明）

2章　香港の社会住宅　ヒェラルド・コルナトウスキ

【コラム】

①共住共生：香港における低所得ひとり親世帯向けの中間ハウジング　MAK Yee Ting

②香港における中間ハウジングの発展および挑戦　香港社区組織協会

③公認住居管理協会について　公認住居管理協会アジア太平洋支部

④ホームレスのための新たな友好的な社会集団の構築　施慧玲

⑤香港の屋上農園に学ぶ意義　綱島洋之

1章　不平等都市における苦闘：香港の住宅問題

Ngai Ming Yip（葉毅明）
（City University of Hong Kong）

1. イントロダクション

香港は有数のグローバル金融センターであり、きわめて豊かな都市である。また高密度でコンパクトなことでも世界的に知られる。空間への競争は熾烈で、土地や住宅の価格には高いプレミアムがついているため、住宅資産と非住宅資産がともに世界で最も高価な都市となっている。しかし、住民すべてが豊かなわけではない。香港は富と所得の両面で二極化が激しい。所得格差の開きは先進国・地域の都市で最も大きいだけでなく、要件の厳しい現金給付型福祉制度は、貧困世帯が貧困を脱する手助けにはほとんどなっていない。高額な住宅費と低所得世帯の支払い能力との落差が、支払い可能な（アフォーダブルな）住宅の不足という深刻な問題を生み出している。他方で公共住宅部門が大きく発展し、支払い可能な価格の賃貸住宅や分譲住宅を提供している。これが香港にとってきわめて重要な社会的プログラムであることは間違いない。

しかし、このような大規模な社会的プログラムを維持し、都市全体の成長を支える試みは、深刻な困難を抱えている。社会的・経済的環境の変化に伴い、開発用地を造成する既存の手法が新たな問題に直面しているのである。コミュニティの新たなコンセンサス形成が必要なため、議論に費やす時間が長くなる一方、2000年代初頭の住宅価格の長期的暴落を受け、政府が土地開発を手控えたことで、住宅供給は深刻化した。住宅価格や家賃の上昇だけでなく、貧困世帯の生活環境も悪化している。本稿の目的は、香港の住宅問題のコンテクストを明らかにするとともに、住宅問題の原因と結果だけでなく、住宅プログラムについても詳しく説明することである。

2. コンテクスト

面積1,100平方キロメートルに、2018年現在人口740万人（The Government of Hong Kong SAR, 2020）を抱え、人口密度が1平方キロメートルあたり6,880人となる香港は、世界で一二を争う高密度都市だ。さらに状況を悪化させているのは、開発向きの平坦地の利用を制約する険しい地形に起因する、いびつな人口分布である。開発初期、ビクトリアハーバーの両岸の狭い土地に沿って都市が作られたときに、この点は特に顕著であった。こうした経緯があるため、中心市街地の人口密度はきわめて高い。例えば、最も稠密な観塘区（Kwun Tong）では、1平方キロメートルあたりの人口は61,500人である（Census and Statistics Department, 2019）。香港の開発密度が超高密度化するゆえんだ。新しく建設された住宅の多くが50～60階建てになるのも無理はない。1970年代以降、ビクトリアハーバー周辺の旧市街は、320万人（1961年）から520万人（1981年）と、20年間で39％も増加したため、人口の将来的な拡大に対応できなくなっていた（Ho, 2017）。旧市街の外側にニュータウンを建設する野心的な計画が1970年代初頭に始まった。その後、11カ所のニュータウンが開発されている。

海の埋立てが都市開発用の平地を造成する主な手法である。この試みは1890年代まで遡る。元々は貿易会社で、植民地時代には有力な不動産会社となったホンコンランド（Hongkong Land）社が、ビクトリアハーバーの26ヘクタールの埋立てを行ったのが始まりだ（Bard, 2002）。埋立て面積は現在まで約7,000ヘクタール余りで、土地面積全体の7％を占める（Civil Engineering and Development Department, 2020）。しかし、1997年にはビクトリアハーバーの埋立てを禁止する法律が成立した。またその後の環境保護法令の強化により、ビクトリア・ハーバー以外の地域での埋立て計画は、厳しい環境影響評価プロセスとパブリック・コンサルテーションが条件となった。このため埋立て工事は劇的に減少した。

しかし同時に、高密度に構築された近代的な大都市でありながら、香港は自然環境がきわめてよく保たれてもいる。世界の主要都市のなかでも自然植生の割合が高いだけでなく、多くの渡り鳥も集まってくる。例えば、クロツラヘラサギなど世界的に絶滅が危惧される鳥の主要な中継地になっている（Agriculture, Fisheries and Conservation Department, 2020）。香港の土地の40％は公立公園（country parks）に指定されており、自然景観や生息地を保護するために開発が禁止されている。公立公園の境界変更には、入念なパブリック・コンサルテーションを含む長い法的手続きが必要となる。一連の厳しい環境保護法令は、後述する都市開発に大きな影響を及ぼしている。

香港は世界有数の裕福な都市（2019年のGDPは3,660億米ドル（World Bank, 2020）で世界36位）だが、グローバルノースで最も不平等な都市でもある。この点で香港は最貧国と変わらない。こうした状況は住宅にも悪影響を及ぼしている。土地供給面での制約により住宅供給量の増加が抑制される一方で、住宅不足は、19世紀半ばの香港誕生以来、慢性的な問題となっている。問題が深刻化したのは1950年代初頭だ。第二次世界大戦時の空爆で住宅事情はすでに甚大な被害を受けていたが、国共内戦で難民数百万人が香港に逃れたため、住宅不足が発生した。過密だが安価なアパート街に入り込めなかったニューカマーたちは、仕事場所に近い空き地に掘っ立て小屋を建てるしかなかった。こうしてできたスクウォッターは、公衆衛生上の脅威となるだけでなく、火災を招く大きな危険も生み出していた。1954年以前には、大規模火災事件がすでに何件も発生しており、世界最大級の公共住宅プログラムのきっかけとなった石硤尾（Shek Kip Mei）大火（Smart, 2006）に匹敵するほどであった。

1953年のクリスマスイブに発生し、5万人以上が家を失った九龍の石硤尾大火を受け、植民地政府は被災者向け公共住宅を建設した。また一回限りの救済措置にとどまらず、アジア最大級の公共住宅プログラムの幕開けともなった。これは慢性的な住宅不足問題に対処するため、安価な住宅を提供するという野心的な試みであった（Smart, 2006）。公共住宅プログラムは次第に範囲を広げ、低所得世帯向けの手頃な賃貸住宅だけでなく、中所得世帯が住宅所有者になるのを支援する分譲住戸の供給も行うようになった。

香港の公共住宅部門は、香港の世帯の半分近くを占めているため、その居住構造はアジアの他の都市とは大きく異なる。アジアの多くの大都市では住宅所有率は比較的高いが、香港では49％と比較的低い。実際、住宅所有者の約3分の1（33％）が民間住宅を所有しているのに対し、住宅所有者のうち16％は「持ち家支援制度」（Homeownership scheme）を利用して、政府開発の住宅を購入している。残りは政府（29％）または民間家主（15％）の賃貸住宅居住者である（Census and Statistics Department, 2017）。

3. 住宅の手頃さ

香港が世界トップなものの一つに、住宅価格の高さがある。2019年時点で、香港にはニューヨークの57番街にあるものよりやや小さいが、世界第二位の広さのマンション住戸が存在する一方、世界最高価格の住戸（Lo, 2019）もあり、2020年時点の価格は一平方メートルあたり15万米ドルだった（Squarfoot.com.hk, 2020）。一般的な住戸ですら、2019年の価格は1戸あたり120万米ドルとなっている（Nicholas, 2019）。しかし、これだけ高い金を払って入手できるのは、国際的に見れば狭い、平均60平方メートルの住戸にすぎない。1平方メートルあたりの価格は2万米ドルである。

住宅価格の高騰により、香港は住宅価格の手頃さ（アフォーダビリティ）の点で世界ワースト1位の都市だ。平均住宅価格と世帯所得中央値を比較し、住宅価格の手頃さを大まかに捉えると、香港は世界50都市で最低となる（Demographia, 2019）。香港の平均所得世帯は、所得の20.8年分を全額費やしてようやく、平均価格で平均的な広さのマンション住戸を購入できる。住宅の手頃感が2番目に低いのはカナダのバンクーバーだが、必要な所得は12年分である（**図1-1**）。

しかし、こうした比較は、都市間の住宅価格の手頃さを簡単に可視化できる反面、住宅購入者の圧倒的多数が購入時に住宅ローンを利用している点が考慮されていないので、住宅購入者の入手しやすさ（アフォーダビリティ）を

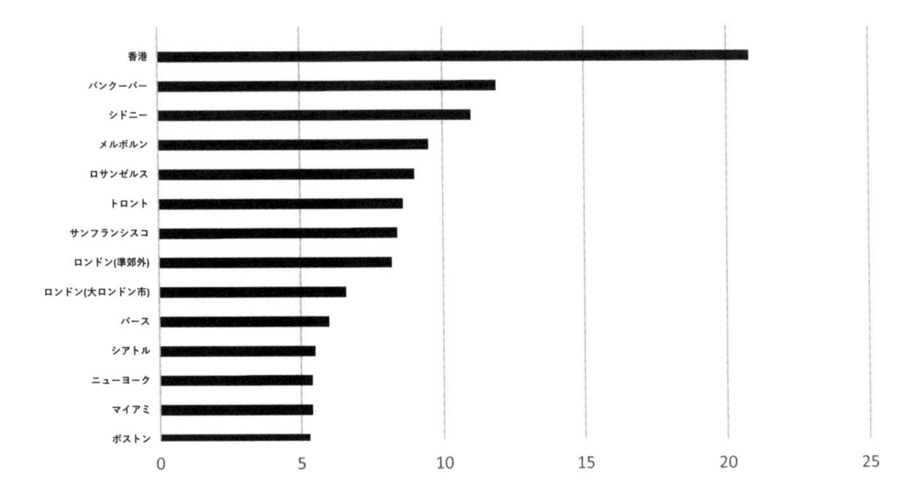

図 1-1　世帯年収中央値に対する住宅価格中央値の倍率（単位：年）

出典：Demographia（2019）表 6（抜粋・修正を施した）

正確に示していない可能性がある。もっと厳密な指標として、住宅ローンの返済負担を考察することができるだろう。先ほどの指標と同じデータを使い、平均的な価格の住戸と平均的な所得の住宅購入者を考えると、こうした住宅購入者は、平均的な住宅ローン金利で 20 年ローンを組んだ場合、2018 年時点の月収の 60% というやや「控えめ」な水準を返済に割り当てる必要がある（CEIC, 2020）。この水準は 20 年前の状況よりもかなり改善されている。1997 年で同様の世帯は、住宅ローンの返済に所得の 87% を割く必要があった。なおこの 20 年で住宅価格は実質 2 倍になっている（CEIC, 2020, Li, 2017）。

しかし、住宅ローンの返済額を考慮して、住宅価格の手頃さをより詳しく測定したものでも、頭金を反映することができないため、指標としては不完全だ。事実、香港での住宅購入には、（2020 年時点で）住宅評価額の 40%（125 万米ドル以上の物件では 50%）という多額の頭金が必要となる。住宅購入者は頭金用に多額（通常は年収の何倍もの）の貯蓄をしなければならないため、住宅購入には深刻な富の制約がある。既に住宅を所有している世帯は、手持ちの住戸を売るなどして頭金を支払うこともできるが、新規住宅購入世帯は、こうした超高額の頭金制度に最も大きな影響を受けている。

一方で、近年返済額の「好転」は、各国政府の超低金利政策で覆い隠されている。これは、マネーサプライを増加させて低迷する経済の復活を促す、米国の「量的緩和」政策を受けたものだ。住宅ローンの返済額は、金利が「正常」に戻れば跳ね上がる。このような状況のもと、香港金融管理局（香港中央銀行に相当）は、住宅ローン金利が3%上昇すると、返済に世帯所得の50%以上を割かなければならないケースについて、住宅ローンの販売を禁止する「ストレス」テストを銀行に指示している（HKMA, 2014）。これは銀行側のリスクを最小限に抑えるための賢明な措置とはいえ、収入に乏しい住宅購入者による住宅の購入をいっそう難しくしている。

しかし、住宅価格の手頃さとは、こうした単純な指標が示しうるものよりも複雑である。実のところ、平均住宅価格と世帯年収中央値の年数に対する比率を用いて手頃さを大まかに示すやり方を香港に当てはめるのはミスリーディングだ。香港では、半数近い世帯が政府の補助金で建設された住宅に入居済みであり、こうした世帯の大半は、公共賃貸住宅や持ち家支援制度による公共分譲住宅に入居するために、世帯中央値以下の所得しか得ていない。したがって、民間セクターで住宅を購入しなければならない人びとの所得中央値は、香港の平均よりもはるかに高いはずなのだ（Leung et al, 2020）。したがって、こうした潜在的な住宅購入者にとっての手頃感は、先ほどの指標が示すよりもずっと良好なはずである。

現実には、住宅ローンを抱える住宅所有者は、2016年時点で世帯所得の平均19%を住宅ローンの返済に充てるだけで済んでいる（Census and Statistic Department, 2017）。住宅価格は2001年から2016年に名目値で80%上昇したが、所得に占める返済負担の割合は2001年時点の約30%から下落した（Census and Statistic Department, 2002）。香港の住宅所有者の半数以上が住宅ローンを完済していることを考えると（Census and Statistic Department, 2017）、支払い可能性の問題は、最近住宅を購入した、困窮する住宅所有者のごく一部にしか当てはまらない。

この点で、住宅価格の高さが及ぼす影響は、既存の住宅所有者と新規住宅購入者とでは大きく異なる。所得上の制約だけでなく、富の制約（頭金負担）は、よりよい環境への住み替えを希望する住宅所有者よりも、新規住宅購入者に重くのしかかる。住宅所有者は、所有する住宅の資産価値の上昇を利用して、頭金の支払いと住宅ローンの繰り上げ返済の両方または片方を行ってきたと考えられる。住宅ローンの支払いがない住宅所有者は、自分の住宅に改めて抵当権を設定して、子どもの住宅購入を支援することもできる。こうした動きによって、すでに深刻な香港の所得と富の不平等はさらに深刻化するだろう。

4. 都市の二極化と貧困

世界第3位の金融センターである香港は、雇用の46.3％を占め、GDPの57.3％に貢献するサービス産業に大きく依存している(Census and Statistic Department, 2019)。サービス産業セクターの中で、特に定着しているのはハイエンド向けの金融・専門サービスだ。多国籍企業のグローバル本社や地域本社が高度に集中している香港は、世界第3位のグローバル金融センターの地位を保っている。このため高給の専門職労働者が増加し、ハイエンド向けの住宅需要が旺盛である。

同時に、香港はアジアで2番目に億万長者の割合が高い(Ponciano, 2020)。さらに、外国人に住宅購入規制や資本移動規制がなく、固定資産税が掛からず、全体的な税率も抑えられているため、不動産市場への資本流入の聖域となっている。このため、中国の富裕層には、香港に資産を移しての不動産購入が広がっており、香港の高級マンションへの投資需要を煽っている。

住宅価格は超低金利に支えられている。研究によれば、人口移動、長期的な経済的見通し、土地や住宅の供給といった住宅需要に関わる基本的要因は、住宅価格の長期的な動向に影響を与えてはいるが、住宅価格の短期的な変動にはほとんど寄与しない(Yiu, 2009)。住宅価格の短期的な変動は、短期金利に左右される投資動機の強さに大きく影響を受けている(Yiu, 2009)。住宅供給の増加には長いリードタイムが必要なことを考えると、世界的な量的緩和政策が生んだ低金利体制は、住宅価格をさらに押し上げ、一般的な民間住宅を住宅新規購入者には手の届かない存在としてしまっているのである。

しかし、香港は一人当たりのGDPが2019年には48,755米ドルと、世界第15位（World Bank, 2020）の豊かさの一方で、激しく二極化してもいる。所得分配の偏りを示す指標である所得分布のジニ係数は、2016年に0.53だった（Census and Statistic Department, 2017）。これはおそらく経済先進国・地域で最も高い。香港はこの点で、グアテマラ、パラグアイ、コロンビアなどグローバルサウスの多くと同水準だ（CIA, 2020）。豊かな都市のなかでこうした水準にあるのは、シンガポール（0.46）と米国（0.45）に限られる。

こうした激しい所得格差は、富裕層と貧困層との所得落差の激しさにも反映されている。2016年には、所得上位10％層の月平均収入は19,500米ドルで、所得下位10％層の月収825米ドルの24倍だった（Census and Statistic Department, 2017）。その差は時間とともに広がっている。同じ数字は2001年にはほんの11倍だったのである（Education Bureau, 2015）。

こうした激しい所得格差が、貧困世帯の割合が高い状況を作り出しているのは無理もない。香港は2012年に貧困線を設定した。収入が、世帯規模ごとに世帯収入中央値の50％を下回る世帯を貧困世帯に分類する貧困線を設定したところ、現金給付を計算に入れない時点では、20.6％の世帯がこのラインを下回っていたことが判明した。貧困率は2012年以降、わずかに改善していたが、近年は再び上昇に転じている。2018年には20.4％にまで上昇し、140万世帯が貧困状態にあった（Poverty Commission, 2019）。高齢者は最も被害の大きかった社会集団で、現金給付を含めない時点では70％以上が貧困状態にあった。公的扶助などの現金給付を含めると、貧困率は15％に低下する（Poverty Commission, 2019）。2019年の貧困率が15.7％だった日本やOECD諸国と同水準である（OECD, 2020）[1]。

香港では貧困家庭の収入を補う政策が1971年に始まった。〔生活保護にあたる〕「総合社会保障援助制度」（CSSA）は、受給資格線（貧困線とは連動しない）を下回る世帯に現金を支給するものである。2020年4月現在、22万7,000世帯を超える世帯が請求を行っており、大半（59％）は高齢者世帯（ほとんどが単身世帯）である（HKSAR, 2020）。しかし、高齢者世帯に比較的手厚いとはいっても、給付水準はかなり厳しい。例えば、健康な単身高齢者世帯は、対応する（単身者の）貧困線の50％を上回る現金給付（住宅扶助を含む）を受けることができる。しかし、3人の子を持つひとり親世帯が受け取ることができる給付額は、4人世帯の貧困線の約4分の3でしかない[2]。

住宅は特別と見なされているため、CSSAの住宅扶助は、住宅市場の変動の激しさを反映するように別途調整がなされている。2020年時点で住宅扶助費の上限は、単身者世帯は320米ドル、4人世帯は990米ドルだ。この金額では、民間賃貸部門でまともな物件を借りることは到底できない。実際には、CSSA受給世帯の方がすでに恵まれている。CCSAの受給資格線をかろうじて上回る収入のある貧困世帯が、自分たちに手の届くまともな物件を民間賃貸部門で探すことは、現実にはできないだろう。事実、CSSAを利用する世帯や貧困世帯全般は、公共賃貸部門に参入してはじめて、支払い可能な家賃でまともな物件に入居できるのである。次のセクションでは、公共部門の住宅が貧困層の悲惨な住宅事情をどのように緩和できているのかを詳しく述べる。

5. 公共住宅事業

香港の公共住宅の始まりは1954年に遡る。開始時は別立ての2つの事業であった。一つは、災害被災者やスラムクリアランスで住むところを失った世帯向けの再定住住宅の建設事業だ。再定住住宅の質はきわめて低く、トイレや台所などの基本的な設備すらなかった。これに平行するのが、低家賃住宅の建設事業だ。下位中産階級や熟練労働者向けに、やや質の良い各戸独立式の住宅を提供するものだったが、設定された賃料は再定住住宅よりもはるかに高かった（Yip, 2003）。この2つの事業は、1973年に政府が設立した香港住宅公社（Hong Kong Housing Authority, HKHA）の下、公共住宅供給事業に統合された。HKHAの目的は貧困層に対し、支払い可能な賃貸住宅を提供することである。1976年には、建売販売制度である「持ち家支援制度」（the Homeownership Scheme, HOS）が始まった。中産階級の新規購入者や、賃貸住宅を引き払い、公共住宅待機者リストの登録世帯に住戸を譲る公共住宅の賃借人に、分譲マンションを提供するものである。2019年の時点で、HKHAは賃貸住宅83万2,000戸と持ち家支援制度対象の41万4,000戸を管理しており、合計戸数は香港市民の45％にあたる（Transport and Housing Bureau, 2019年）。

公共賃貸住宅への入居申請でもHOSの申請でも最も重要な基準となるのは、収入だ。公共賃貸住宅の申請には、申請者の世帯収入が香港の所得分布の約40パーセンタイル以下であることが求められる。HOSの所得制限はこれより高く、全世帯のうち4分の3に申請資格がある[3]。この点で、香港の公共住宅は多くの都市と異なり、最貧層だけを対象とはしていない。2016年の公共住宅入居者の所得中央値（2,665米ドル）は、民間住宅部門入居世帯の所得中央値（5,161米ドル）の半分に過ぎないが、この数値は香港全体の世帯所得中央値（3,212米ドル）を17％下回るにすぎない。一方、HOS住宅に住む世帯の所得は、全体平均を25％上回っている（Census and Statistic Department, 2017）。

公共賃貸住宅に最貧困層が集中しているわけではないものの、貧困層の大半が公共賃貸住宅に居住している。2018年、公共賃貸住宅入居者の貧困率（32％）は、民間賃貸住宅入居者の貧困率（14％）や民間住宅所有者の貧困率（15％）の2倍を超えていた（Poverty Commission, 2019）。実際、公共賃貸住宅には貧困世帯の占める割合が不釣り合いに多い。貧困世帯の半数近く（49％）が公共賃貸住宅に住むが、貧困世帯が世帯全体に占める割合は31％である（Poverty Commission, 2019）。CSSA受給者は42％が公共賃貸住宅に住むが、不釣り合いさは10倍である（受給者が住民に占める割合は4％）。

確かに、公共賃貸住宅に入居できることは、収入の少ない世帯にとってきわめて重要だ。家賃が市場価格の20～25％程度である公共賃貸住宅は、貧困層向けに、ほんとうの意味で支払い可能な価格の住宅を提供している。CSSA受給者の場合、家賃は住宅扶助で全額カバーされるが、CSSA非受給者については、家賃の支払いで問題を抱える公共賃貸住宅入居者を対象とする家賃援助制度（Rent Assistance Scheme）を香港住宅公社が運営している。したがって、公共賃貸住宅は、香港の貧困世帯にとって最も重要な給付である（Poverty Commission, 2019）。

しかし、公共住宅が貧困世帯の生活にきわめて重要なこと、また香港では貧困率が高いことを考えると、公共賃貸住宅の需要は供給を常に上回っているのも無理はない。公共賃貸住宅を申請するには、世帯収入が世帯規模で異なる一定のしきい値以下であることが条件となるが、有資格者は待機リストに登録しなければならず、割り当ては先着順に行われる。香港住宅公社は待機期間を3年間と公約しているにもかかわらず、公共賃貸住宅の建設戸数が計画より遅れているため、この目標期間は近年、未達成が続いている。2020年には公共賃貸住宅の入居希望世帯数は153,500戸で、平均待機期間は5.4年となっている。

非高齢単身者については、これとは別に103,600件の申請があった。単身層には年齢と待機期間が累積点数として計上される割当ポイント制度があるため、若年単身申請者の多くは、公共賃貸住宅への入居を20年以上待たされるという深刻な不利益に見舞われている（Yip, 2012）。

公共住宅は、最貧困層への無形の福祉移転の重要な源泉の一つとして機能してはいるが、包括的なセーフティネットではまったくない。貧困世帯は待機期間が長い（若年単身申請者ではさらに長い）ことで、長期にわたりきわめて重い家賃負担を強いられる。新規移民の家族は、公共住宅から完全に排除されているため、状況はさらに悪い。永住者であることが申請の条件であり、入居時点では世帯の半数以上が永住者になって7年以上経過していなければならない。したがって、新規移民世帯の場合、10年以上待ってようやく公共住宅に入居できるということもよくある。公共賃貸住宅から排除されている、あるいは入居待機中の貧困世帯は、住宅ニーズを満たすために民間住宅部門に頼らざるをえない。住宅需要の高さを考えると、民間部門の家賃は、大半の貧困世帯が支払い可能な水準ではない。このため、住宅需要の増大に対応するための対策として、民間賃貸部門では多重居住問題が生じている。次のセクションでこの点を論じる。

6. 満たされない住宅需要と「間仕切り」住戸

間仕切りは、新たな住戸の追加を伴わずに、短期間で住宅供給量を増やすフレキシブルな手段である。1950年代から1980年代にかけて、貧しい独身男性が「籠民（cage-men）」アパートに暮らすことはよくあった。3段ベッドが入居ブロック内の住戸に設けられ、占有者のスペースはわずか幅約1メートル、長さ2メートル、高さ1メートルだ。賃借人の私物を守るため、各ベッドスペースは鉄の網で囲まれており、檻さながらの様子であった。こうした「籠屋」アパート（cage-men apartment）では、1戸に最大30～40人が生活し、トイレは共用で台所は基本的にはない。1980年代の賃借人は主に高齢者やCSSA受給者だった。

こうした非人間的な生活環境には、国際社会から厳しい批判が向けられ、1990年代初頭には籠屋が非合法とされるようになった[4]。しかし慢性的な住宅不足とその結果生じる高額な家賃のために、貧困家庭に手の届く水準にまで家賃を下げるために、居住面積を縮小する民間住戸の再分割が今なお行われている。近年、民間住宅部門における住戸の再分割で最もよくあるのが、いわゆる「間仕切り住戸」（"sub-divided" units , SDU）である。これは、家族向けの一般的な住戸を改造して、複数の独立した部屋に分割したものである。バスルーム付きのものもあるが、トイレやキッチンなどの設備を共有しなければならないものもある。香港では防火扉、電気設備、下水道など、防火や公衆衛生に関する規則が整備されている。このため、間仕切りされた住戸の多くでは、コストや建設期間を節約する目的で、無許可工事が行われていると考えられている。間仕切り部屋の多くは、構造上の欠陥がある老朽住宅に設けられている。このため、賃借人は火災、公衆衛生、安全面でのリスクに直面している。

劣悪な住環境とはいえ、間仕切り部屋なら貧困世帯でも手が届く。2016年には、20万人以上が間仕切り部屋に居住していた（By-census, 2016）。政府が2013～2016年の4年間、間仕切り部屋の調査を毎年実施したところ、2015年の推計66,900戸から、2016年の92,700戸と戸数に増加が見られた（Census and Statistic Department, 2017）[5]。

2016年のセンサスによると、典型的な間仕切り部屋は面積が約10平方メートル、一人当たり面積は5.3平方メートルで、こうした間仕切り部屋の12%は面積が7平方メートルに満たない。賃料は比較的安く、2016年の月額賃料の中央値は580米ドル（6.2万円）である。しかし、賃借人のほうも貧しく、世帯収入中央値は1,740米ドル（18.6万円）と、香港全体の世帯収入中央値の半分以下（58%）である。したがって、賃借人は収入のうち32%をも賃料に充てなければならない。実際、このような間仕切り部屋の単位家賃は、同じ地区の新築高級マンションの単位家賃にしばしば匹敵して（あるいはそれを上回って）いる。

賃借期間も長くない。2015年には賃借人の半数近く（49%）が、過去3年間に少なくとも1度は引っ越している（Census and Statistic Department, 2017）。また、予想されるとおり、公共住宅から排除された新規移民世帯が賃借人に占める割合は不釣り合いに多い。2016年には間仕切り住居の4分の1で、少なくとも1人の新規移民が住んでいた。2015年には賃借人の半数近く（47%）が公共住宅入居待機中であり（Census and Statistic Department, 2017）、残りのうち半数は、無資格（新規移民、申請限度額以上の収入がある、優先順位が非常に低い若年単身者であるなど）が主な理由で、公共住宅に申請していなかった。

7. 劣悪な住環境とホームレス状態

間仕切り部屋にかんする統計の大半は、現実には、さらに劣悪な住環境の賃借人を取りこぼしている。2016年のセンサスでは、共有設備のない（戸外に通じる扉と共用の室内通路は除く）間仕切り部屋だけが「間仕切り部屋」として定義されたためである。この調査では、共用設備のある間仕切り部屋や非住宅建造物の間仕切り部屋を除外しているため、間仕切り部屋の数が過小に推計されているだけでなく、もっと劣悪な環境で暮らす賃借人の状況を反映していない。非住宅建造物の間仕切り部屋は5,600戸（Transport and Housing Bureau, 2019）と推計され、大半が老朽化した工場などにある。このような住居の賃借人は、稼働中の作業場や倉庫に隣接して暮らしているため、火災に遭ったり、汚れた空気を吸ったりする危険性が高い。老朽化した工場等の防火設備は、建設当時の建築基準法が現在のように厳格ではなかったため、整備が不十分か、またはまったく存在していない。この他にも、賃借人がトイレや台所などの設備を他の賃借人と共有しなければならないものが5,800戸ある（Transport and Housing Bureau, 2019)。これらはかなり以前に設けられた間仕切り部屋で、設備はかなり劣悪であると同時に、家賃を賃借人の手の届く範囲内に抑えなければならないため、メンテナンスはたいていほとんど行われていない。

しかし、古い建物の屋上にある掘っ立て小屋や、耕作放棄された農場の納屋を改造した住居などでは、もっと住環境が悪い。2018年時点で、このような住居は2万戸以上と推計される(Transport and Housing Bureau, 2019)。こうした住居の多くは居住用として建てられておらず、現代の生活に必要な設備(自然採光、換気、衛生設備など)が整っていない。

間仕切り部屋の賃借人は、空間が狭隘で設備が悪いとはいえ、比較的安全に滞在できる住居を確保している。香港では、1,000人以上が路上で野宿しているという現実がある。他の大都市に比べてホームレス問題は深刻ではないが、それ以上に心配なのは、この10年間で、まともな住宅への需要に、供給が追いついていない状態が悪化していることである。

香港政府は、1984年からホームレス(路上生活者)の登録を行っている。1984年には1,030人がホームレス状態にあったが、人数は2008年にかけて順調に減り、約400人となった(Social Welfare Department, various years, Kornatowski, 2010; Legco, 2018)。その後、人数は年々増加し、2018年には1,127人となった。24時間営業のファストフード店に滞在していた人もいる(Legco, 2018)。路上生活者の大半は50～60代の男性で、半数以上(56%)は路上生活が5年を超えていた。

ホームレス状態は複合的な事象であり、簡単な解決策はない。香港ではホームレスのほぼすべてが、公共住宅への入居はもちろん、CSSA受給資格があり、申請済みまたは申請中だ。ある調査によると、回答者の3分の1には住むところがある(Wong et al, 2004)が、その上で路上生活を選んでいた。香港でもホームレスの人びと向けの一時宿泊施設が運営されているが、利用率は平均80%止まりだ(LegCo, 2018)。これはホームレス状態の複雑さの表れであり、所得移転や住宅斡旋といった政策的介入は、ホームレスの人びとにとって最終的な解決策とはならないとも言えるだろう。2003年以降、香港のホームレスの人びとへのサービスは一新され、現金給付と住宅斡旋一辺倒の戦略から、個人が抱える問題に的を絞った介入に変わった。政府は6つのNGOに資金を提供し、事例ベースアプローチでの個別介入を行っている。

8. 政府の住宅戦略

慢性的な住宅不足により、香港では1950年代初頭から住宅が政治的に敏感な問題となっていた（Smart, 2006）。したがって、公共住宅が1950年代半ばという早い段階で、植民地政府が着手した最初期の社会的プログラムであることは驚くべきことではない。なおこれによって、香港住宅公社は世界最大の社会的土地所有者となっている。また、香港政府（植民地政府と中国統治下の特別行政区政府の両方）が長期戦略を持つ唯一の社会的プログラムが住宅であることも偶然ではない。最初の長期戦略は1987年、植民地政府によって制定され、1993年に見直しが行われた。中国への主権返還後、第一次特別行政区政府は、行政長官（＝市長）選挙で住宅対策を主要な選挙公約とした[6]。「長期住宅政策」（the Long Term Housing Strategy）を担当する運営委員会が再設置され、1998年に発表された戦略では、持ち家率70％という明確な目標と、今後10年間の住宅建設戸数85万戸、住宅の40％を公共部門で建設するという住宅建設目標が発表された（Hong Kong Government, 1998）。この住宅建設目標が守られていれば、慢性的な住宅不足問題が解決できた可能性は高かった。公共住宅の供給量が増加すれば、貧困層が手頃な住宅を入手しにくいという問題の改善にも役立つはずだった。

しかし、1997年のアジア金融危機に伴う住宅市場の崩壊は、長期住宅戦略を続けるうえで予想外の障害となった。住宅価格は1998～2000年で既に27％下落（2003年には70％まで下落する）していたため、住宅市場の信頼を取り戻し、住宅価格のさらなる暴落を防ぐために、本腰を入れた政策が発動されたのである。香港政府は、住宅建設目標の凍結を余儀なくされただけでなく、住宅供給戸数の大幅削減も迫られた。香港住宅公社が行うHOSの一時停止や土地競売の見合わせなどである。これは、中期的な住宅供給を最小限に留めるという強いメッセージを市場に伝えるのに役立ち、神経質になっていた住宅市場の信頼を回復させた（Yip, 2013）。幸か不幸か、アジア金融危機後、需要がほぼ瞬間的に大きく縮小したため、民間部門の住宅建設はかなり抑制されたが、公共住宅の建設は継続する必要があった。着手済みの事業を中断すれば多額の費用が発生するし、いずれにしても公共住宅には依然としてかなりの需要があったからである。そのため、住宅市場がどん底まで落ち込む一方で、公共賃貸住宅の供給量は増加した（2003年の住宅価格は、1997年の30%に過ぎなかった）。その一方で、当時需要がかなり低かった公営分譲住宅が賃貸住宅に転換されたことで、公共賃貸住宅の供給量はさらに増加した。1998〜2000年に公共賃貸住宅は89,117戸が建設され、入居までの待機期間は1998年の6.5年から2005年には1.8年にまで短縮されたのである（Census and statistic Department, 2001; Yearbook, 1998 & 2006）。

皮肉なことに、住宅市場の均衡回復を目的とした一連の措置が、後になって、正反対の極端な不均衡の直接的な引き金となった。2003年（SARS発生）の下落後、住宅市場は徐々に持ち直したが、その後は次第に跳ね上がった。そしてその勢いは、本稿執筆時点（2020年）で、香港史上最長の住宅ブームを形成している。この点で言えば、2000年代初頭からの住宅供給抑制策のつけが表面化し始めている。市場を再び均衡させるために、政府が住宅供給を増加させようと思っても、できることがまったくないのである。高層住宅（香港ではそれ以外にない）の建設には長い時間（最低5〜7年）がかかるだけでなく、新しい住宅建設用地は丘陵地の更地化や海の埋立てによって造成されるため、さらに時間がかかる。空き地を居住可能な住宅にするには10年以上かかり、建設用地の新規造成計画は2000年代初めですでに停止している。中国のことわざにあるように「遠くの水は近くの火を消すのに役に立たない」のである。

こうして、新規住宅建設用地の不足が深刻化し、近年の住宅市場の高騰が引き起こされている（Yip, 2020）。民間部門の住宅建設は、1985年の29,875戸をピークに、2018年には13,171戸まで落ち込んだ。これに対して公共賃貸部門では、建設戸数が2000年の47,552戸をピークとし、2018年には17,658戸まで落ち込んでいる（Census and statistic Department, 1986, 2001, 2019）。政府はこうした供給不足を認識し、2014年には長期住宅戦略の運営委員会を廃止して、住宅供給への統制を回復しようとした（Transport and Housing Bureau, 2014）。しかし、住宅需要の評価における技術的調整を除けば、(第三次)長期住宅戦略は、慢性的な住宅問題の解決を目指すという政治的な意思表明におおむね留まり、住宅供給全体にはほとんど影響を与えなかった。事実、長期住宅戦略の2014年報告書で示された住宅建設目標は、今後10年間で47万戸(公共部門は28万戸)で、1998年の第二次長期住宅戦略の建設目標(10年間で85万戸)を大幅に下回っていた。しかし、2014年に設定された控えめな目標すら、最後には達成が困難になった。計画の7年目となる2019年には、公共部門の建築計画目標の半分しか達成できていない(Transport and Housing Bureau, 2019)。まさにこうした背景のもとで、2003～2018年に住宅価格が名目で6倍上昇し(Census and statistic Department, 2004年, 2019)、公共賃貸住宅の入居待機期間が2005年と2006年の1.8年から2020年には5.4年に増加しているのである(Hong Kong Housing Authority, 2007, 2020)。

9. 物議を醸す土地・住宅政策

1,000平方キロメートル足らずの面積と起伏に富んだ地形を持つ香港では、土地は常に不足している。180年前の誕生以来、埋立てが土地造成の主要な手段となり、増大する住民向けの住宅などの都市開発による土地需要の増加に対応してきた。実際、香港の造成地の約25％(7,000ヘクタール)は海の埋立てによる(Task Force on Land Supply, 2019)。しかし、環境保護意識の高まりを受けて、埋立て規制は強化されている。1997年、主権返還の数日前にビクトリアハーバー周辺の埋立てを事実上禁止する法律が可決された。他地域での埋立てはまだ可能だが、厳しい環境アセスメントが必要となる。そのため、埋立て面積は、1985～2000年の年間平均200ヘクタールから、2001～2015年の同46ヘクタールへと大幅に減少した。なお21世紀に行われた埋立ての大部分は、ディズニーランドや、香港、珠海市、マカオを結ぶ港珠澳大橋(the Hong Kong-Macau-Zhuhai Bridge)などのインフラ整備事業に関わるものである(Task Force on Land Supply, 2019)。

土地創出の重要性を十分に認識し、2000年代の最初の10年間に土地開発

表 1-1　土地供給対策本部の提言

短期・中期	
1.	「ブラウンフィールド」の開発
2.	新界の民間農地の活用
3.	民間レクリエーション用リース地の転用
4.	広域レクリエーション施設の再整備・集約
中長期	
1.	ビクトリアハーバー沿岸の埋立て
2.	東ランタオメトロポリス（東大嶼都会）の開発
3.	洞窟や地下スペースの利用
4.	新界の新開発地域のさらなる開発
5.	リバートレードターミナル（香港内河碼頭）の開発
6.	公立公園周辺の 2 つのパイロットエリアの開発
このほかコンセプト段階の選択肢が 8 つ挙げられているが、土地の供給時期も面積も不明確（ここには記載されていない）	

出典：Task Force on Land Supply（2018, Annex 2）。

が失った時間を補うために、政府は 2017 年、土地供給対策本部（Task Force on Land Supply）を設置した。そのねらいの一つは「土地に関する計画、分配、権利に関する活発かつ白熱した議論に」国民を巻き込むことだった（Task Force on Land Supply, 2018）。同本部は土地供給増加に向けた 18 の提言を発表している（**表 1-1**）。

これら 18 個の選択肢のうち、公立公園周辺、ブラウンフィールド、東ランタオメトロポリス（東大嶼都会）の開発は社会的に物議を醸すだろう。

2014 年、梁振英行政長官の下で、公立公園周辺の開発可能性を検討するパイロットプロジェクトが開始された。公立公園は、法律で保護された自然生息地であり、開発が禁止されている。香港にある 24 の公立公園は総面積の 40％以上を占め、環境保護の重要な場所であると同時に、多くの人が訪れるハイキングスポットでもある。開発をめぐり、世論は真っ二つに分かれている。デベロッパー側には、土地供給量を増やす手っ取り早い手段として歓迎する動きもあったが、環境派からは猛烈な反発があった。有名な環境派でもある香港天文台の元所長は、こうした発想を「ガンのような考え」とまで批判した

(Oriental Daily, 2018)。こうしたアイデアへの社会的反発と、プロジェクトの現実的な遂行が難しいことを受け、政府は最終的にフィージビリティスタディの撤回を余儀なくされた。

「ブラウンフィールド」の開発は、土地供給対策本部によって短中期的に実行可能な解決策とされているが、論争の的ともなっている。「ブラウンフィールド」とは、多くの場合、不法に工業用地に転用された農地を指す。ほとんどすべてが新界にあり、安価で広い土地が必要な、コンテナ置き場やトラック駐車場、自動車解体作業場、屋外保管場、リサイクル作業場などに用いられてきた。ブラウンフィールドは、土地利用に関する規制に違反しているだけでなく、汚染や防火上の問題があり、洪水の危険性も高めるものである。こうした土地利用が始まったのは1970年代で、工業用地の不足がきっかけだった。ブラウンフィールドは1,300ヘクタール以上あるとされる(Task Force on Land Supply, 2019)。他方、圧力団体は、最低でも1,500ヘクタールと推計する(Liber Research Community, 2018)。しかし、ブラウンフィールドの開発は一筋縄ではいかない。ほとんどが個人や民間が所有しており、政府が土地を接収する場合には多額の補償金が必要なこともある。またこうした場所のほとんどで、産業活動が現に活発に行われている。こうした作業を複数階建ての建物に移すことができなければ、移設が効率的なものでなくなる可能性がある(Task Force on Land Supply, 2019)。

しかし、最も物議を醸している土地造成事業提案は、東ランタオメトロポリス構想だ。土地供給対策本部はこのプロジェクトを中長期的な解決策としか見なさなかった。計画とパブリック・コンサルテーションに時間がかかり、天文学的なコストも見込まれるからである。しかし、政府はこうしたプロジェクトを土地供給の最重要解決策とし、人びとを驚かせた。このプロジェクトは、土地供給対策本部による最終報告書の発表に先駆けて発表されただけでなく、「ランタオ・トゥモロー・ビジョン」(Lantau Tomorrow Vision)なる壮大なインフラ整備事業として再パッケージ化されている。香港国際空港のあるランタオ島(Lantau Island)付近に人工島をいくつか建設して1,700ヘクタールの土地を造成し、橋やトンネルで市街地と接続するという野心的なプロジェクトである

(Development Bureau, 2018)。政府の見立てによると、プロジェクトは住宅開発用地を十分に供給する能力があるだけでなく、香港の経済発展をいっそう後押しする第二の都心部をつくることも意図されている。

このような提案は、香港で反発を巻き起こした。第一フェーズだけで費用は推計800億米ドルであり(SCMP, 2019)、公的財源の流出を招くと批判されている。また、政府は開発費用を回収するために高値で土地を競売しなければならず、不動産業界だけが潤うことになるだろうとも言われる(SCMP, 2019; BBC, 2018)。他方で、プロジェクトは新しい土地の迅速な供給という約束を実現しなければならない。このため「ファストトラック」の承認手続きが必要となり、厳密な環境アセスメントが行われないかもしれない。したがって、こうした大規模な埋立ては、環境災害を引き起こしかねない(Greenpeace, 2019)。プロジェクトを批判する側は、ブラウンフィールドや未利用地など1,500ヘクタールの利用を逆提案し、その方が大規模埋立てのニーズにもっと効果的に対応できると主張している(Liber Research Community, 2018)。

土地供給の方法については議論がある一方で、公共住宅の必要性についてはコンセンサスがある。事実、政府は、公共住宅供給へのスタンスを少しずつ変えている。1993年に第一次長期住宅戦略が改定された時には、住宅供給での「民間部門主導」型のアプローチが採用され(Hong Kong Legislative Council, 1993)、民間部門が新築住宅の大半を建設し、公共住宅は補助的な役割のみを担うことになった。しかし、1998年に第二次長期住宅戦略が廃止された時には、公共住宅部門が建設目標の58%を占めるとされた(Provisional Legislative Council, 1998)。住宅市場の変動の大きさや民間部門の建築水準の信頼性(の低さ)を考慮してのことだったと思われる。第三次長期住宅戦略では、第二次長期住宅戦略と同様の建設目標比率(59%)が設定される一方で、住宅建設は「公共部門主導」と明記された。民間部門の建設戸数のいっそうの変動を受けて、政府は公共部門のシェアが70%になると予想し、公共部門をより重視するアプローチを採用している(Hong Kong Legislative Council, 2018)。

こうした変化には人びとの支持も集まっている。筆者が2011年に実施した調査では、回答者の圧倒的多数(87%)が、公共住宅をもっと建てるべきと回答している（Forrest and Yip, 2014）。また、この調査は、公共住宅の賃借人は、みずからの社会的地位を高い方だと考えていることも示している。回答者に自分の住宅事情を 10（最高）から 1（最低）の数字で答えてもらったところ、公共住宅の賃借人の回答は平均で 5.43 と、すべての賃借人集団の中で 2 番目に高い数字だった。同時に、公共住宅の社会的平等への貢献度もきわめて高いとされた。回答者の 4 割以上が、公共住宅は社会的平等に役立っていると考える一方で、社会をより不平等にしていると考える人は、わずか 1 割だった（Forrest and Yip, 2014）。

10. 結　論

香港は矛盾に満ちた興味深い都市だ。狭いところに大勢の人が住んでいる。密集型の開発スタイルによって建造物の大半が高層ビルとなり、アジア諸都市の最先端を行く香港のスカイラインを特徴づけている。反面、緑地率はアジア主要都市で最も高く、面積の 40％が自然生息地保護のため開発が禁止された公立公園に指定されている。こうして香港は、多くの絶滅危惧種の鳥類が生息する重要な自然保護の拠点となっている。このことは、住宅など都市開発用の新たな土地の確保に向けた必死の取り組みに、きわめて大きな影響を与えているのである。

アジアで最も億万長者の密度が高く、豊かさでもトップクラスに位置する香港は、同時に 100 万人以上の貧困層を抱えている。アジアで最も所得格差が大きく、生活費の高さで世界トップクラスのこの街で、貧しい人びとは厳しい生活を強いられている。供給量は限られているのに需要は大きいため、香港の住宅価格は世界の主要都市で最も高く、手の届かないものとなっている。特に貧困世帯がまともな住宅を探し出すのはきわめて難しい。

活気に満ちた自由な経済と不動産投資への税金が最小限に抑えられていることにより、香港の不動産市場はきわめて活発かつ投機的だ。しかし、香港は、アジアの都市では住宅への国家介入が最も強く、1950 年代半ばには早くも公共住宅事業が始まっていた。そして住民の過半数が、政府が建設した住宅に住んでいる。住民の3分の1に住宅を提供する公共賃貸住宅は、質的にはまともで価格面でもかなり手頃だが、供給量が限られており、需要の増加に追いつけないという欠点がある。これが公共住宅の入居待機者が25万世帯を超えている理由である。

公共住宅の入居資格がないか入居を待つ貧困世帯にとって、間仕切り部屋がおそらく唯一の現実的な選択肢となっている。こうした住戸は10万戸を超え、多くは質が悪く、狭苦しいばかりか、賃借人が健康を害したり、火災に見舞われたりする危険性もある。また、お金がなく間仕切り部屋にすら入居できない人びとは、路上で野宿することを余儀なくされている。これらは、公共政策にとって厄介な問題となっている。住宅や所得移転といった単純な政策介入が、こうした人びとの悲惨な境遇を改善する効果を発揮していないように思われるからである。

歴代の香港政府は、慢性的な住宅不足の解決に力を注いできた。1985年以降、数度の長期住宅戦略が実施されたが、どれも長期的な解決策を提供できてはいないように思われる。しかし、何年にもわたる公的議論を経て、公共住宅の提供が香港の住宅問題解決に向けた最も実現可能な長期的解決策であるというコンセンサスができつつあるようだ。政府はようやく公共部門主導の住宅建設戦略を提唱し、市民の圧倒的多数ももっと多くの公共住宅を提供すべきだと考えている。

しかし、公共部門と民間部門の両方において、住宅供給を増やす上で大きな障害がある。土地不足である。政府は土地供給対策本部を立ち上げ、都市開発用地の創出に向けた18個の長期的計画を提案した。しかし、本稿執筆時点（2020年）で、対策本部が長期的解決策の一つとして挙げたにすぎない選択肢を、政府が即効性のある解決策として大いに宣伝したため、社会的な論争が巻き起こっている。政府は「ランタオ・トゥモロー・ビジョン」を最重要戦略として打ち出し、数千億米ドルを費やして人工島を造成することで、将来に向けた土地を確保するとした。この提案をめぐって住民の意見は二分されている。一方には、土地供給に役立つのみならず、経済成長の牽引役も期待できるとして計画を支持する声があり、他方には、財政的な実現可能性と環境保護への影響を懸念する声があるのが現状である。

この点で、香港は慢性的な住宅不足の解消と劣悪な住宅に住む世帯の生活の質の向上という2つの問題に今も腐心している。政府には豊富なリソース(香港には2019年時点で、1,510億米ドル[約16兆円]の財政準備金がある)がある。しかし、住宅開発が抱える物理的制約条件を克服するには、どのようにリソースを使えば効果的なのかという問題は、これまで激しく議論されたことがなかったように思われるのである。

(箱田徹訳)

注

1　香港もOECD諸国も相対的貧困という同じ概念を用いているが、測定方法が微妙に異なるため、2つの数値は直接比較できない。

2　この数字には、基本扶助、住宅扶助、ひとり親手当、交通費扶助が含まれているが、CSSA受給者が受けることができるその他の公共サービスの優遇措置は含まれていない。

3　持ち家があるためHOSの対象外となっている世帯も含まれる。

4　NGOの報告によると、こうした住環境はまだ小規模に存在している。

5　間仕切り部屋の定義が調査毎で若干異なるため、数字を直接比較できないが、明らかに増加傾向にある。

6　香港行政長官は、委員800人からなる選挙委員会で選出される(2012年には1200人に増員)が、大半が産業界や専門家の狭いサークルから任命または選出されている。

参考文献

Agriculture, Fisheries and Conservation Department, 2020, "Birds of Hong Kong." Retrieved from: https://www.afcd.gov.hk/english/conservation/hkbiodiversity/speciesgroup/speciesgroup_birds.html

Bard, Solomon, 2002, *Voices from the past: Hong Kong, 1842-1918*, Hong Kong: Hong Kong University Press.

CEIC, 2020, "Hong Kong SAR, China Residential: Affordability Ratio." Retrieved from: https://www.ceicdata.com/en/hong-kong/residential-affordability-ratio

Census and Statistic Department, 2001, *Hong Kong Annual Digest of Statistic: 2001 Edition*. Retrieved from: https://www.statistics.gov.hk/pub/B10100032001AN01B0400.pdf

Census and Statistic Department, 2016a, "Snapshot of the Hong Kong Population." Retrieved from: https://www.bycensus2016.gov.hk/data/snapshotPDF/Snapshot05.pdf

Census and Statistic Department, 2016b, "Thematic Report: Household Income

Distribution in Hong Kong." Retrieved from: https://www.statistics.gov.hk/pub/B11200962016XXXXB0100.pdf

Census and Statistic Department, 2019, "Hong Kong Monthly Digest of Statistics: The Four Key Industries in the Hong Kong Economy. Feature Article." Retrieved from: https://www.statistics.gov.hk/pub/B71912FB2019XXXXB0100.pdf

Census and Statistics Department, 2002, "Table E32," *Census 2001 Main Report*. Retrieved from: https://www.censtatd.gov.hk/major_projects/2001_population_census/main_tables/index.jsp#housing_char

Census and Statistics Department, 2017, "Table E114," *Hong Kong By-census 2016*, Main tables. Retrieved from: https://www.bycensus2016.gov.hk/en/bc-mt.html

Census and Statistics Department, 2019, "Table E489: Land area, mid-year population and population density by District Council district," *Population Estimates*. Retrieved from: https://www.censtatd.gov.hk/hkstat/sub/sp150.jsp?productCode=D5320189

Chung, Y. Y., 2009, "Negative real interest rate and housing bubble implosion – an empirical study in Hong Kong," *Journal of Financial Management of Property and Construction* 14 (3) : 257-270.

CIA, 2020, *The World Factbook*. Retrieved from: https://www.cia.gov/library/publications/the-world-factbook/rankorder/2172rank.html

Civil Engineering and Development Department, 2020, "Information Sheet (3) Role of Reclamation in Hong Kong Development." Retrieved from: https://www.cedd.gov.hk/filemanager/eng/content_954/Info_Sheet3.pdf

Commission on Poverty, 2019, *Hong Kong Poverty Situation Report 2018*, Hong Kong: Government of the Hong Kong Special Administrative Region. Retrieved from: https://www.povertyrelief.gov.hk/eng/pdf/Hong_Kong_Poverty_Situation_Report_2018 (2019.12.13) .pdf

Demographia, 2019, "16th Annual Demographia International Housing Affordability Survey: 2020 Rating Middle-Income Housing Affordability." Retrieved from: http://www.demographia.com/dhi.pdf

Education Bureau, 2015, *Economic Analysis and evaluation of Government Policies: Income Inequality*. Retrieved from: https://www.edb.gov.hk/attachment/en/curriculum-development/kla/pshe/references-and-resources/economics/income_eng.pdf

Forrest, R. & Yip, N. M., 2014, "The Reluctant Interventionist: Understanding the Past, Present and Future of Hong Kong's Public Rental Sector," *Housing Studies* 29 (4) : 551-565.

HKHA, 2020, "Number of Applications and Average Waiting Time for Public Rental Housing." Retrieved from: https://www.housingauthority.gov.hk/en/about-us/publications-and-statistics/prh-applications-average-waiting-time/index.html#:～:text=As%20at%20end%2DMarch%202020,person%20applicants%20was%203.0%20years.

HKHA, 2020, "Number of Applications and Average Waiting Time for Public Rental

Housing." Retrieved from: https://www.housingauthority.gov.hk/en/about-us/publications-and-statistics/prh-applications-average-waiting-time/index.html#:~ :text=As%20at%20end%2DMarch%202020,person%20applicants%20was%203.0%20 years.

HKSAR, 2020, "CSSA caseload for April 2020, May 20, 2020," Hong Kong Government. Retrieved from: https://www.info.gov.hk/gia/general/202005/20/P2020052000524.htm

Ho, W.H.F., 2017, "Developments in demographic trends of Hong Kong and their implications for public policies." Retrieved from: https://www.censtatd.gov.hk/FileManager/50th_seminar/Prof%20Frederick%20HO%20Wing%20Huen.pdf

Hong Kong Government, 1998, *Homes for Hong Kong People into the 21st Century: A White Paper on Long Term Housing Strategy in Hong Kong*, Hong Kong: HKSAR Government, February 1998. Retrieved from: https://www.thb.gov.hk/eng/policy/housing/issues/LTHS.pdf

Hong Kong Housing Authority, 2004, *Hong Kong Housing Authority Annual Report*, Hong Kong: Hong Kong Housing Authority.

Hong Kong Housing Authority, 2020, *Hong Kong Housing Authority Annual Report*, Hong Kong: Hong Kong Housing Authority.

Hong Kong Legislative Council, 1993, *Official Record of Proceedings*. Retrieved from: https://www.legco.gov.hk/yr92-93/english/lc_sitg/hansard/h930609.pdf

Hong Kong Legislative Council, 2018, "Long Term Housing Strategy Annual Progress Report 2018," *LC Paper* No. CB (1) 388/18-19 (03) . Retrieved from: https://www.legco.gov.hk/yr18-19/english/panels/hg/papers/hg20190107cb1-388-3-e.pdf

Hong Kong Monetary Authority, 2018, "Understanding Household Indebtedness in Hong Kong." Retrieved From: https://www.hkma.gov.hk/media/eng/publication-and-research/research/research-memorandums/2018/RM07-2018.pdf

Kornatowski G., 2010, "Partnerships and Governance: Struggle, Cooperation, and the Role of NGOs in Welfare Delivery for the Homeless in Hong Kong," *City, Culture and Society* 1 (3) : 155-164.

Legislative Council, 2018, LCQ12: Policy on and support for homeless people. Retrieved from: https://www.lwb.gov.hk/eng/legco/02052018_4.htm

Leung, C. K. Y., Ng, J. C. Y., and Tang, E. C. H., 2020, "Why is the Hong Kong Housing Market Unaffordable? Some Stylized Facts and Estimations," *Central Bank Quarterly (Taiwan)* 42 (1) : 5-58.

Li, S., 2017, "Hong Kong home prices scale new peak, 20 years after 1997 record," *South China Morning Post*, June 30, 2017. Retrieve from: https://www.scmp.com/property/hong-kong-china/article/2094340/hong-kong-home-prices-scale-new-peak-20-years-after-1997

Liber Research Community, 2018, "A Study Into the Development Potential Brownfield in New Territories."

Lo, D., 2019, "Mount Nicholson Road Is the Second-Most Expensive and Exclusive Residential Street in the World," *Asia Talter*, December 19, 2019. Retrieved from: https://hk.asiatatler.com/life/mount-nicholson-road-hong-kong

Midland, 2017, "New Measure on Tightening Mortgage Application: Debt-to-Income (DTI)." Retrieved from: https://en.midland.com.hk/calculator/new-measures-on-mortgage.jsp

News.gov.hk, 2020, "CSSA Max Rent Allowance to Rise," June 25, 2020. Retrieved from: https://www.news.gov.hk/eng/2020/06/20200625/20200625_140759_400.html

Nicholas, K., 2019, "In Hong Kong, $1.2 Million Will Only Buy You an Average Home," *Bloomberg*, April 12, 2019. Retrieved from: https://www.bloomberg.com/news/articles/2019-04-11/in-hong-kong-1-2-million-will-only-buy-you-an-average-house

OECD, 2020, "Poverty Rate." Retrieved from: https://data.oecd.org/inequality/poverty-rate.htm?fbclid=IwAR2Z21DBfgJknESZwHyxfKH3UYAXFfSVIxjzIX0LgMU5J2DkoZNVO8uIcSk&utm_source=Copy%20of%20December%2015%2C%202018%20AlphaNewsletter&utm_campaign=12%2F15%2F18%20Newsletter&utm_medium=email

Oriental Daily, 2018, "Expanding Plan for Housing Development on Country Park – Lam Chiu Ying Criticised as 'Cancerous Thought'", *Oriental Daily*, Sept 1, 2018. Retrieved from: https://hk.on.cc/hk/bkn/cnt/news/20180901/bkn-20180901171217816-0901_00822_001.html

Ponciano, J., 2020, "The Countries with the Most Billionaires," *Forbes*, April 8, 2020. Retrieved from: https://www.forbes.com/sites/jonathanponciano/2020/04/08/the-countries-with-the-most-billionaires-in-2020/#707ad92f4429

Provisional Legislative Council, 1998, "Panel on Housing: White Paper on Long Term Housing Strategy: Covering Note." Retrieved from: http://library.legco.gov.hk:1080/search~S10?/.b1091282/.b1091282/1,1,1,B/l962~b1091282&FF=&1,0,,0,0

Rating and Valuation Department, 2000, "Completion and related statistics: Private Domestic – Completions, Stock, Vacancy and Take-up." Retrieved from: https://www.rvd.gov.hk/en/property_market_statistics/completions.html

Smart, Alan, 2006, *The Shek Kip Mei Myth: Squatters, Fires and Colonial Rule in Hong Kong, 1950-1963*, Hong Kong: Hong Kong University Press.

Social Welfare Department, Various Years, "Survey of Street Sleepers," Research & Statistics Section, Social Welfare Department.

Squarfoot.com.hk, 2020, https://www.squarefoot.com.hk/most-active-estate/peak/mount-nicholson/

Task Force on Land Supply, 2018, "Striving for Multi-pronged Land Supply," Hong Kong: Hong Kong SAR Government." Retrieved from: https://www.landforhongkong.hk/pdf/Report%20 (Eng) .pdf

Task Force on Land Supply, 2019, "Near-shore Reclamation Outside Victoria Harbour." Retrieved from: https://www.landforhongkong.hk/en/supply_analysis/reclamation.php

The Government of Hong Kong SAR, 2016, "Snapshot of the Hong Kong Population." Retrieved from: https://www.bycensus2016.gov.hk/data/snapshotPDF/Snapshot05.pdf

The Government of Hong Kong SAR, 2020, "Hong Kong – The Facts." Retrieved from: https://www.gov.hk/en/about/abouthk/facts.htm

Transport and Housing Bureau, 2019, "Housing in Figures 2019," Hong Kong: HKSAR Government. Retrieved from: https://www.thb.gov.hk/eng/psp/publications/housing/HIF2019.pdf

Wong H., 2003, "Poverty and Social Exclusion: The Situation of Street Sleepers," *The Second Conference on Social Exclusion and Marginality in Chinese Societies*, organized by Centre for Social Policy Studies, the Hong Kong Polytechnic University, 21-22 November 2003, Hong Kong.

World Bank, 2020, "GDP (Current US$) – Hong Kong SAR, China." Retrieved from: https://data.worldbank.org/indicator/NY.GDP.MKTP.CD?contextual=default&locations=HK&most_recent_value_desc=true

Yearbook, 1998, Retrieved from: https://www.yearbook.gov.hk/1998/ewww/12/1207/index.htm

Yearbook, 2000, Retrieved from: https://www.yearbook.gov.hk/2000/b5/12/c12-07.htm

Yip, N.M., 2012, "Homeownership, Cohort Trajectories and Hong Kong's Post-80 Generation," in Forrest, R., and Yip, N.M. (eds.), *Young People and Housing: Transitions, Trajectories and Generational Fractures*, London: Routledge, pp. 122-140.

Yip, N. M., 2013, "Housing Policy in the Tsang Administration," in Cheng, J. Y.S. (ed.), *The Second Chief Executive of Hong Kong SAR: Evaluating the Tsang Years 2005-2012*, Hong Kong: City University of Hong Kong Press, pp. 319-346.

Yip, N. M., 2003, "Managing and Serving the Estates," in Yeung, Y. M., and Wong, K. Y. (eds.), *Fifty Years of Public Housing in Hong Kong*, Housing Authority, Hong Kong, PRC, 2003, pp. 357-382.

Yip, N. M. and Lai, K. K., 2020, "Housing for the Poor in Cheng," in Cheng, J. Y. S. (ed.), *The CY Leung Administration: A Critical Review*, Hong Kong: City University Press.

2章　香港の社会住宅

――土地（再）開発体制の隙間を活かした住宅運動として

ヒェラルド・コルナトウスキ
（九州大学）

1. はじめに

『曾蔭權（Tsang Donald）行政長官が2006年度の施政方針演説の時に述べたことは実に驚くほどではない：「香港の成功は、我々〔香港人〕の実用主義にある―〔つまり、〕思想的な議論やユートピア的な社会プロジェクトに関わらなかったことにある」。』（Tang, 2008: 357）

常に住宅問題と苦闘している香港では、近年サードセクターが運営している「社会住宅」体制が大いに注目を集めている。この体制の目的は、劣悪な民間賃貸住宅住まいの公営賃貸住宅入居待機世帯のために住環境が整った一時的な低家賃（シェア）アパートを提供することである。つまり、劣悪な住宅環境から脱却し、公営賃貸住宅へ移行する前の新しい中間ハウジングのような仕組みである。本体制は、サードセクターによる新しい住宅供給様式として評価されており（Yung & Chan, 2020）、住宅（のアフォーダビリティ）をめぐる新たな運動方式の誕生を意味しているという意見もある（Lau, 2018）。本章では、こうした意見に加え、「社会住宅」体制を香港の独特な「土地体制（land regime）」の特徴として検証する。結論から言えば、この体制が、香港における住宅運動の実用主義的≒非政治的な特性を強化させ、土地体制の覇権的地位に沿った形として香港政府の後援も得られた点と、運営組織（NPO団体）が福祉的ノーハウを活かし地域ベースの支援モデルをさらに進展させた点を主張したい。研究方法は、香港における「社会住宅」体制関連の公文書と土地体制に関する近年の先行文献と、2019年の夏に筆者が行った「社会住宅」事業調査の分析である。以下、「社会住宅」体制の発展過程を述べたあと、自力で住宅問題が解決できない土地体制の背景とその現状に触れ、最後に「社会住宅」事業の事例を紹介する。

2.「社会住宅」制度発展過程の到達点

まずは仕組みと背景を説明する。「社会住宅」というのは、総称であり、幅広くサードセクターが運営している一時的な住宅を意味している。したがって、実際の運営方式や住宅形式などは様々である。こうした、政府供給の公営住宅と市場供給の民間住宅以外のサードセクター住宅供給が本格化したのは、2010年頃である。この頃は、「間仕切りアパート(subdivided flat)」[1]という新たな住宅形態が顕在化しており、市民からの激しい非難を招いていた。とりわけ、当時は、一つのアパートをいくつかの独立式ユニットに間仕切りするという新たな住宅様式の増加に伴い、水道や電線の再敷設に不備が多く、崩壊や火災事件の報道が頻繁に流れるようになっていた。ずいぶん前からも、トイレやキッチンが設備されていない「キュビカル(cubicle)」や「籠部屋(cage home)」といった「間仕切り部屋 partitioned rooms」の存在がすでに一般的に知られていたが、これらはむしろ小規模で単身貧困者向けというイメージが強かった。一方、間仕切りアパートは、多人数世帯から知的職業に従事する若者世帯といった下位中流階級までをも巻き込む住宅へと変化していた。こうした世帯は、新たな不安定居住者層であり、「新貧困層」とも呼ばれ(Goodstadt 2015: 169)、一般市民の間で大きな懸念が生じていた(**図2-1**)。Lau (2020)によると、新貧困層と間仕切りアパートが出現した理由は、①中国大陸からの低所得移住者の累積増大(2006〜2010年は新たに約220,000人が入域)、②公営賃貸住宅供給の低下(2010年頃は入居待機期間が約2年から4年以上に延長)、③(主に中国投資資本の流入による)民間住宅価格の高騰(2007年〜2017年に平均価格が3倍増加)

図 2-1　間仕切りアパートの危険性を周知するため、香港バスが一時的に警告を表示していた（＝左図）。右図は劣悪な間仕切りアパートの様子である。

出所：左図は筆者撮影（2012 年）。右図は SoCO の提供（コラム執筆の Gordon Chick 氏によって提供された）。

にある。こうした動向は、既存の住宅市場に大きなプレッシャーを与え、下位中流階級世帯まで影響を及ぼす住宅問題としてエスカレートしていたといえよう[2]。次節では、この動向を「土地体制」の観点から捉え直すが、まずはこの苦境の中で立ち上げられたサードセクターの反応と社会住宅制度の成り立ちまでに至る経緯を明らかにする。

間仕切りアパートでの居住を余儀なくされている低所得世帯に対し安価な住宅を提供し始めたのは、「Light Be」という社会的企業である（Lau, 2020 も参照）。最初は、遊休アパートを抱えている持ち主に直接話を持ち掛けて、個人ベースで、一定期間で市場より安くアパートを貸し出す交渉を進めながら、社会的不動産（「social realty」）という看板の下で、「社会住宅」の供給に取り組んでいた。きっかけは、投機（＝高く転売する目的）の理由から遊休アパートを活用しようとしない裕福な持ち主の存在であった。Light Be 創設者は、彼らの協力を得るために、（低めの）一定利回りを確保したうえ、実際の運営を負担し、入居者の募集をかけた。当時の入居者は、間仕切りアパート居住中という条件が第一であり、あとは、十分に自立生活ができる能力を持ち、「先のことを考える」世帯を優先していた。つまり、入居対象層は、（自己）責任感が強く、収入もあり、通常であれば自力で社会的流動性を高める能力があるにもかかわらず、劣悪な住環境に置かれていることによりそれが叶わない世帯が殆どであった。また、家賃が比較的に安価であるため、入居者は入居期間中に貯金する義務が課せられ、2～3年後に一般アパートへ移ることが目的設定されていた。居住形態としてはシェアハウスに近いものであった。Light Beは、このように、家賃を抑えることはもちろん、入居者が前進できるように、間仕切りアパートに欠如していた「コミュニティとのつながり」も重要視し、空間をシェアすることだけではなく、入居者同士のイベント開催なども促していた。

この試みは、メディアでも大いに注目を集め、評価されていた。その結果、NPO業界も関心を示し始めた。しかし、これにはもう一つの背景があった。すなわち、Light Beが自らの事業を展開していたころ、住宅貧困に取り組むNPOの大半は香港政府（の住宅政策）に対する抗議運動を行っており、住宅貧困問題を改善するために家賃統制（1998年廃止）と借地借家権（2004年廃止）の復活を要求していた（Lau, 2018; 2020も参照）。これに応じて政府は復活の可能性を積極的に検討していたが、2014年長期住宅政策（Long Term Housing Strategy -LTHS）を発表した際、公営賃貸住宅供給の拡大が優先され、復活の可能性が却下された（Transport and Housing Bureau, 2014）[3]。興味深いことに、このLTHSの中では、初めて社会住宅のことが「中間ハウジング（transitional housing）」として取り上げられていた。しかし、評価対象にはならず、特に遊休物件を一時的にしか活用できない点が、「実用的ではない」と判断され、旧市街地内の空き地や利用されなくなった工業用地も「なるべく公営賃貸住宅のために確保すべきである」というのが当時の香港政府のスタンスであった（同：35）。

家賃統制と借地借家権の復活が却下され、要求運動（特に草の根団体）は大きな打撃を受けた。Lau（2020）によると、要求運動はこの敗北を受け止め、作戦変更を行ったことにより、結果的に社会住宅体制が新しい方向性を模索するきっかけとなった。その中で決定的であったのは、2017年以降の香港社会事業協会（HKCSS）の参入であった[4]。HKCSSは、特にLight Beが採用している「コミュニティとのつながり」のアプローチを参考にし、「コミュニティ」、「互助」、「コウハウジング（co-housing）」の理念を中心とした「コミュニティハウジング運動（Community Housing Movement - CHM）」という名称で社会住宅体制をスタートした。しかし、CHMは、一般住宅政策の枠外でつくられた仕組みであったため、資金面では寄付に頼らざるを得なかった。そこで、コミュニティプロジェクトを推進している香港共同募金会（Community Chest）もCHMに参与し、およそ8千万円を投入したことにより、体制が本格化することとなった。こうしてプロジェクトの資金調達が可能となり、草の根組織からプロフェッショナルな支援団体まで、様々なNPO団体が自前の社会住宅事業の立ち上げに乗り出し始めた。

社会住宅体制が本格化したとは言え、当初は適切な住宅の確保が大きな課題であった。これについても、Light Beが2016年頃に立ち上げた第2社会住宅事業「Light Be Housing」が見本となった。本事業は、廃屋を活用したイニシアティブであり、限られた住宅資源を活かし、社会住宅戸数を増やすことを目的としていた。Light Beが活用した廃屋は旧郊外地に位置していたが、HKCSSは、旧市街地内に散在している再開発地区に目を向け、取り壊しまで2年以上期間が残っている再開発予定地内の建物の活用を図った。そこで再開発を進めていたのは、主に都市再生局（Urban Renewal Authority – URA）と香港鉄路企業（MTR Corporation – MTRC）である[5]。両機関が買収した土地・建物をデベロッパーに売却し、デベロッパーが再開発を開始するという流れである。

上述した社会住宅体制の仕組みについては、**表2-1**の通りである。すなわ

担当局	交通住宅局
建物の供給	民間開発業者など
各事業の管理	HKCSS
資金調達	主に共同募金会
住宅の管理	NGO団体
諸社会福祉サービス	NGO団体

表2-1　社会住宅体制の仕組み

出所：筆者が収集した資料をもとに作成

図2-2　To Kwa Wan地区の様子

出所：筆者撮影（2012年）

ち、インフラ整備計画を担当している交通住宅局（Transport and Housing Bureau）が使用可能な土地や建物を把握し、HKCSS が利用可能な物件をプールし、事業者（NGO 団体）の募集を行い、その NGO 団体が日常管理を担当するという仕組みである。さらに、基本的なガイドラインも作成され、NGO 団体が、間仕切りアパート住まい及び 3 年以上公営賃貸住宅入居待ちの世帯に対象を絞り、共同募金会の資金を活用し社会住宅に相応しいリフォームを行い、公営賃貸住宅に入居できるタイミングとなるべく重なるように、概ね 2 年間住むことができる中間ハウジングを提供・管理する体制が整った（**図 2-3**）。これをきっかけに、社会住宅の総戸数は 50 戸程度から 750 戸に着々と増加し、香港政府は以前のスタンスを変更し、2019 年 3 月に社会住宅の拡大に積極的にかかわることを発表し、約 7 億円の予算で総戸数を 6 千戸に増やすという大胆な計画を打ち出した。さらに、2020 年 3 月には予算を 50 億円まで引き上げ、2024 年までに総戸数を 15,000 戸まで増やす計画を明らかにした（Gu, 2020）。

次節では、建物供給側に焦点を当てる。とりわけ、土地開発ガバナンス[6]と（巨大）デベロッパーの役割をより前面に出すことによって、香港の住宅問題を先送りにさせてきた独特な権力関係、そして 2000 年代後半以降に「間仕切りアパート」と「新貧困層」が出現した根本的な原因を検証する。

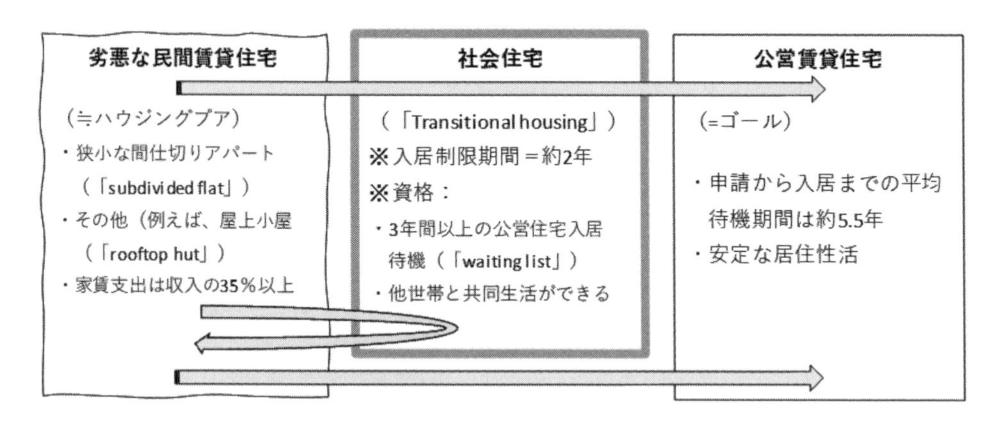

図 2-3　社会住宅制度の位置づけ

出所：筆者が収集した資料をもとに作成

3. 香港の「非道な」土地体制が生み出した住宅問題

2000年代、とりわけ2008年頃から間仕切りアパートが出現した原因と思われる地価暴騰は、必ずしも香港にとって初めての経験ではない。実際には、1990年代も同様な暴騰傾向があり、1997年のIMF危機でいったん終焉を迎えたが、この期間は、中産階級までをも巻き込む「間仕切りアパート」は出現しなかった。本節では、なぜ2000年代後半からは「間仕切りアパート」や「新貧困層」が出現したのか、そしてなぜ社会住宅体制のハード面が前述した形式で展開されてきたのかを考察するため、Tang(2008; 鄧＝葉, 2016も参照)による「土地(再)開発体制」概念とSmart & Lee(2003; Haila, 2017も参照)が指摘した「資産ベースの成長様式としての不動産」を参考にする。この二つの研究は事実上香港社会にヘッドロックをかけている「国家／不動産業結合体 state-real estate nexus」の存在を指摘しており、現在の、住宅をベースにした格差問題の根本的な矛盾まで実態を掘り下げているといえる。

近年、香港の格差問題に関する学術研究からサードセクターの支援現場においてまで、この矛盾が多いに注目されている。すなわち、香港返還後の政治的不安とIMF危機が引き起こした深刻な失業問題や初めての経済的ホームレス問題(コルナトウスキ, 2010)の出現があったためか、当時悪化していた格差問題は、グローバル都市論と同様に、分業化の進行による社会的分極化や単なる安定した仕事の減少に主な原因があると思われていた(例えば、Chiu & Lui, 2004)。ホームレス・住宅不安定者の支援現場の中でさえも、適切な再雇用機会を求める声が殆どであった。一方、加速していた持家促進政策[7]による賃貸住宅のマージナル化(コルナトウスキ 2012)、過熱住宅市場による1992～1997年の地価暴騰、そして1989年メトロプラン(都市計画)による旧市街地の再開発といった状況が進んでいたにもかかわらず、住宅制度に対する不満の声は滅多に聞かれなかった。その理由は当時の強い公共セクターにあると考えられる。すなわち、ますます住宅不安定者には手が届かないほど住宅価格高騰が悪化していたなかで、裕福な持ち家階級の増大と平行して公営分譲住宅の「助成販売プログラム Home Ownership Scheme(HOS)・Tenants Purchase Scheme

(TPS)」、それから政府が積極的に取り組んでいた公営賃貸住宅供給は有望なオールタナティブとして機能していた。

しかし、国家／不動産業結合体が本格的に正体を現したのは、2002年であるといえる。IMF危機の余波もあり、当時は、デベロッパー業界が団結して力を誇示し、公共セクターを不当な競争相手とみなし、政府に、HOS・TPS制度の中止並びに公営賃貸住宅の供給制御を要求した。このように、香港経済を不振から引きずり出す主役は民間住宅市場に割り当てられた。結局、公共セクターは「社屋 bricks and mortar」様式から徐々に撤退し、その役割をデベロッパーに譲ることとなった。そして、寡頭体制となり巨大化したデベロッパーは（SARS肺炎拡大終息後の）2004年以降地価暴騰に乗じて収益を増大させ、政府も土地税という形でその恩恵を受けることにより、「地価高騰方針 high land price policy」が固定化し、香港は経済不況から抜け出した。その一方で、巨大デベロッパーが事実上「支配階級」(Poon, 2006) へと成長し、有用な公営住宅というオールタナティブが崩れ、持ち家に届かないだけで新貧困層へ転落する下流中産階級が現れたことに対し間仕切りアパートが出現した。

このように、労働市場に取り込んでも異様に高騰した住宅価格にもう手が届かない下流中産階級が現れたことにより、経済的には地価高騰方針に従順にならざるを得ない公共セクターも一般民間セクターも住宅問題をもはや解決できないという矛盾があり、この矛盾を克服するために、サードセクターがリードする社会住宅体制を展開する選択肢しかなかったといえよう。

4. 社会住宅の試み——**救世軍の To Kwa Wan 社会住宅事業**

最後に具体例を取り上げたい。ここでは、多くの再開発プロジェクトが予定されている、九龍半島旧市街地東部にある To Kwa Wan 地区での救世軍による社会住宅事業を紹介する。本地区には、九龍半島中心部と北部のニュータウンを結ぶ新しい地下鉄線が工事中であり、2021年の後半に地下鉄駅が開業される予定である（**図2-2**と**図2-4**左図）。開業のタイミングに合わせ、いくつかのデベロッパーが土地を確保しているが、地価を存分に活用するため、再開発工事がまだ未着手の状態である。香港救世軍は、大規模な社会福祉法人であり、教育からコミュニティビジネスまで、幅広いフィールドで福祉サービスを提供している。ホームレス支援に関しても、中心的な役割を果たしており、シェルターや有料宿泊施設の運営経験も豊かである（コルナトウスキ, 2010）。2018年、HKCSSを通じ、巨大デベロッパーから1960年代に建築された遊休住宅のワンフロアの一部が譲られ、救世軍は同年11月から社会住宅事業に乗り出した。他の階は、全てが社会住宅事業というわけではないが、様々な組織が一時的な福祉関連の活動を行っている。

ここでは、コウハウジングという形で、リフォームを行い、12ユニット程度の社会住宅を提供し、各ユニット（2LDK）に2世帯が入居している。家賃の設定は、収入の25%あるいはCSSA（≒生活保護）住宅手当総額が基準であり、集金した家賃はHKCSS（共同募金会）に入る。契約は入居世帯とHKCSSと間の結ばれており、救世軍はその手続きのみを担当している。

常勤スタッフ2名と事業補佐1名が日常の運営をしており、ソーシャルワーカーの資格も有している。スタッフは、各入居世帯の福祉ニーズに合わせたサービスを提供することが主な業務であるが、その他にも、入居面接の実施や入居世帯間のトラブル相談、世帯同士の交流イベントや予算管理講座の運

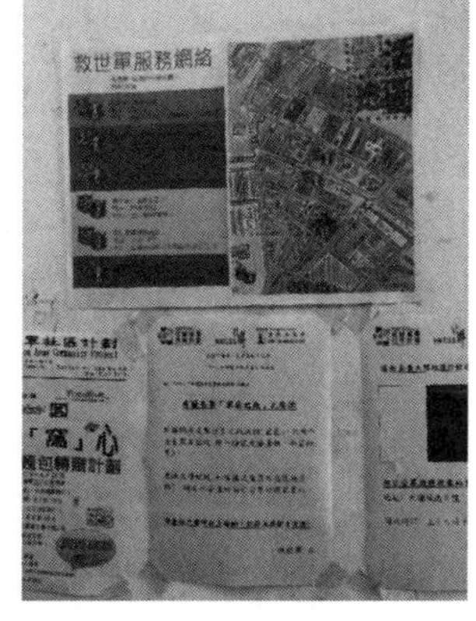

図2-4　社会住宅の外観（5階）（＝左図）と当地区にある連携福祉サービスの情報提供（右図）

出所：筆者撮影（2019年）

営など、幅広いフォローを行っている。修理などの緊急対応や建物管理会社とのやり取りも業務の一部である。

入居世帯にとっては、コウハウジング自体が実際には難しく、稀にトラブルを経験している一方、とにかく日当たりなど住環境が非常によく、心身の健康がようやく安定したという意見が多い。また、自立的なコミュニティ生活が社会住宅制度の一つの理念であるため、救世軍は、実際の住み方(共同スペースの利用など)、家具の手入れや世帯同士のルールなどをなるべく住民に任せている。そして、できる限り「助け合い」の生活を実現させるため、入居世帯の年齢やニーズを配慮し、例えば高齢世帯と若い世帯とのマッチングに努力している。

しかし、本事業の最も大きなアピールポイントは、住宅が通勤や買い物に便利な立地であり、本地区に比較的豊富な社会資源と連携できる点にある。**図2-4**の右図にあるように、救世軍は、部局は異なるが、同地区でコミュニティセンターなども運営しており、社会住宅自体がハブのような役割も果たしている。香港のインナーシティらしく、モノとヒトの密度が高く、一時的な住まいではあるが、金銭的余裕も少し生まれることで、積極的なコミュニティ生活を送ることが可能となっている。

5. 結　論

地価暴騰が止まらない住宅市場はまるで香港の一つのアイデンティティとなっている。香港政府は、民間セクター（≒巨大デベロッパー）に対抗しなければ公営賃貸住宅を増やせないという矛盾を克服するため、社会住宅体制を後援することにした。さらに、サードセクターが有している福祉サービスのノーハウも効率的に生かすことにより、危険性の高い間仕切りアパートを取り締まる必要性も回避したといえる。一方、サードセクターにとっては、政府が公営賃貸住宅の供給にきちんと注力していれば、社会住宅体制は全く必要のないものでもあるため、アンビバレントな立場に置かれている。すなわち、政治的な闘争でもあった家賃統制復活運動の失敗からサードセクターは戦略を変更し、実用主義的な（≒非政治化と同時に若干の自由裁量が与えられた）立場をとっている。特にそのスタッフ（ソーシャルワーカー）の中では、根本的な問題（= 土地体制の覇権的地位）が解決されないままで済んでしまったという落胆感も感じられる。とりわけ、2024 年に 15,000 戸の社会住宅供給計画が実現したとしても、2019 年 2 月時点での住宅困窮者 116,600 世帯と公営賃貸住宅入居申請数 150,200 件の規模に対し、社会住宅体制は当座の解決策にしか過ぎず、皮肉にも非道な土地体制を延命させる仕組みとなっている現実も認めなくてはならない。こうした意味では、新貧困層問題の今後の行方についてあまり楽観的な予測ができない。

一方、入居者からの声には、評価すべき点もある。救世軍の場合は、地域内のほかの部局や、福祉サービスを提供している NPO とのネットワークを持ち、ハブ的な機能も果たしている社会住宅でもあるため、多様なフォローが可能であり、特に非福祉主義国家である香港では、貴重な福祉資源である。こうした意味では、社会住宅体制の今後の発展と、サードセクターによる地域をベースにした支援提供ノーハウのさらなる展開に注目していきたい。

注

1　日本でのイメージでいうと、狭小な 1K として考えてもよい。しかし、トイレやキッチンが設備されていても、間仕切りされたユニットであるため、窓の欠如、不十分な換気や採光、騒音などで住環境が極めて悪く、特に高齢者や子供にとっては不健康を引き起こす可能性を常に内在している（図 2-1 右図も参照）。香港における住宅貧困の諸形態ついては、コルナトウスキ（2012）を参照されたい。

2　2015 年時点で間仕切りアパート戸数が約 88 万戸まで増え、約 20 万人の居住先となっていた。総戸数の 80％弱が香港島・九龍半島の旧市街地に集中している（SoCO, 2016）。

3　却下の理由としては、①賃貸住宅の供給が停滞する恐れ、②低所得世帯への大家による差別的な扱いで入居拒否が増える恐れ、③保証金や管理費などが高騰していく恐れ、④管理や設備維持が低下していく恐れが取り上げられていた。さらに、間仕切りアパート家主登録制度の導入も議論として取り上げられていたが、同じような理由でこれも却下された（LTHS, 2014）。

4　HKCSS（Hong Kong Council of Social Services）は、社会的企業・団体の支援組織であり、戦後香港における福祉提供を担っていた NGO 団体との交流を図るミッションで 1947 年設立された。

5　URA は、香港政府との協力で、土地買収と所有権確保を行う独立機関である。

MTRCは香港における独占鉄道事業者であり、鉄道事業の他に、鉄道沿線の不動産開発などの事業も行っている。

6 香港では全ての土地が官有地であり、政府の主要な収益源でもある。こうした収益源が年間総収益に占める割合は、1947年=15%～1985年=45%に増加した。

7 1981～2001年、持ち家率が23%から50%へ増加した。

参考文献

コルナトウスキ ヒェラルド、2012、「香港のインナーシティにおける民間低家賃住宅のマージナル化と住宅困窮問題」、『居住福祉研究』、13号、62-80。

コルナトウスキ　ヒェラルド、2010、「香港におけるホームレス支援―支援施策と福祉提供の実態」、『ホームレスと社会』、3号、70-71。

鄧永成＝葉鈞頌(2016)「土地開発体制主導下の高密度都市における香港住民の日常生活」、全泓奎編『包摂都市を構想する―東アジアにおける実践』、法律文化社。

Chui W.K. Stephen & Lui Tai-lok (2004) "Testing the Global City-Social Polarization Thesis: Hong Kong since the 1990s", *Urban Studies*, 41 (1), 1863-1888.

Goodstadt F. Leo 2015, *Poverty in the Midst of Affluence: How Hong Kong Mismanaged Its Prosperity*, HKU Press.

Gu Menyan 2020, "Legislature Greenlights HK$5b Fund for Transitional Housing", *China Daily*, March 7-8, 2.

Haila Anne 2017, "Institutionalization of 'the Property Mind'", *IJURR*, 41 (3), 500-507.

Lau HM Mandy 2018, "Lobbying for Rent Regulation in Hong Kong: Rental Market Politics and Framing Strategies", *Urban Studies*, 56 (12), 2515-2531.

Lau Mandy 2020, "Community-based Housing Solutions in Hong Kong: How and Why Have They Emerged?", *International Journal of Housing Policy*, 20 (2), 290-301.

Poon Alice 2006, *Land and the Ruling Class in Hong Kong*. Enrich Professional Publishing.

Smart Alan and Lee James 2013, "Financialization and the Role of Real Estate in Hong Kong's Regime of Accumulation", *Economic Geography*, 79 (2), 153-171.

SoCO 2016, *Trapped*, Society of Community Organization.

Tang Wing Shing 2008, "Hong Kong under Chinese Sovereignty: Social Development and a Land (Re) development Regime", *Eurasian Geography and Economies*, 49 (3), 341-361.

Transport and Housing Bureau 2014, *Long Term Housing Strategy*, Hong Kong.

Transport and Housing Bureau 2019, *Long Term Housing Strategy Annual Progress Report 2019*, Hong Kong.

Yung Betty and Chan Alex 2020, "Third Sector Housing in 21st- Century Hong Kong: Opportunities and Challenges", *Voluntary Sector Review*, Fast Track Online Publication, 1-22.

謝 辞

本稿は、「JSPS KAKENHI Grant Number JP00614835」補助金の交付も受けて行った研究の成果である。

ミニコラム　香港における社会住宅のもう一つの背景

Yung & Chan (2020) によると、「社会住宅」は、包括的な公営住宅制度ができて以降、初めて香港のサードセクターが提供するハウジングという。しかし、これは決してそうではない。ホームレス支援関連現場をみてみると、「稼働能力があるが、(住宅など) 制度から何等かの理由でこぼれ落ちている」困難者に対して、旧市街地中心においてNPOが一時的な居住施設を提供していた前例がある。一つは「単身者ホステル singleton hostel」という有料中間施設である。この施設の発展過程も社会住宅とよく似ており、90年代にサードセクターがリードした再居住イニシアティブであった。当時は、旧市街地において加速化していた再開発プロジェクトの影響でカプセルホテルと同じようなサイズの「籠部屋」という住宅貧困問題が顕在化しており、公営賃貸住宅への入居資格がなく行き場のない高齢かつ低収入な貧困単身者の存在が社会問題となっていた。とにかく、その超過密状態が非常に危険でもあったため、香港政府は使用許諾方針を取り、安全規定に従わない籠部屋アパートに対する取り締まりを強化した。このように政府が危険性の高いアパートを撲滅しようという動きの中で、住民の再居住が大きなネックであった。ここで、政府が「華人慈善基金 General Chinese Charities Fund」を動員し、1991年から小規模な一時居住施設の運営をNPO団体に委託し、再居住の支援に乗り出した。家賃は約5,000円で非常に安価であり、入所期間や収入要件などもほぼ制限が設けられておらず、「住宅などの将来計画をきちんと考えていること」が唯一のルールであった。1998年からは、政府が予算を増大し、大規模な建物2棟を建設し、それを専用の建物として「単身者ホステルプログラム」を開始した。そのうちの1棟の運営は救世軍に委託され、入所ルールなどを明確化し、それまで進めていた小規模事業を段階的に廃止した。また、偶然なタイミングであったが、その頃は、IMF危機による経済的な打撃が深刻化し、失業・不完全雇用問題で苦しむ新たなホームレスの出現に応じ、単身者ホステルがある種の雛形になり、ホームレス支援NPO団体が運営する野宿者向けの有料「アーバンホステル urban hostel」制度のスタートへとつながった。

今回の社会住宅体制も同様であるが、実は香港では、大規模公営住宅制度ができてからも、細かい住宅貧困に対応しきれていない部分がある。サードセクターが、こうしたギャップを独自の運営スタイルで埋め合わせてきた住宅供給システムが、公営賃貸住宅制度の裏でほぼ平行して展開されてきたレガシーも知っていただきたい。

コラム①

共住共生：香港における低所得ひとり親世帯向けの中間ハウジング

MAK Yee Ting
（聖雅各福群会社会房屋組）

ドイツ銀行の「世界の物価報告書 2019」によると、香港の平均月給は第 27 位（2,399 米ドル）であるが、部屋が二つある住宅の平均家賃は 5 年連続で世界一（3,685 米ドル）となっている。収入と家賃だけを比較すると、香港市民の月給だけで家賃を賄えないことは明らかである。香港において住宅市場は、民営住宅と公営住宅の 2 つに分類できる。2020 年 6 月の時点で、約 15 万人以上の市民が家賃が比較的安い公営住宅の順番を待っている。ところが、公営住宅の数量が少なく、現在の平均待機期間は 5.5 年である。実際のところ、ほとんどの世帯は平均待機期間より長く待たなければならない。そして、それらの世帯は、順番を待っている間、家賃の高い民営住宅を借りる他ない。それゆえに、低所得世帯や低所得者に、一般市場と公営住宅以外の選択肢を提供する第 3 の類型の住宅である中間ハウジングが誕生した。

聖雅各福群の中間ハウジング（名称：雅軒）は、「共住共生（共住：二つの世帯が一つの住宅に居住する；共生：雅軒に居住する世帯）」という形式で運営されている。その対象は、主に幼児のいる低所得ひとり親世帯である。公営住宅を順番待ちしている世帯に、一人当たりの居住面積を確保した住宅の提供を行っている。これによって、対象世帯のスキルの習得、ネットワークの拡大、社会資源との結びつき、地域への還元等が期待されている。計 14 戸の雅軒が 2 つの階に分布しており、1 戸に二世帯、合計 28 世帯が居住している。私たちは、「共住」世帯または二つの階で「共生」している世帯が、1 階と 2 階という近さと、同じような立場（境遇）であるということから助け合うことを期待している。

「共住共生」は、理念上は低所得のひとり親を支援することが期待されているが、日常の運営において多くの問題に直面している。

「共住」

「共住」世帯は、自分の部屋以外、リビングとキッチンおよびバスルームを共有している。住宅の面積は 80 平方フィート未満であるため、幼児のいる「共住」世帯は共有スペースを使用して生活する必要がある。「共住」の中の一つの

住宅は、世帯Aがシングルマザーと新生児であり、世帯Bがシングルマザーと二人の子ども（小学生と中学生）である。最初のマッチングでは、新生児の母親はより多い支援が必要であることと、世帯AとBが子どもの登校時間前にバスルーム等の共有スペースの使用をめぐって競合しないことを考慮した結果、二つの世帯を一つの住宅に配置した。しかし、この二つの世帯では、共有のリビング、キッチンやバスルームの使用および、食事や掃除や子どもとの遊びについて不和が生じた。例えば、世帯Aの母親は、世帯Bの母親が意図的に扇風機の風量を最大にして自分と子どもに向けて送風すると文句を言う。だが、世帯Bの母親は、子どもが滑らないように床を拭いた後、扇風機を使用して毎日床を乾かしていると説明する。このように、母親同士は自分の子どものことを第一に考え、自分の行動を合理的に説明している。共有スペースの使用時間が互いに増えると、二世帯のトラブルも増えていく。さらに、母親同士は、生活習慣や期待に違いがあり、かつ自分の子どもにより良い生活環境を求めるため、お互いに妥協しない。したがって、共住世帯の共有スペースの使用においては、協調性の欠如により「共住」の理念を実現することが困難である。

「共生」

「共住」世帯は一つの住宅で仲良くできないかもしれないが、その住宅から離れると、ほとんどの世帯が「共生」レベルにおいてお互いを助け合うことができる。引き続き世帯Aを例にすると、雅軒では新生児のシングルマザーは四人がいるが、異なる住宅に配置されている。それらの世帯が最初に雅軒に入居した際、新生児は1歳未満で、年齢と発達状況は非常に似ていた。私たちの紹介を通して、四人の母親が知り合って、徐々にお互いのサポートネッ

トワークが構築されていった。世帯Aは、粉ミルクやおむつ等の新生児の日用品の購入を担当するため、購入する前に他の母親に連絡し、全員が受け取れるようにしている。そして、母親たちは平日に交代で食品の買い出しをし、お互いの新生児の世話を手伝っている。さらに、母親たちは自分の子どもを近くの保育園に通わせているため、地域の資源を共有している。これらのひとり親世帯の事例からすると、世帯間は「共生」レベルにおいて、より効果的だと言えるだろう。

むすびにかえて

私たちの観察では、雅軒において「共住」の理念を完全に実践することができていないが、「共生」の役割は果たしている。この二つに違いが生じた要因は、住宅内の共有スペースにある。それは、「相見好、同住難」ということわざで説明することができる。つまり、人々は普段は友好的であるが、共に居住すると生活習慣の違いによりトラブルが起こりやすいということである。雅軒の低所得ひとり親世帯がまさにその通りである。二つの世帯は住宅の共有スペースについて各自の考えをもっているため、お互いに受容と妥協することが難しい。さらに、子どものためにより多いスペースを確保したいゆえに、ひとり親世帯の間にはトラブルが生じている。

雅軒の「共住」世帯は、リビング、キッチンとバスルームを共有する必要があるため、トラブルが発生した際、回避することは困難である。しかし一方で、「共生」世帯はこのような問題の影響を受けない。というのは、ひとり親

世帯はお互いの背景や困難を知っているため、お互いの面倒を見ることができる。つまり、住宅の「大きすぎる」共有スペースと、「小さすぎる」プライベートスペースが、社会住宅の支援に重要な影響を与えていることは明らかである。世帯のプライベートスペースを増やし、例えば、各世帯の独立したバスルームを確保し、共有スペースを減らすと、社会住宅の効果を高めることができる。

総括すると、政府は低所得世帯を支援するための政策を策定する必要があると考えている。また、短期および中期の住宅計画の観点からすると、中間的社会住宅は間違いなく仁政であるが、それはまだ始まったばかりである。さらに、社会福祉機関が運営する社会住宅に加えて、政府は社会住宅プロジェクトの改善を促進し、支援のために積極的に資源を投入することが期待されている。住宅内でのトラブルを排除し、比較的安い家賃で社会住宅を借りられることは、公営住宅の順番待ちの世帯にとっては有効な支援である。

私たちは、安定した住居はすべての人が求めるものであり、政府はこの責任を負う義務があるだろう。2017年以降、香港政府は公営住宅の建設率を低下させ、申請待ちの時間を長くした（4.6年から5.5年）。ほとんどの社会住宅は2年間という運営期間の制限があるため、入居者が2年以内に公営住宅に移行することができない場合、再び劣悪な住宅に戻るしかない。私たちは政府が香港の住宅発展を民間の不動産開発者に任せるのではなく、政府が公営住宅の建設責任を負わなければならないと考えている。このようにして初めて、公営住宅の順番待ちリストに載り、過酷な環境で暮らしている15万人以上の住宅需要のある者を支援することができる。

（楊慧敏訳）

コラム②

香港における中間ハウジングの発展および挑戦

香港社区組織協会

世界の都市の住宅価格に関するレポートによると、香港の住宅価格は、2位のバンクーバーよりもはるかに高く、住民年収の中央値の20.9倍にものぼる。これは、年収が中央値である世帯が、約21年間飲食等の支出をせずにいた場合、住宅価格の中央値の住宅を購入できることを意味している。ここでは中央値を用いて香港の住宅価格が世界においてもっとも高いことを説明した。ただ、住宅を購入しなければ香港で生きていけないわけではない。

市民は住宅を購入できない時、賃貸するしかない。しかし、住宅価格が高ければ家賃も上がる。家賃が一般市民の負担できないレベルまで上昇すると、ナノフラット（nano flat）またはコウハウジングの発生に伴い、間仕切り住宅（sub-divided）が生じる。

統計局のデータによると、2016年時点で、香港の総人口の3％近くにあたる約21万人が間仕切り住宅に住んでいる。一つの住宅をいくつかの部屋に仕切って賃貸することによって、家賃は安くなるが、環境や衛生等の問題が生じてしまう。一方で、政府が供給する公営住宅の数が需要を下回り、約26万件の申請が順番待ちで、その多くの申請者は間仕切り住宅に住んでいる。公営住宅だけでは、短中期的な社会の下層市民の住宅問題への対処ができないのである。そこで、本協会は、中間ハウジングの設立を提唱し、住宅課題を抱えている住民に中間ハウジングを提供することを通して、住宅環境の改善や家賃負担の軽減を図ることを試みた。

長年の努力を経て、2017年に政府から中間ハウジングの促進の同意を得たが、その展開は極めて緩やかである。2019年末時点で、入居できる住宅はわずか600戸であった。政府は2020年に、今後3年間で合計15,000戸の中間ハウジングを供給することを示したものの、実現できるかどうかは不明確である。

中間ハウジングの位置付けと入居条件

香港政府では、公営住宅が不足している中で、中間ハウジングが一時的な対処法として位置付けられている。しかし、政府は資金と意見のみの提供であり、建設と運営は公的機関または社会福祉機関が自主的に行っている。また、中間ハウジングは、主に間仕切り住宅に住み、公営住宅の申請を3年またはそれ以上に待っている者を対象としている。それと同時に、約20%の中間ハウジングを、上記の条件を満たさない者に賃貸する。参与機関では、1戸につき一人当たり7平方メートル（公営住宅の下限）以上の面積を提供することが提案された。中間ハウジングの入居条件は公営住宅と似通っている。

中間ハウジングの供給源と類型

香港では、中間ハウジングとして利用できるのは、民間開発業者の貸与土地と住宅、個人所有者の住宅、公的機関の住宅、遊休国有地と住宅である。今後3年間で、「民間開発業者の貸与土地」のみで10,000戸の中間ハウジングの供給が見込まれている。

表1

供給源	方式	
民間開発業者	貸与土地	貸与住宅
個人所有者	/	住宅
公的機関	/	住宅
政府	遊休国有地	遊休国有住宅

香港の中間ハウジングには、既存の住宅の再建とプレハブ住宅の建設等が含まれる。住宅の多くは、築年数が古く再建待ちまたは長年使用されていない。そのため、市民に提供する前に、ある程度の改装が必要である。

また、公的機関の住宅について、香港鉄道有限会社は大浦の180戸ある290～500平方フィートの職員寮を、中間ハウジングとして貸付する。都市再生局は、旺角と西湾にある再定住街区の一部、主に1～2戸の居住者がキッチン等の設備を共有する住宅を中間ハウジングとして活用する。

さらに、民間開発業では、建物の老朽化が深刻な問題になっており、市街地における再建が増え続けている。再建は、都市再生局が行うもの以外に、多くの民間開発業者が土地を買収して行っている。中では、民間開発業者は住宅を買収した後、再建を待っている間に、一部の住宅を改装して中間ハウジングとして一時的に貸与するケースもある。なお、それらの住宅は主に面積が比較的に大きい（500平方フィート以上）トンラウであるため、大家族の要望にも応えられる。

個人が所有する住宅を中間ハウジングとして活用する場合、運営機関が基金を申請し、改装した後に需要のある者に、市場価格より安い価格で賃貸する。

改装前

改装後

旺角の中間ハウジングは、個人が所有していたが、使用されていなかった。本協会は基金を積み立て、改装を行った後に、いくつかの世帯に賃貸している。

これは、個人所有者に一定の賃貸収入をもたらすと同時に、運営機関が住宅の管理を行うため、個人所有者の参与を促進することができる。

表 2

供給源	類型	対象	コスト
土地	プレハブ住宅	主に核家族	コストが高い； 供給量が多い。
住宅	中間ハウジング	大家族	コストが低い； 供給量が少ない。

土地について、遊休国有地でも民間開発業者からの貸与地でも、主にモジュール一体構造 (modular integrated construction) による 3 〜 4 階建てのプレハブ住宅の建設に使用されている。プレハブ住宅は、工場で建設され、香港に搬送したらすぐ組み立てられるため、建設時間を節約できるという利点がある。また、土地は主に借用したもので、短中期間に返却する必要があるため、住宅を「解体・移転可能 (detachable and removable)」にする必要がある。プレハブ住宅は、土地の借用期間が満了した後に、他の土地に移転でき、無駄遣いを軽減できる。だが、「解体・移転可能」の考え方を実行できるかどうかはまだ

深水埗での香港初のプレハブ住宅では、土地は民間開発業者から貸与されており、合計 89 戸の中間ハウジングが提供され、今年中に賃貸される予定である。住宅の面積は 1 戸につき 130 から 293 平方フィートで、1 ～ 3 人世帯向けで、賃貸年数が 2 年間しかない。

分からない。

中間ハウジングが直面する課題

プレハブ住宅は、借用した住宅より多くの住宅を供給でき、短期間に一定数の住民の需要を満たすことができる。現在の香港政府の姿勢からみると、プレハブ住宅は将来の中間ハウジングの主な供給源となるだろう。ただ、香港法例の制約、かつ建設期間の短縮から、プレハブ住宅を 4 階建て以上にしないのが一般的である。また、プレハブ住宅の建設資金は主に政府が補助している。政府は、各戸に、設計、建設、修繕、移転等の費用を含み、最大 55 万香港ドルを補助するが、損益の責任は社会福祉機関が負う。

理論上、プロジェクトの規模が大きいほど、1 戸あたりの平均コストは安くなる。しかし、一部の土地は都市部から遠く、インフラ施設が不足している。政府は、運営機関に、追加の補助金を支給せず、上記の補助金を使用して費用を埋め合わせるように要求している。また、各貸与地の場所だけでなく、地勢や面積も異なるため、各プレハブ住宅は次のプロジェクトに適さない場合がある。現段階では、一つのプレハブ住宅が設計された後、同じ設計で別の場所に適用できないゆえに、追加コストが増加する。それに加えて、大量買収のコスト削減のメリットも得られない。さらに、補助金に上限があるため、都市部から離れた小規模のプロジェクトには必ずしも適さない場合がある。

政府は、一人世帯でも四人世帯でも最大55万香港ドルの補助金を支給する。それは、請負業者が一人世帯の住宅を多く設計し、コストを削減することを誘発してしまう。しかし一方で、政府は、二人およびそれ以上の世帯、つまり複数人世帯優先の政策方針を表明した。これらの政策に矛盾が生じているものの、政府は真剣に取り組んでいない。

最後に、中間ハウジングの主な供給源は民間開発業者であることから、次のような2点を指摘できる。一つは、今まで民間開発業者が大量の土地を保有しているが、それらを十分に活用していないことである。早い時期に関連する土地が住宅の建設に使用されていれば、香港の住宅問題は今日ほど深刻にならなかっただろう。もう一つは、中間ハウジングの土地のほとんどは民間開発業者によって提供されているが、この状況は果たして継続できるのか。民間開発業者は「慈善活動(charity work)」を行わなくなる時、中間ハウジングの持続可能な展開を図れるのか？政府の役割とは何だろうか？

(楊慧敏訳)

コラム③

公認住居管理協会について

公認住居管理協会アジア太平洋支部

公認住居管理協会（Chartered Institute of Housing、以下 CIH）は英国に本部を置く住宅管理者による専門組織である。CIH は英国において非営利慈善団体として登録されており、住宅に関する自由な意見を提示することをミッションとし、専門的な住宅管理の基準の策定と維持に努めている。

CIH の起源は、19 世紀末に荒廃した住宅に住む貧困世帯への住宅管理や福祉サービスを先駆的に提供していた社会改革者であるオクタヴィア・ヒル（Octavia Hill）による活動にまで遡る。彼女はそのような活動を行う女性の住宅管理人チームを育成し、組織化した。それが後の 1916 年に女性住宅管理人協会（The Association of Women Housing Workers）となり、これが現在の CIH の始まりとなった。その後、女性住宅管理人協会は自治体の住宅部局の職員たちによって 1931 年に設立された住宅行政協会（The Institute of Housing Manager）と女性住宅管理人協会が 1965 年に合併し、それが現在の CIH の原型となった。この組織は後の 1974 年に住居管理協会と名称変更され、1984 年に「王室公認」を受けた際に公認住居管理協会と改称された。王室公認とは、冠に「王室」を使うことを英国君主から認可された組織に与えられる称号である。王室公認という称号には以前は様々な目的があったが、最近は優れた専門性を有する組織、学会、慈善団体に対して承認が付与されることが多い。つまり、王室公認とは、CIH による重要な貢献に対する高い評価を表しているといえる。

CIH は「誰もが住まい（home）と呼べる場所を持つことができる未来を創造するために、住宅管理の専門家をサポートし、日々力を発揮できるよう必要なスキル、知識、専門性を養う」というミッションの実現に向けて努力している。そのようなミッション実現のため、CIH は住宅管理の専門家への意見提出、住宅政策を変えるための政府への働きかけ、住宅管理の専門的な基準策定、CIH が持っているハウジング・アカデミー（Housing Academy）や CIH が認定した教育機関での専門的な訓練プログラムによる住宅管理の専門家の養成、専門家同士や専門家と幅広い地域との間の共有や交流を促進するイベントの計画・実施といった活動を行っている。

住宅管理の専門家になるため、最も初級のレベル1から上級管理職や専門的な実践家向けに設計されている学部や大学院のプログラムであるレベル5まで様々なレベルで住宅分野に関わりたいと考えている人に対し、CIHは多様な訓練プログラムを提供している。2020年時点で世界中に16,000名を超える会員を抱えており、カナダやアジア太平洋にある海外支部やイングランド、スコットランド、ウェールズ、北アイルランドの支部において会員が活動している。

CIHアジア太平洋支部は1966年に香港支部としてスタートし、アジア太平洋地域における専門的な住宅管理の必要性の高まりに呼応してCIHの地理的範囲を香港からアジア太平洋地域に拡大したことを受け、2001年にアジア太平洋支部と改称された。2020年中ごろアジア太平洋支部は3,500以上の会員数を持ち、香港、マカオ、台湾、および中国本土の各都市へと広がりをみせている。

アジア太平洋支部は住宅管理に関する専門教育を活発に促進してきた。実は、住宅管理の専門教育は修了証書レベルの認定訓練プログラムとして早くも1968年には開始されていた。その後、アジア太平洋地域における認証訓練プログラムの数は29にまで増加してきている。これらのプログラムのほとんどは、CIHの専門会員へとつながる大学院または学部の学位レベルであり、その他は通常会員へとつながる準学士レベルのプログラムとなっている。アジア太平洋支部は、マカオで住宅管理のライセンス取得に求められる訓練を受ける必要のある熟練した実践家向けに、短期間の訓練プログラムも運営している。中国本土の各都市では、急速に発達する中国の住宅市場の中で高まる住宅管理の専門知識の需要に応えるため、CIHの専門会員資格への近道として、既に大学の学位を持っている中高齢層の住宅管理者向けのコースを提供している。実際に中国本土の各都市は、アジア太平洋支部の中で最も急速に会員数が伸びている拠点となっている。

アジア太平洋支部が産声を上げた場所として、香港は支部の重要拠点である。支部の事務局があるだけでなく、香港の住宅管理者は会員の大部分を占めており、アジア太平洋地域で提供されているCIHの認定を受けた訓練プログラムの3分の2が香港にある高等教育機関によって運営されている。香港が2016年に住宅管理者に対するライセンス制度を導入したことにより、CIHの役割は益々重要となっている。香港の住宅管理者（物件管理者）は、住宅・不動産管理サービスを監督するために香港政府により設立された法定組織である物業管理業監管局（The Property Management Services Authority）に登録する必要がある。住宅管理者のライセンス制度の中で一級事業者として認められるには、申請者は学士レベルかそれ以上の住宅・不動産管理に関する公認された訓練プログラムを修了するか、住宅・不動産管理業での実務経験に加え認定を受けた専門職団体のメンバーでなければならない。CIHは最初に認定を受けた専門職団体の一つであり、CIHによる認可を受けた香港の学部または大学院レベルの教育プログラムは、全て物業管理業監管法令の認定を受けている。

アジア太平洋支部は地域の住宅政策や住宅管理業界にも積極的に参画している。支部の執行委員会のメンバーは、物業管理業監管局に委員団や正会員として参加しており、香港住宅公社（The Hong Kong Housing Authority）や香港政府から例えば「間仕切りアパートの借用制限に関する特別委員会（Task Force on Tenancy Control of Sub-divided Units）」や「職業訓練委員会（Advisory Committee for Vocational Training）」の委員として任命されている。

アジア太平洋地域を網羅するCIHの支部として、アジア太平洋支部は当該地域における住宅管理における専門性の向上に努めてきた。中国本土、マカオ、台湾を含む中華圏の各都市が、最初のターゲットであった。支部が各都市で訓練プログラムや認可を受けた教育プログラムを立ち上げるのに成功してきただけでなく、こうした訓練プログラムはこれらの地域でCIHの会員拠点を築くのに役立った。アジア太平洋地域の他の国々については、支部は頻繁にシンガポール、マレーシア、ベトナム、韓国、日本といった国々を視察し、さらなる連携の機会を模索したり、実務家、研究者、政策立案者らと住宅管理に関係する幅広い問題についての経験交流を行ってきた。

アジア太平洋支部はCIHの支部の中でも独特な存在である。支部が執行委員会によって管理され、わずか3人の常勤職員からなる小規模の事務局内の運営チームによりサポートされている一方で、全ての活動やプログラムは専ら全員がボランティアからなる小委員会のメンバーによって実施されている。ボランティアが参加していることは、アジア太平洋支部にとっては確実に強みである。なぜならば、これらのメンバー全員が中高年齢の住宅管理の専門家であり、現場での最先端の知識や実践をCIHに持ってきてくれるからである。また、彼らが国際的な住宅管理を専門とする学会に参加し、ヨーロッパおよびアジア太平洋の両地域のメンバーと頻繁に連絡をとっていることは、他国の有益な経験や住宅に関する先進的な知識や技術をアジア太平洋地域に移転することにも役立っている。人々の暮らしの改善への貢献という意味では、このことが最も重要なCIHの成果かもしれない。

（矢野淳士訳）

CIHに関するさらに詳しい情報は、(http://www.cih.org/thecihstory)、アジア太平洋支部については、(http://www.cih.org.hk/)をそれぞれ参照。

CIHアジア太平洋支部のロゴマーク

CIHアジア太平洋支部の年報の表紙（2017～2019年）

コラム④

ホームレスのための新たな友好的な社会集団の構築

施慧玲
（基督教関懐無家者協会）

背　景

香港市民は、家賃が上昇しているにも関わらず、住まいの面積の縮小と環境の悪化という苦境に直面している。2020年時点で、香港は住宅価格と生活費が世界でもっとも高い都市である。香港政府統計局によると、香港では、約21万人が狭くて衛生と安全面に問題がある間仕切り住宅で生活している。また、公営住宅の申請待ち期間が3年から5.5年に伸びたことが香港住宅委員会の2020年の報告で明らかになった。さらに、香港中文大学および城市大学が2015年に行った香港におけるホームレスの人口動態調査報告によると、調査したホームレスの半数以上は家族や友人との繋がりが絶えており、支援ネットワークが不足していることが明らかになった。それに加えて、ホームレスは、複雑多様な問題に直面し、社会から否定的な評価を受け、一般市場において適切な住宅を見つけることが困難である。その結果、ホームレスが社会に溶け込みにくく、再び野宿状態に戻ってしまう傾向にある。

基督教関懐無家者協会（以下、本協会）は、1987年より野宿者やホームレス予備軍に、アウトリーチや一時宿泊施設等の支援を行っている。統計によると、本協会の一時宿泊施設には毎年約200人が住んでおり、そのうち9割以上の者が一時宿泊施設を出る際、別の住居を探すことが非常に困難である。一方、本協会には1つの強みがある。それは、本協会と同じ価値観をもち、かつ資源が豊富な30以上の地方協会がパートナーであることである。

教会の使命は、自分を愛するようにとなりの人を愛し、その思いやりを広げることである。本協会は、これらのニーズと強みを活かして、2015年に「信仰に基づく社会住宅（Faith-based social housing）」プロジェクトを開始した（本協会が出版した電子書籍『禧房錦嚢』https://issuu.com/ccha_homeless/docs/faith-based_social_housing）。その内容は、民間団体がホームレスに安価な住居を提供するよう奨励すると同時に、地方教会を動員してホームレスが社会に溶け込むことができる友好な社会集団を構築することである。

実践モデル

「信仰に基づく社会住宅」は、本協会、住宅の所有者、そして教会の間の協働プロジェクトである（図を参照）。所有者は安く住宅を協会に貸し出し、本協会は支援理念に基づいてその管理と運営を行う。支援理念とは、身体的、心理的、社会的、精神的、および自己管理を含めたサービスを提供することである。そして、職員は、入居者の個人レベル（健康、スキルの向上、セルフケア、生活管理、家計管理、感情コントロール）、対人関係レベル（集団関係、ボランティア支援、家族関係の修復）、キャリア支援レベル（就業意欲の向上、就労の継続）および信仰学習レベル等のニーズに応じた支援プランを作成する。さらに、「信仰に基づく社会住宅」の最大の特徴は、香港の地方教会に関連する住宅の入居者を動員し、様々なレベルの社会と生活支援に参加させ、地域ネットワークの形成や社会集団の資本の拡充を促すことである。

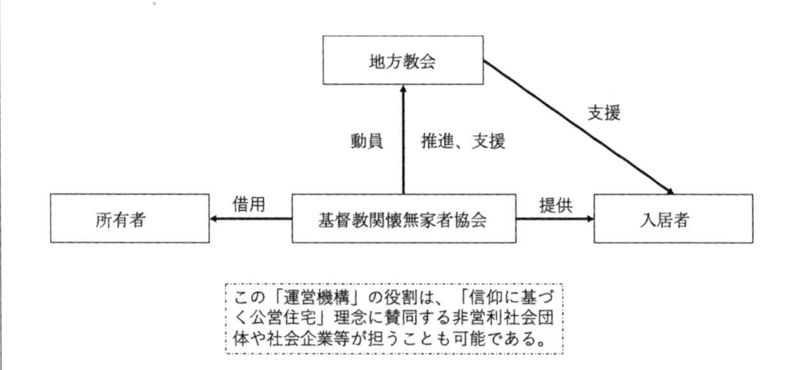

「信仰に基づく社会住宅」の特徴

a. 共同生活：入居者は、空間と施設を共有し、定期的な「集まり」を通して、共同生活の課題の解決方法や、他者の意見を聞くと同時に自分の意見を伝えることを学習できる。それに加えて、共通認識があるため、助け合いと個人の潜在的能力を発揮できる。

b. ホームレスのための新たなダイナミックな社会集団の構築：教会のボランティアは受容度が高いため、ホームレスの生活に抵抗感なく、関わることができる。そして、ボランティアの励ましを受け、ホームレスは友好的な助け合いの社会集団生活を体験することができる。

c. 人とのつながり：教会のボランティアは、定期的な訪問、生活の寄り添

写真1 教会ボランティアが「信仰に基づく社会住宅」の入居者を訪問する様子

いや支援、活動を通して、入居者と平等な友人関係を築き、彼らの者の孤独感を減らすことができる（**写真1**）。

チャレンジと機会

世界が新型コロナウイルスの影響を受けている中、香港の24時間営業のファストフードの大型チェーン店は今年の3月末に、夜の営業を停止することを発表した。これによって、そこで野宿をしていたホームレスの居場所がなくなった。今年の4月から、本協会は三者による協働支援計画を開始した。新型コロナウイルスの影響を受けて売り上げがほぼゼロのホテルと民宿を借用し、ホームレスに短期的な過渡的住宅を提供する（現在も施行している）。

「信仰に基づく公営住宅」は、住宅の管理に職員の多大なる精力が費やされるという運営上の課題を抱えている。現在、民宿が手頃な価格で住宅を貸し出した上で、管理の役割を担っている。そのため、この運営方式だと早いスピードで広げられるため、社会の差し迫ったニーズに対応できる。この計画は、協働する三者全員が利を得られたり、課題が改善されたり、実現したいことを実現できるのである。

プロジェクトによる相乗効果：入居者、地方教会および社会

入居者は、住宅のニーズが満たされたため、生活スキルの再学習、生活と仕事の計画および家計の管理を行うことができる。それに加えて、参加、自己決定、そして貢献する機会の増加により、自分自身が置かれている環境や

集団への帰属感が高まり、自己実現に向かって成長できる。また、「信仰に基づく社会住宅」は、教会のボランティアに、使命を実践するプラットフォームを提供した。教会は、地域の社会的弱者への支援によって豊富な資源の再分配を行い、社会に見返りのない、無償の支援の重要性を訴え、これらは公平な社会の実現につながる。

また、教会は積極的に「信仰に基づく社会住宅」の入居者のニーズに対応し、彼（女）らに人と接する機会をもってもらうことで、自身や他人のスティグマを減らす。それと同時に、香港の住宅問題により多くの人が関心を持って関わり、助け合いを通してホームレスを支援し、その数を減らす。そして、人々がホームレスの変化を実際に見ることで、ホームレスへのスティグマを払拭していく。

まとめと展望

入居者や地方教会の反応から、ホームレスにとって、友好的な社会集団との新たな関係性の構築は、被支援者以外に、友人やボランティアおよび信仰の仲間等の新たな関係が得られ、社会に溶け込む重要なステップとなることが明白である。加えて、友好的な集団（地方教会）は大きな社会資源であるため、共通理念と価値観をもつ異なる集団が資源を組み合わせるとより大きな影響力を発揮できるはずである。

本協会は長年の努力を経て、次のような成果を得られた。「信仰に基づく社会住宅」の対象者は、主に女性またはひとり親世帯から、独身男性まで広げら

写真２ 独身男性が「信仰に基づく社会住宅」に入居する様子

れた（**写真 2**）。現在、本協会のプロジェクト展開や運営に関与している「信仰に基づく社会住宅」は 22 カ所、86 戸である。

私たちは「信仰に基づく社会住宅」が先行モデルとなり、社会にその具体的な可能性と効果を示し、社会の力を合わせて「信仰に基づく社会住宅」を推進し、「儲け尽くし」という社会主流の価値に対抗することを望んでいる。寸土寸金の香港において、人と人の調和のとれた暮らしができ、社会的弱者の居住権が重要視され、彼（女）らがより尊厳をもって生活できるよう願っている。

（楊慧敏訳）

コラム⑤

香港の屋上農園に学ぶ意義

綱島洋之
（大阪市立大学）

「農福連携」という自家撞着

日本で広く認知されるようになりつつある「農福連携」であるが、「福」は何を指しているのか。「社会福祉」のことか。すると「社会福祉とは何か」という問いにもなる。広義には「社会全体の福祉向上をめざすこと」（大辞林第三版）である。この目的を達成するための手段として、狭義には「社会的弱者に対する公私の保護および援助」（デジタル大辞泉）などと説明されることが多い。ここで「社会的弱者」とは援助が必要な人のことだから、「援助が必要な人に援助を行うこと」という同義語反復であり、結局「援助」が唯一の要素である。具体的には、消費財やサービスの供給であり、「福祉から就労へ」が提唱されて以降、それらを間接的にもたらす就労機会も提供されている。この点で農福連携は援助に関与しているので、社会福祉の「福」であると言えなくもない。

一方で、どのようにして援助対象の範囲を線引きすべきなのかは、社会福祉の難問とされている。ひとつ確実に言えることは、自分自身は援助を受ける必要がないと信じている人が、この社会に一定数存在しているということである。「援助を受ける必要がない」とはどういうことか。「援助」で供給され得るものを「自力」で十分に獲得しているという。生態学的に言えば、ヒトは従属栄養生物である以上、生命体からの収奪なしには生きられない。自然から収奪せずに生きられるのは、ヒトから収奪しているからに他ならない。

それでは、広義の社会福祉を実現するうえで、そのような人たちには何らかの援助―語弊があるならば規制と言い換えても良い―は必要ないのだろうか。参加型農村開発や福祉教育に関する議論が示唆してきたのは、そして幕末期に二宮尊徳が体現したのは、このような取り組みの必要性である。しかし現在、新自由主義の嵐が吹き荒れる中、これまで曲がりなりにも政府が設けてきた種々の規制が緩和されている。「援助を受ける必要がない」人びとの経済的充足と高負担・高福祉の政策は両立可能であり、援助の制度が確立されているのだから規制は必要ないという理屈に、反論することは簡単ではない。その可否はさておき、「援助を受ける必要がない人」が働きかけの対象から除外されるとき、収奪の在り方が等閑にされる。

ところで、言うまでもなく農福連携の「農」は元来、自然からの収奪により財を「生産」する営みであり、「援助」が第一義的に充足を図ろうとするところの消費という営みと好対照を成している。この意味において「農」は狭義の社会福祉の射程外に置かれていた。「福」が社会福祉を指すのであれば、両者の間には直視すべき緊張関係があるはずである。

農的福祉力と生産即善

「農的福祉力」という言葉がある。「農福連携」よりも古く、初出が2007年である。農的な営為が備えている、「良く在ること（well-being）」としての福祉を引き出す潜在力を意味している。本質的に生命の再生産であるがゆえの創造性に帰着される特質である。これに人びとが主体的な意思で働きかければ、福祉が実現されるという。比較的マイナーであるが、広義の社会福祉という意味で福祉を捉えているところが示唆的である。つまり、「援助」が対象外としてきた「いかにして良く生産するのか」という問いに人びとが向き合うことを可能にする。

ところで前出の「創造性」という言葉は、まるでヒトが自然の法則を克服して自由を獲得できることであるかのように、マルクスの人間中心主義が受けているものと同様の誤解を招きやすい。しかし、これまでの農業技術論と私自身の体験を踏まえるのであれば、無心に作業しているうちに自然の法則が内面化され、身近な空間に宇宙の縮図を感じ取れることを意味している。その反面、ヒトの一方的な都合で命を絶たれる生物の姿と常に向き合わざるを得ない。すると、少なくとも自身の「食」にまつわる事実があからさまになり、自身の生き様を直視せざるを得ない。だからこそ、収奪を緩和したいという願いが芽生える土壌が涵養され、そこから実際に有機農業運動が生まれた。「いかにして善く生産するのか」という境地である。

裏を返せば、かつて農民の勤勉を支えていた「生産即善」という論理が、今や農業の現場では実感されにくいという実情が背景にある。「生産」は条件付きの善でしかない。ところが片や、高度に発達した資本主義経済の大部分では、ヒトからの収奪を言葉巧みに隠すことが常態化して、無条件に「生産即善」であるかのような言説が振り撒かれている。もともと単独では意味を成さないはずの（あくまで特定の視点から見た投入と産出の比でしかない）「生産性」という概念が独り歩きを始めて、某国会議員の口から敵意しか読み取れない意味不明な発言が飛び出した。

自家撞着の止揚

広義の社会福祉を実現するためには、自然やヒトからの収奪に伴う痛みを包み隠さず率直に表明したり受容したりできる場が必要である。これを満たしているのが農の現場である。とどのつまり、農的福祉力とは、困難を自覚しながらも自身の「生産」活動が善であること、言い換えれば自他の共生につながることを願う情動を昇華する潜在力である。これを社会の随所で発現させることができれば、狭義の社会福祉の限界が打破されるであろう。このように「農福連携」の自家撞着を直視して初めて、両者の根源的な連携が可能になると考えられる。

それぞれ労働力と就労機会を求める農業と福祉の両分野の間に win-win の関係が成り立つという利点は多くの関係者が強調している。確かに両者が抱える問題を解決できるという一石二鳥は貴重である。しかし、香港における都市農業の動きを踏まえれば、それはあまり本質的でない。なぜなら、農業が労働力不足に陥るどころか、政府主導の都市計画により農民が土地を奪われる事態が相次いでいながらも、多くの都市住民が農に触れる機会を求めているからである。そして、地上の農地を耕せないのであれば、建物の屋上を農園にしようという動きが盛んになりつつある。これについて都市研究プラザ紀要『都市と社会』第4号「香港都市農業における新たな胎動―そして土とは何か」で報告した。

とりわけ雲耕一族（Rooftop Republic）という社会的企業は、屋上農園（rooftop farm）の普及にあたり社会的包摂を意識している。一般市民向けに連続技能講習会を開催するに当たり、農園の管理に聴覚障害者を雇用したり、受講後に一定時間働くことを前提に受講料を減免したりと趣向を凝らしている。また難民支援団体など異分野の団体と連携しようとしている。関心を持つ人なら誰にでも技能を身に付ける機会を提供しようというわけである。このような方向性は従来の無機質な屋上緑化とは異なる。都市の真ん中で住民を「農」に巻き込み日常生活に「食」を近付けることで、農的福祉力を分かち合おうとしているように見える。

ただし、屋上農園が時空の広がりにおいて本質的な制約を受けることは否めない。講習会の参加者たちにも、可能なら地上を耕したいという考えがあるようで、郊外に遠出して有機農業を見学する回も設定されている。まさに「土とは何か」を問う契機が生み出されている。アニメ「天空の城ラピュタ」の名台詞「土から離れては生きられない」は、自然の法則から逸脱した人間どうしが相互の収奪を抑制できなくなることを示唆していると、私は思う。そうであるならば、屋上で「農」と「福」の連携を試みるためには、限られた空間で自然の法則を体現するための土作りが何より重要になる。

II　台　湾

3章 台湾における住宅運動、住宅法および社会福祉の進展

黄麗玲
(国立台湾大学)

1. はじめに

台湾では2010年の初め、深刻な住宅問題から住宅運動団体と社会福祉団体が共同で社会住宅推動聯盟を設立し、街頭活動や議会への働きかけなどによって社会の改革を促してきた。2011年末、政権にあった国民党は当時の情勢から選挙戦を有利にするため、急いで住宅法を通過させ、初めて運動団体の要求に答えた。しかしその内容は主に住宅市場の経済を強調し、民間の投資による社会住宅建設に期待するものであった。その後2014年の台湾六都市選挙そして2016年の総統選挙までずっと、運動の進展によって社会住宅をめぐる議論が都市部有権者の注目を集め、政策に影響を与え、また実際にも社会住宅建設が続々と進んだ。蔡英文総統は2016年の選挙期間中に、8年間で20万戸の社会住宅を用意すると公約し、また2016年には住宅法改正を実行した。

2011年から2016年にかけての住宅法の成立と改正は、これまでの民間団体の協調と立法院への働きかけの成果である。それはまた中央と地方政府、特に台北市政府との間の競合関係、そして各政党の住宅政策に対する態度を反映していた。本章ではまず、住宅法の2つのバージョンにおける違いを検証する。次に資料とインタビューから政策の変遷と運動団体の立法推進、改訂推進のプロセスと戦略について明らかにする。次に社会福祉の面で獲得した進展、およびブレークスルーが必要な点について分析する。

2. 住宅運動の背景

台湾では、1989年の殻なしカタツムリ運動が都市住宅運動の発端となった。台北都市部の住宅価格高騰によって市民の住宅購入が困難となり、「殻なしカタツムリ団結組織」は2万人の市民を動員し、同年8月26日に忠孝東路において抗議野宿を決行した。彼らは政府に対して投機的な市場を抑え、人々が住宅に手が届くようにするよう訴えた。しかし、それでも政府は財政税制的手段で住宅投機の動きを抑えこむのではなく、住宅融資の大幅拡充によって人々の住宅購入を支援しようとした。

そして20年を経て、住宅問題はさらに悪化した。高度に商品化した住宅市場では、入居差別がより深刻になり、高齢者、障がい者、ホームレス、一人親家庭などが家を借りることは困難である。住宅運動の第1期に当たる「殻なしカタツムリ運動」の後生まれた「都市改革組織」と「崔媽媽基金会」は、2020年8月、住宅運動の第2期に着手した。住宅問題における構造変化を踏まえ、社会福祉政策に関心を持ち、障がい者、高齢者、労働者、女性、青少年、ホームレスなどを支援する11の民間団体を結集し、共同で「社会住宅推動聯盟」を立ち上げた。そして政府に先進国を見倣い、社会的弱者の居住権を守り、社会住宅政策を実施するよう要求した。社会住宅の核となる概念は、賃貸のみで販売しないこと、社会的弱者を優先し、負担可能な家賃設定にすることである。これらの団体の連携によって、住宅運動のアジェンダは大幅に書き換えられ、関心の対象は都市中産階級から都市における脆弱な階層へとシフトした。そして1989年当時の「住む者がその住宅を所有する」というスローガンは「住む者に適した住宅を」へと代わった。

3. 社会住宅政策の推進

台湾における近年の住宅法の検討に至った経緯については、1999年まで遡ることができる。当時、行政院は「経済体質強化プラン」において、「土地及び住宅政策の機能強化のために住宅政策と住宅法を検討する」ことを打ち出した。

しかし、当時は国民党政権期であり、政策の中心は適正な住宅補助制度を作ることだった。同年、行政院は住宅法草案の条文検討に入ったが、しかし「遅々として合意に至らず」、2001年3月には経済建設委員会が法制定をいったん見合わせ住宅政策全体の策定を進めると発表した[1]。そして2000年5月から2008年5月にかけて民進党が政権与党となった。この時、ソーシャルワークのバックグラウンドを持ち、長く社会住宅を提唱してきた林萬億教授が政務委員（大臣クラスに相当）に任命され、行政院もまた賃貸のみで販売しない、社会的弱者向けの社会住宅関連法案の検討を始めた。しかし民進党が2008年に選挙で敗れると、法案もまたお蔵入りとなった。

また国際的基準で見れば、住宅価格の年収倍率が6を超えると、住宅購入の負担は極めて大きいと言える。この指標で見ると、2009年時点で台湾では2/3の県や市で住宅価格がこの基準を上回った。なかでも台北市は14.1、新北市は9.5と高い水準にあり、住宅購入の負担は極めて重い。住宅価格の強烈なプレッシャーと同時に社会の二極化も加速し、2000年からの10年間で台湾では貧困線以下の家庭が倍増した。そして台湾の収入上位5%の平均収入は、下位5%の平均収入に対して、32倍から66倍となった[2]。

また、研究者の試算によれば、台湾では30%近い世帯が持ち家ではなく、そのうち12%が賃貸、或いは官舎などの住居に住み、18%が人の家に住むか、共同居住であった。これらの世帯は低所得世帯、単身高齢者、障がい者、DV及び性暴力被害者、HIV患者、平地原住民、ホームレスなどの社会的弱者が多く含まれ、全国の総世帯数の16.5%を占める。しかも、この数字には、一人親家庭、被災者、中低所得世帯、失業者、実家を離れて働く若者や新婚夫婦などの新しい弱者層は含まない。しかし社会住宅推動聯盟の2009年のデータでは全国の社会住宅戸数は7500戸で、住宅総戸数の0.08%に過ぎず、数の面で全く不足していた[3]。しかし住宅価格と家賃の高騰によって社会的弱者の居住問題はより解決が難しくなり、社会住宅の推進が焦眉の急であることは明らかだった。

2009年に行政院研究発展考核委員会が「不満トップ10」のインターネット投票を実施し、都市部の高すぎる住宅価格が人々の怒りのトップとなった[4]。社会住宅推動聯盟はメディアを活用し、また世論を盛り上げて、各界の関心を住宅問題に引き付けた。その時点で2012年の総統選挙まで1年半あり、民進党の候補者は蘇貞昌か蔡英文のどちらかと見られていて、どちらも国民党にとっては強力なライバルだった。2010年10月に社会住宅推動聯盟は総統府の馬英九総統を訪問し、その後ほどなく、馬英九総統は家賃補助を主とし、社会住宅の整備を従たるものとする原則の確立を決定した。同時に、家賃補助があっても市場で適切な住宅に住むことができない弱者に対して、政府は公共住宅を提供する義務があるとして、内政部に台北都市圏において2週間以内に一定量以上の土地を確保し、関連部門や地方政府と協議し1000戸から2000戸の社会住宅整備の準備を進めるように指示した。2011年に、馬英九総統はさらに「居住正義」政策を打ち出し、その内容には土地行政の実物価格登録及び奢侈税賦課の三つの法律が含まれていた。同年末には住宅法草案が立法院に送られ、審議された。しかし民進党議員の議席が少なすぎ、しかも国民党陣営にはデベロッパーを支持基盤に持つ議員が多くいたため、社会住宅推動聯盟としては法案成立を楽観視してはいなかった。しかし、住宅関連の議題をめぐる報道が過熱する中で、馬英九総統へのプレッシャーが高まり、彼は国民党議員団に対して動員をかけて住宅法を通すことを指示した。これによって2011年末ついに正式に法案が議会を通過し、成立した。

しかしこのバージョンの住宅法には社会住宅関連の条文は少なく、かつ主に民間建設の奨励によって社会住宅を推進するというものだった。また政府による建設は、地方政府の所管とされ、中央政府は建設の役割を負わなかった。明確に中央政府に関連づけられたのは住宅調査の責任のみであった。しかも民間建設の奨励では、インセンティブを高めるために、住宅法の定める12タイプの社会的弱者に計画の1割を割り当てれば社会住宅と認められ、中央政府と地方政府から税制優遇を受けられるというものだった[5]。しかしデベロッパーにも社会住宅建設の経験がなく、また彼らが市場の誘因も足りないと考えたため、民間建設の奨励という方針では全く効果がないことが最終的には判明した。今に至るまで一件の申請実績もない。しかし社会住宅を求める訴えに対しては、2014年の統一地方選挙において一定の結果が得られた。2014

年3月に台湾で若者を中心とした「ひまわり運動」が起り、社会住宅推動聯盟はこの若者の団体と連携し、若者の住まいについて新たな抗議野宿イベントとして「巣運」を実行し、社会住宅への注目度を高めることができた。

2014年の統一地方選挙では、社会住宅はさらに踏み込んだ重要な政策課題となった。6大都市を含む合計12の地方で当選した首長が社会住宅の推進を約束し、その後の地方政府における数年間の試験的取組みは社会住宅の実現にとって重要な経験となった。2016年の総統選挙では、蔡英文が社会住宅政策に力を入れることを公約とした。当選後9月には、蔡英文総統の安心住宅政策の実現のため、政府は8年間で20万戸の社会住宅を建設すると行政院が発表した。賃貸のみで販売はせず、住宅を購入できない若者、中産階級、一人親世帯、障がい者、高齢者が皆安心して住めるようにするとした。この目標には政府が直接建設する12万戸、民間による借り上げ・委託管理方式（包租代管）の8万戸が含まれる。これはまた現在言われる「多様な方式による社会住宅」でもある。

社会住宅推動聯盟の主張に対しては、熱い選挙戦の中で一定の回答を得ることができた。特に台北市では、2014年から2018年にかけて無所属の柯文哲市長の一期目において、林洲民都市発展局局長と、許立民社会局局長が任命された。中心となる2局の連携のもとで社会住宅政策は大きく進展し、8年間で5万戸という目標が設定された（のちに4年で2万戸に縮小された）。同じ時期、複数の地方政府、例えば民進党が市長である台中市、桃園市などもまた社会住宅の推進に加わった。これらの先進的な地方政府は社会住宅推動聯盟との協力関係も緊密であった。社会住宅の政策方針、計画設計、管理方針などにおいて緊密な協力がなされ政策に多くのイノベーションがもたらされた。また同時に、社会住宅推動聯盟のサポートのもと、これらの地方政府は積極的に韓国、日本、オランダなどの海外の経験を政策決定の参考とした。

2016年の蔡英文の当選後、住宅や社会福祉などの民間団体の運動によって、同年12月に立法院が「住宅法」の改正案を通過させた。新バージョンは、第一条総則において立法目的を説明しているが、国民の居住権の保障を健全な住宅市場といった言葉よりも前に置いている。改正版では社会住宅は市場より低家賃の、賃貸専用住宅であると明言し、また必要な付属施設についても定めている。また、弱者を支える役割を高めるため、経済的社会的弱者に提供する割合を3割に引き上げた。中でも改正前後の最大の相違は、中央政府の社会住宅建設における役割である。社会住宅新法は中央政府の住宅関連機関を社会住宅の整備主体として明確に定めている。同時にまた中央政府の土地、財源、組織人材、租税減免などにおいて地方政府と協調すべき事項について以下の通り述べられている。(1)社会住宅のための土地取得の面では、地方政府が必要とする社会住宅用地、有償で用いられるべき非公用の公有地は長期借地が可能となり、地方政府にとっては土地取得コストが軽減される。(2)費用面では、中央および地方に住宅基金を設け、社会住宅融資サービスプラットフォームを設立して地方政府向けに社会住宅建設のための低利融資を行い、地方政府の財源問題を解決する助けとする。(3)マンパワーの面では、担当機関を設立することを明確化し、専門の法人あるいは機構を指定して社会住宅に関する業務を行い、社会住宅建設運営に必要な専門性とマンパワーのニーズに対応する。(4)税の減免の面では、社会住宅建設期間における地価税と不動産税の減免措置を受けることができ、営業税も免除される。これによって地方政府あるいは民間建設による社会住宅の税負担を軽減する。そして家賃補助の申請資格を有する者に対して、家主が部屋を貸すインセンティブを高めるために、総合所得税・地価税の優遇規定を新しく設ける。

4. 法成立と改正のプロセス

本章では、都市改革組織の彭揚凱事務局長、詹竣傑政策班班長、花敬群内政部副大臣（もともと住宅学者であり、社会住宅推動聯盟のメンバーでもある）、そして2016年の法改正時の民進党立法委員である江永昌議員事務所の劉淑玲主任、陳節如議員事務所の孫一信主任、そして尤美女議員事務所の楊宜靜主任にインタビューを行った内容を紹介する。これら議員はそれぞれ、財政、社会福祉、司法および法制などの委員会に属しており、それぞれの立場から立法の過程に参画した。江議員と陳議員はまた運動団体の主な協力者であった。

インタビューでは、立法院と行政院および運動組織の相互連携について、また民進党党内での話し合いや、国民党との話し合いの様子にも話は及んだ。

聞き取りの中で分かったが、社会福祉団体と住宅団体の重要人物が接触したのは2009年であった。当時社会福祉団体では障がい者の生活について、施設から地域へというモデルを提唱しすでに長年議論を重ねていた。この流れのなかで、社会住宅は重要なテーマとなり始めていた。また、当時の住宅価格高騰の問題も張金鶚や花敬群といった不動産経済学者の注意を引き、住宅学会も適正な住宅価格を求める住宅法案を提出した。また、従来の殻なしカタツムリ運動の提唱団体にも再び動員をかけ、社会住宅運動を始めようと試みた。2011年、社会住宅推動聯盟は成立するとすぐ、立法の構想について議論を行った。この時、国民党政権による法案には、重要な内容が含まれておらず、その実現は2016年まで持ち越された。

2011年バージョンの住宅法は、社会住宅に関する章が設けられてはいるものの、当時社会住宅推動聯盟と民進党の陳節如議員とが共同で議会に提出した法案とは内容が大きく異なっていた。特に社会的弱者の割合が異なっていた。初期のころ民進党内部で検討した住宅法草案には、社会住宅における社会的弱者の割合が書かれていなかった。なぜなら全ての社会住宅を社会的弱者向けに供給する前提だったからである。しかしその後、初期の頃の国民住宅に対して、社会的弱者が集中しているというスティグマが世論に存在することから、「社会住宅ではソーシャル・ミックス居住方式をとる」ことがはっきりと定められた。つまり社会的弱者の割合を法律で定める方法である。2011年の住宅法草案の議会における審議のプロセスの中で、社会住宅推動聯盟の陳節如議員の法案では社会的弱者の割合は30%であったが、国民党の行政院による法案ではわずか5%であった。その後、協議を経て10%の法案が議会を通過した。

この数字は理想的なものでは決してない。しかし、社会住宅推動聯盟からすれば、当時社会福祉団体が直面していたのは社会的弱者の住宅の問題だけではなかった。2000年から2010年にかけて、社会福祉施設が地域に進出しようとした際や、障がい者の住宅においてバリアフリー設備を増設しようとした際に、地域住民の集団的反対を受けることが相次いでいた。従って、住宅法の中に住宅補助と住宅差別防止の条文が盛り込まれたことは福祉団体にとっては待望の成果であった。このように、2011年のバージョンは当時の政治情勢のもとでの妥協の産物だったと言える。

2011年から2016年にかけて、民進党と社会住宅推動聯盟は住宅法について長期的に協力を展開し、住宅法人、融資、社会的弱者の割合、負担可能な家賃といったしくみを巡って議論を続けた。2016年の総統選挙の前、民進党のシンクタンクである新境界は社会住宅推動聯盟の花敬群教授を土地住宅政策チームの座長として招いた。また都市改革組織も財政税務と都市更新法令の専門家として林旺根氏を推薦した。このように、社会住宅政策を巡って、民進党と運動団体の相互協力は緊密なものとなり、政党、専門家や研究者、運動団体の間で同盟関係が形成された。

そして2016年の改正版において、社会住宅に関する章で大幅な改正がなされた。2014年の六大都市選挙の後に地方政府が社会住宅政策を推進した経験も、法改正にとっては重要な参考となった。その経験は3つのポイントとしてまとめられる。つまり、土地、資金、マンパワーである。「社会住宅」は法律に組み込まれたものの、土地、融資、政府機関などの執行のための仕組みが欠如していた。しかし、地方政府に代わってこれらの問題を解決しない限り、蔡政権が掲げる社会住宅の目標を実現することが難しいことは中央政府も理解していた。従って、立法のスピードは速かった。その中でポイントとなったのが財政と組織である。例えば、もともとの国有財産法には、国有地の収益と社会住宅の賃料は国庫に納めなければならないなど、多くの制限があって社会住宅の財政的コストを引き上げ、地方政府を悩ませていた。このため社会住宅を推進するためにはまず財政上の関連規制を取り除く必要があった。また、地方と中央に社会住宅と土地開発のための組織が設置可能とされ、2018年8月1日には法に基づいて国家住宅都市更新センターが設立された。社会住宅の整備、管理、そして国有地再編による都市更新事業を担当する組織である。これによって社会住宅推進が加速した。

立法の過程において民進党と社会住宅推動聯盟はどのように連携し、特定の利益団体、とくにデベロッパーの支持を受けた国会議員の妨害を排除したのだろうか。インタビューを通じて、民進党の立法院における議席数の大幅増、法案審議プロセスの公開と制度化、そしてポイントとなる問題には積極的に対処するやり方が重要な要素だったことが分かった。

複数の国会議員事務所の主任の経験に基づく分析によれば、以下のような要素があげられる。即ち、2016年に民進党は総統選挙に勝利しただけでなく立法院においても初めて過半数を取り、「完全与党」の状態となった。それと対照的に国民党陣営では、選挙前に議席を持っていた複数の不動産業者に支持基盤を持つ国会議員のほとんどが落選した。地方政府と不動産所有者の団体が租賃（リース）法と住宅法に対して国民党に働きかけを行ったが、国民党の立法院議員団は初めて少数派となったこともあり、法案審議の過程の中でも歩調が乱れ、民進党に有効に対抗することができなかった。また一方、立法院内部の協議プロセスに関しても、正式な公聴会、政党協議、そしてメディアによる審議プロセスの中継など新しい調整がなされた。これによって審議プロセスがより可視化されるようになった。しかし、住宅法は民進党政権にとって優先すべき法案であり、党の議員団は行政院と密接な連携を取っていて、往々にして国民党議員が立法院での質問で問題を指摘するより前に行政院が問題に対処するよう要求した。これによって国民党議員は攻勢をかけるポイントを捉えることができなかった。

しかし、民進党と社会住宅推動聯盟の間にも衝突がなかったわけではない。彭揚凱は「彼ら（内政部）は、当時政権を取って半年も経たずに法案を国に提出した。内容については何年もかけて民間団体と議論してきていて、最後は文言の確定だけだった。その中で唯一想定外だったのは、割合を10%とするという数字の違いだった」と述べている。この法改正は行政院が国会に改正案を提出したもので、蔡総統の選挙公約を実現するためのものだった。しかし、行政院は自らの法案を提出する前、もし社会的弱者の割合を30%とした場合に住民の反対を招くのではないかと危惧し、いったんその割合を10%に引き下げようとしていた。しかしその情報を得るとすぐ、社会住宅推動聯盟はメンバーを招集して行政院の前で抗議を行った（**図3–1**）。彭揚凱によれば「我々

図 3-1　2016 年 8 月 25 日　行政院前で社会住宅団体が住宅法草案の社会的弱者割合について抗議する様子。

資料提供：OURs 都市改革組織

のアクションは大きく、それで関係各所も 10％は適切でないと感じた。議論を呼んで、そのために各党も社会的弱者向けに 30％を確保することに同意した」のだった。これ以降、メディアは社会住宅における社会的弱者の割合に大きく関心を向けるようになった。そして当時の行政院と立法院、社会住宅推動聯盟の間の足並みの乱れという問題を解決しただけでなく、他党の議員がこの割合に対して異議を唱えることを牽制することにもなった。

一方、民進党議員の中でも、住宅法に対して重視するポイントの違いはあった。例えば尤美女議員事務所は、土地開発によって立ち退きを余儀なくされた住民の居住権の問題を重視した。法案をめぐる協議のなかで、尤議員のバージョンがあったおかげで、新版の改正住宅法には第一条において居住権が住宅法の基本的価値として掲げられ、また国連の居住権の定義とも結びつけられた。しかし最終的には、条文に都市開発の過程で立ち退きを迫られた者や公権力によって取り壊された不法占拠住宅の住民は、社会住宅に住む資格のある社会的弱者には含まれなかった。主な問題は、内政部がこの問題は土地開発の関連法で処理されるべきだと考えていたことであり、また社会福祉団体もこれによって他のタイプの社会的弱者の団体を排除することになるのではないかと懸念を示した。

5. 社会住宅と社会福祉の推進

福祉国家は1980年代後半の民進党結党時における重要な党綱領である。民進党はその発展の過程で、社会福祉運動団体と常に緊密な連携関係を保ってきた。しかし民進党の陳水扁総統は就任当初、アジア金融危機後の経済の立て直しのために経済を優先し社会福祉を一時スピードダウンするとの方針を示したために即座に社会福祉団体の批判を受けた。その後、内政部は社会福祉会議を招集し、民間団体と社会福祉政策に関する党綱領について議論と研修を行い、2004年には行政院社会福祉政策委員会において議論され通過した。その中でかつて政策グループ座長の林萬億教授は賃貸のみで販売しない社会住宅を提案し、またまちづくり政策と組み合わせて社会的弱者に対する居住支援を強化するという概念を提案した(林萬億, 2012)。このことが後の社会住宅運動の展開に道筋を示した。

また一方、この間に従来の運動団体は次第に提唱型と支援サービス型の非政府組織へと転換し、台湾の市民社会(civil society)の重要な構成要素となっていった(蕭新煌, 2004)。2008年の二度目の政権交代で、民進党は再び野党となった。しかし社会運動団体の戦略も変化し、提唱型と支援サービス型の垣根を越えて「市民監督国会聯盟」が結成された(蕭新煌, 2015)。「社会運動再出発」の機運の高まりが社会福祉団体と住宅団体の連携を促し、そして社会住宅政策を通じた社会動員によって政府に要求を提出した。

台湾はすでに2回目の政権交代であり、またそれぞれの選挙の投票率は高く、選挙は政策に目に見えて影響する[6]。2011年の住宅法成立と2016年の改正の間に、社会住宅推動聯盟は選挙時期に合わせて、様々なメディアを通じたキャンペーンを継続的に行い、人々を動員し、そして立法においては漸進的な改革戦略を取った。2011年における社会住宅推動聯盟の主要目標は法の成立であり、無から法を作り出して社会住宅という主張を打ち出すことだった。一方、2016年時点では、それは住宅権利の意識をより深めることであり、社会住宅の大量建設を引き続き推進することだった。

全体のボリュームで言えば、台湾の社会住宅が住宅ストック全体に占める割合は未だに小さい。しかし、社会住宅の敷地内には、多くの福祉・コミュニティ施設が入っており、これは政府が2017年に打ち出した「介護10年計画2.0」を力強く後押しするものである[7]。例えば台北市の松山健康住宅は柯文哲台北市長の任期における最初の社会福祉施設を併設した社会住宅であり、その中には松山老人サービス・デイケアセンター、健康保育所が設けられている。利用者は社会住宅の住民、松山区民、そして台北市民である（**図3–2**、**図3–3**参照）。このことは、社会福祉団体と地方政府、そして立法院の協力による成果を示しており、また社会福祉団体の政治的影響力が見て取れる。もう一つの流れとして、2016年の改正版において非営利の民間法人が、公的社会住宅を借りることができるという規定が設けられた。これによって非営利団体が社会住宅を管理経営するモデルが可能となった。例えば、励馨基金会は林口ユ

図3–2　台北市松山健康公共住宅

資料提供：筆者撮影

図 3-3 松山公共住宅内の松山老人サービス・デイケアセンター

資料提供：撮影筆者

ニバーシアード選手村社会住宅に支援拠点があり、20戸の宿舎を設けている。DV被害者の女性が無料で一定期間住むことができ、また物資シェアセンターやコミュニティカフェなどの施設と連携し、就労訓練、カウンセリング、子どもたちの放課後ケアなどを行っている[8]。このような事例が現在急速に広まっている。

6. まとめ

多くの国では、社会住宅は長きにわたって社会福祉の一環である。しかし、台湾ではそれは一つの新しい流れである。2016年の新改正住宅法では、民間による社会住宅整備の推進という方向性からの転換を示した。それは当時の政府の比較的積極的な態度を反映したものであり、また社会住宅政策における中央政府の主導的役割を強めることになった。

この社会住宅政策の進展からどのように台湾の社会福祉政策の特徴を評価するべきだろうか。イアン・ホリディ（Ian Holliday, 2000）はかつて「生産的福祉資本主義（Productivist Welfare Capitalism, PWC）」の概念を用いて東アジア福祉政策モデルの特徴を議論することを唱えた。彼は東アジア国家の福祉政策は往々にして経済成長目標に従属し、生産と直接かかわる分野においてのみ国民に社会的保護を提供するとした。しかしこの考えは近年メイソン・キム（Manson M.S. Kim, 2019）の反論を受けている。彼は東アジア国家の発展経験はそれぞれに異なっているとする。このことは各国の対外的な開放の程度、そして国内の政治的圧力と相関している。その中で台湾の事例は、まさに政治の民主化によって大きく拡張された包摂的社会福祉政策のもっともよい例である。住宅法の成立から改正に至るプロセスは、台湾における社会住宅運動、法制定、そして社会福祉政策の方向性のダイナミックな関係性を示している。このことはまた、東アジア国家において政治の民主化が社会福祉政策拡大に影響を与えるとするメイソン・キムの主張を証明している。しかし、構造的要因の影響のほかにミクロな政治から見れば、運動団体の組織化と戦略が重要な役割を果たしたことが分かる。2010年の住宅団体と社会福祉団体の連携によって、住宅運動に新たな局面が生まれた。前者は組織的動員とメディア戦略に長け、後者は国会において一定の影響力を持っていた。両者の協力と補完関係によって住宅法の成立と改正が成し遂げられた。

現在、社会住宅は具体化し始め、12タイプの経済的社会的弱者に住宅を提供し、社会福祉施設を置くことで地域における介護をはじめとした支援が可能となっている。

社会住宅が台湾の社会福祉政策の発展に新しいマイルストーンを打ち立てたということができるだろう。それと比べると、住宅価格高騰の問題にはまだ目に見えた改善は見られない。運動団体の税制面での訴えに対して、両政党の政府は形式的な方法で答えるのみであった。また、土地の接収、あるいは不法占拠地域の再開発によって立ち退きを余儀なくされる住民の居住権については、未だに住宅法では保障されてない。このこともまた、現在の台湾社会全体における住宅、土地、人権の問題についての認識不足と関連法の整備が足りないことを示している。

この10年間で台湾の社会住宅運動は一定の成果を上げた。しかし、このことは社会住宅の発展がすでに軌道に乗ったことを意味してはいない。逆に、運動団体は常に現実の政治的変化に対応し、戦略を調整しなければならない。しかも、台湾の政党選挙と政策の発展は密接に結びついており、社会住宅の推進にとってはメリットであると同時にデメリットでもある。運動団体にとっては、他の争点と競う能力が試される。例えば近年、2018年に柯文哲氏が台北市長に再選されたが、彼はこれまで何年も社会住宅推進に貢献してきた林洲民を都市発展局長から外した。2020年の初め、民進党の蔡英文総統が再選されたが、住宅運動の政治における得票効果は次第に両岸問題といった他のテーマに取って代わられており、社会住宅建設は停滞期に直面している。このことは社会住宅運動における、社会福祉と住宅という課題の二元性を意味している。結び付けて対応できる時もあるが、分けて考えなければならない時もある。そして今再び、このテーマについて新たに考え直すべき段階に至っている。

（山田理絵子訳）

注

1　内政部民國101年至民國104年整體住宅政策實施方案（核定本）https://pip.moi.gov.tw/Upload/file/%E4%BD%8F%E5%AE%85%E6%94%BF%E7%AD%96%E5%AF%A6%E6%96%BD%E6%96%B9%E6%A1%88%E6%A0%B8%E5%AE%9A%E7%89%88.PDF

2　http://socialhousingtw.blogspot.com/2010/08/blog-post_25.html　社會住宅推動聯盟成立宣言

3　http://socialhousingtw.blogspot.com/2014/08/blog-post_66.html 國外案例―亞洲各國社會住宅比較_2015.1.29更新。ここでの社会住宅の定義は「政府が建設した住宅、あるいは借り上げた民間住宅で、市場家賃よりも低い家賃の賃貸住宅であり、このような定義から当時の社会住宅の状況をみると、賃貸国民住宅、平価住宅、高齢者、女性、労働者、および原住民など社会的弱者を対象とした専用住宅が含まれる」。

4　https://tw.appledaily.com/headline/20091130/3YFADFBCJ54CIOOITEHOGZL6O4/ 票選10大民怨 最恨高房價「只反映北市」學者籲赴中南部訪查

5　住宅法における経済的弱者あるいは社会的弱者　(1) 低収入戸または中低収入戸　(2) 特殊境遇家庭　(3) 3人以上の未成年の子どものいる家庭　(4) 養護施設あるいは里親における安置が終了しても帰る家の無い25歳未満の者　(5) 65歳以上の高齢者　(6) 家庭内暴力あるいは性暴力の被害者とその子　(7) 障がい者　(8) 人類に免疫の存在しないウィルスに感染した者あるいは後天的免疫疾患症候群の患者　(9) 原住民　(10) 被災者　(11) ホームレス　(12) その他担当機関が認定する者

6　2012年と2016年の総統選挙における投票率は74.38％、66.27％であり、六大都市選挙の投票率は67.5％である。

7　正式名称は「長期照護十年計画2.0（2017年～2026年）」。これは台湾衛生福利部が高齢化社会に対応し、エイジング・イン・プレイスを実現し介護サービスシステムを充実させるために推進している政策である。支援対象を拡大しただけでなく、コミュニティでの重点介護モデルを強調し、家庭への支援、ホームヘルパー、地域から施設ケアまでの多様で連続性のある介護体系を提供するものである。

8　https://news.ltn.com.tw/news/life/paper/1344683 庇護受暴婦女、勵馨林口社宅設點。自由時報，記者周湘芸。

参考文献

メイソン・キム著、阿部昌樹・全泓奎・箱田徹監訳、2019、『東アジア福祉資本主義の比較政治経済学：社会政策の生産主義モデル』

Ian Holliday, Ian, 2000, Productivist Welfare Capitalism: Social Policy in East Asia POLITICAL STUDIES: 2000 VOL 48, pp. 706-723

蕭新煌、2004、臺灣的非政府組織、民主轉型與民主治理。臺灣民主季刊；1巻1期（2004 / 03 / 01）、pp. 65-84

蕭新煌、2017、『非營利部門：組織與運作（第三版）』、台北：巨流出版社

林萬億、2012、『台灣的社會福利：歷史經驗與制度分析』、台北：五南出版社

4章　台湾における社会的不利地域のまちづくり
――台北市中正区南機場コミュニティを例として

劉恩英
（国立台湾大学）

1970年代、台湾における経済構造は徐々に変化し、それに伴って住民構成も大きく変わった。貧富の格差が開いて二極化が進み、インフラと公共サービスは低下し、固定収入のある住民は続々と転出していった。『スラムの惑星』の著者マイク・デイヴィス（Mike Davis, 2017）は、現代社会を特徴づける、悪夢のように大量に出現しているスラムを定量化した。デイヴィスはスラムの幾何級数的増殖は決して偶然ではないとしている。アメリカの都市学者ジェイン・ジェイコブス（Jacobs, Jane, 1961）は、大規模な都市再開発は人口の多様性を侵食するが、多様性こそが都市の経済的優位性、社会の活力と吸引力の基礎であると指摘した。現在の台北都市部における異常に高い住宅価格の年収倍率は、既に人々の不満の最上位に位置付けられている。若者が家を構えることを困難にしているだけでなく、すでに住宅を購入した者にとっては重いローン負担がのしかかり、そして何より低所得者の基本的な居住条件に影響を及ぼしている。黄麗玲（2014）は、不動産業界は常々供給量を増やせば、住宅価格が下がるとして民間による都市更新の強化、或いは公有地の民間都市更新への協力を求めるが、台北都市部の高い住宅価格と空家率の併存という状況は、この説を支持していないと指摘している。これらはメインストリームの都市更新の問題の所在を明らかにしている。台北市都市更新処処長の林崇傑はこの困難な状況を「台湾において、都市更新は都市にとっては主要な成長政策である。国にとっては産業振興の政策的メカニズムであり、地方都市にとっては環境改善の手段であり、民間住宅市場にとっては価値を創造し維持するための道具である。そのため公有地は本来持つ都市のモデルチェンジを可能にする社会的支持基盤としての役割を失っている」と指摘している。

1. 南機場における社会的弱者の概況

台北市中正区忠勤里南機場は台北市における最も顕著な社会的不利地域である。2020年8月の中正区戸政事務所の統計（台北市中正区民国109年8月各里鄰数、戸数、人数統計表）によれば、忠勤里の住民は6306人で、65歳以上の高齢者は1800人を超える。そのうち一人暮らし高齢者は120人近く、台北全市平均を大きく上回っている。このほかに生活保護受給世帯（低収入戸）も多く、500人余りの障がい者、400人以上の外国籍住民および大陸出身妻といった人々が台北市最大のいわゆる「スラム」に居住している。

台北市社会局にケースとして記録されている弱者世帯は、異なる法的根拠に基づいて異なった福祉的支援を受けており、大きく経済的弱者と社会的弱者に分けられ、28%という高い割合を占めている（**表4-1**参照）。全体的に見て、南機場の弱者の状況としては、全世帯の23.62%を占めており台北市において最も顕著で、公共都市更新政策分析資料によれば借家世帯が約50%を占めていて流動性が高い。長らく関連データが不足しており、社会的弱者の把握がより難しくなっている。

表4-1　南機場弱者世帯分析（2019年10月）

	南機場1期		南機場2期		南機場3期	
各期総戸数	1264戸		580戸		264戸	
低収入戸	98	8%	40	7%	21	8%
中低収入戸	22	2%	8	1%	5	2%
中低収入高齢者	40	3%	17	1%	6	2%
一人暮らし高齢者	41	3%	10	2%	3	1%
障がい者	158	13%	129	22%	27	10%
社会福祉補助対象の弱者世帯	**281**	**22%**	**164**	**28%**	**53**	**20%**

出典：台北市統計処資料より作成

2. 南機場の空間の発展[1]

1）清朝康熙期（1663 〜 1722）

この地域は新店渓が淡水河へ流れ込むことによる堆積作用で形成された湾曲部にあたり、低い窪地であるため頻繁に河川の氾濫による洪水が発生してきた。かつては水辺を好む原住民であるケタガラン族の雷里社が活動していた。清朝期になって、泉州同安一帯の漢民族移民によって開墾された。

2）日本統治期（1915 〜 1945）

80 甲余り（1 甲 =9700 ㎡）の土地が 4 回に分けて飛行場用地として収用され、「南機場」と呼ばれた。当時南機場一帯は農地と荒地が多くを占めていた。ふだんは日本陸軍の練兵場として使用され、そのため「陸軍埔」とも呼ばれた。

3）第二次世界大戦後の国民党政府の台湾遷移（1940 年代）

50 甲近くの土地が軍に接収され、国防部の各部署によって使用された（残りの 20 数甲はゴルフ場となり、その後現在の青年公園となった）。また 30 近い眷村（外省人居住地）が形成され、台湾最大の眷村地域となった。南機場水源路の堤防地帯には国民党政府とともに台湾に来た多くの軍人や民間人が続々と住むようになり、その 80％が下級の軍人、公務員、教員だった。

4）八七水害（1950 年代）

堤防の外で深刻な浸水が生じ、永和、板橋、新荘、三重などにまで及んだ。政府は台北都市圏を守るため、水源と双園の堤防地帯の外の住宅全てを取り壊すよう命令し、また古亭崁頂段師 206 号の土地を国民住宅用地とすることを決めた。計 11 棟、甲型（8 坪以上）乙型（10 坪以上）丙型（12 坪以上）の 3 種類で、1264 戸であった。

5）南機場団地の落成（1960 年代）

1964 年 4 月までに 360 世帯が入居し、その後中華路、公園路、重慶北路などから立ち退いた世帯が続々と入居し、住居の割当を完了した。団地の竣工時には非常に大きな注目を集め、5階建ての建物は当時の住宅の中では群を抜いて高く、また1264戸という最大規模であった。

6）南機場夜市の形成（1970年代）

1970年代以降、しだいに中南部から台北に来た地方出身者がこの地域にやってくるようになった。その多くは専門スキルもなく都市での職探しも困難であった。彼らは生計を立てるために屋台をはじめたが、何よりそれは収入を確保できる貴重な業種だった。屋台の多くは元手も少なく、屋台を出す場所として賃料が不要で交通に影響を与えることの少ない南機場の「名もない路地」が自然と選ばれた。

7）南機場露店臨時自治会の設立（1980～1990年代）

屋台の数がますます増える中、当初、南機場夜市の屋台は警察の取り調べや追い出しから隠れなければならなかった。しかし1986年に南機場露店臨時自治会が成立し、これによって屋台の地域内での立場が確立され、また台北市市場管理処の管轄となった。

8）コミュニティ活動のはじまり（2002～2010年）

2002年から一人暮らし高齢者を対象に配食サービスが行われている。2年後には南機場社区発展協会が設立され、2005年からは地域の子どもに放課後の指導を行っている。忠勤里の里長は遊休公有地を、里事務所および地域の活動空間“楽活園地（ロハス・ガーデン）”として活用するよう申請した。地域住民、高齢者むけに「食事支援」を行い、児童には読書や学習の場を提供し、同時にかつて南機場に住み長い間くず拾いをしながら本を寄付した教育者、王貫英の精神を受け継いで台北市図書館と協定を結んでいる。

9）フードバンクの設立（2011～現在）

2013年に全台湾に先駆けて「南機場幸福フードバンク」が発足した。2016年

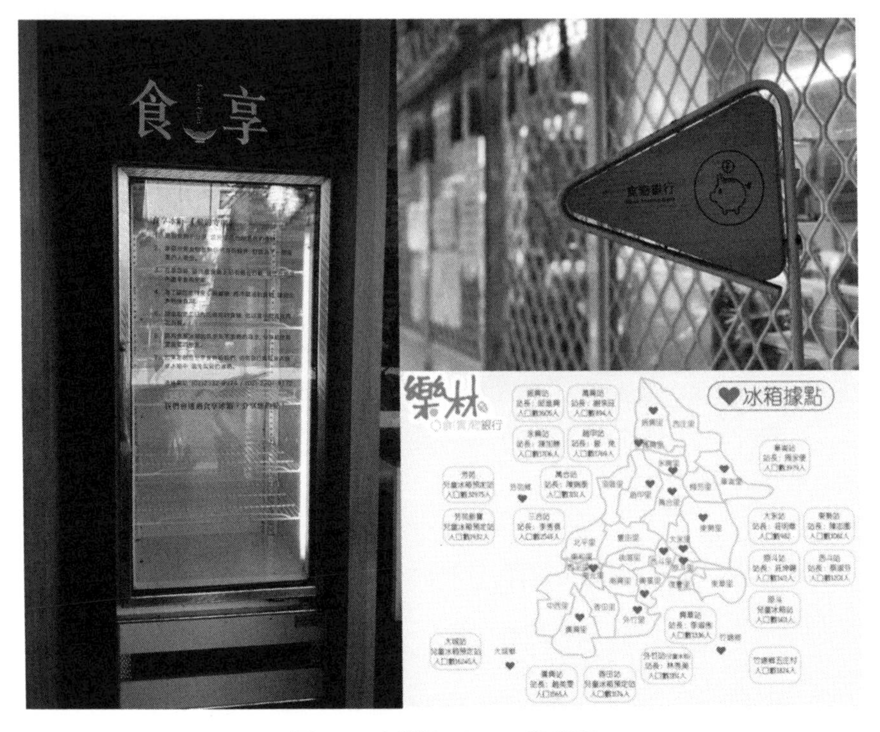

図 4-1　南機場のシェア冷蔵庫

には非行少年の資格取得を支援する「花甲カフェ」も開設された。食べ物を大切にする「惜食」のフードシェアの取組みのためにコールドチェーン配送システムをさらに整備し、有名店と協力し、月に 1.5 万キロのパンを必要とする人々に届けている。このうち多くのリソースは忠勤里だけでなく、近隣地域にもシェアされている。この取り組みは「惜食」のシェア冷蔵庫として発達し、忠勤里のフードロスをなくす「続食」の活動範囲は台北市内 17 か所に拡大している。しかし、これらの福祉的取組みを支えるためには多大な資金が必要である。

3. 南機場における居住空間の問題

団地が完成したばかりの 1960 年代、この地域はまだ台北の中では不便な場所であった。1972年の台北市政府の「萬大計画」で、交通面では西蔵路が建設され、中華路と萬大路が開通し、和平西路と西園路が拡張され、光復、華江、華中の3つの橋が架かったことでこの地域一帯は新北市の板橋や中和から台北への玄関口となった。この台北市最大の国民住宅団地は今の行政区では台北市中正区と萬華区の境界に位置する。中正区側は南海学園に近く、萬華区側は青年公園に近い。そのため一人暮らし高齢者が多い。建設当時「南機場団地」は欧米の最新の建築工法を採用し台北の人々の目には高級住宅と映っていた。1962年のオパール、エイミーの二つの台風によって台北市西南部は深刻な被害を受け、台北市政府は「双園」「水源」の堤防の建設を始め、堤防外の不法占拠住宅に住む人々の転居先とするため1963年に陸軍管理下の南機場地区の崁頂段206号の10,154坪を敷地として5階建11棟の「平屋根連棟式鉄筋コンクリート総レンガ建築」の第一期整建住宅を建設した。

南機場団地は主に1963年から1971年にかけて建設された第一、二、三期の整建住宅からなる。この団地独特の1960年代初期近代建築であり、2万人の人口を支えるに十分な堅固な体躯の住民の守護神である。これまでに過度な違法増築や地盤陥没を経験し、また921大地震の危機も経験してきた。しかし南機場団地の環境は近年悪化している。外壁は崩れ、内壁はまだらになり、水漏れが生じ、狭い部屋は現代の家族には馴染まない。住民はみな、思い思いに外へと増築し、或いは小屋を建てている。単にレンガを積んだだけの、一切鉄筋の入っていない違法増築の様子を見ると、これから先起こるであろう地震を持ちこたえられるのかと不安になる。

違法建築の状況（特に第一期、第二期の団地に深刻である）は、通り側から見た外観にしろ階段周りの防火スペースにしろ、多かれ少なかれ、オープンなタイプや閉じたタイプなど、あらゆるスタイルの違法建築がもともとの建物のあらゆる部屋や窓からはみ出している。違法建築に加えて、廊下や階段スペースに積まれたモノが、この地区の有機的な表情を作り出している。写真を見ると、それぞれの家庭が部屋の狭さからもともとの違法建築の上にさらに増築を重ね、ついには道向かいの違法建築とつながってしまったことが想像できる。建築技術と法律への挑戦と言うことができるだろう。

図 4-2　南機場の居住環境

第一期団地の特徴は、各棟が向き合う二つの建物からなり 4 つの螺旋階段で結ばれていることである。一階部分が道路に面しているだけで、他の部屋は防火スペースから階段で中に入る。階段は欧米建築様式を実験的に取り入れた当時の新工法であり、建設当初は階段の支柱の中は空洞でゴミの収集に使用されていた。ゴミ出しの時には、住民たちは階段の中の空洞に向かってゴミを放り、それを清掃班が定期的に回って集めていた。今ではゴミの投棄口は塞がれているが、階段周辺のオープンな風通しのよさと採光のよさから今でも住民どうしの交流スペースとなっている。従ってこの螺旋階段は、建物の外観の上でも、住民生活の面でも重要な要素となっている。

南機場の第二期、第三期は、その建築様式の雰囲気と、出身地は違っても住民が類似の階層に属していることから、見る者に福建省の土楼の建築様式を思い起こさせる。建物は外から見ると砦に築かれた櫓のようである。外に対して閉じた、内向きの建築様式であり、閉じられた環境である。第二期の整建住宅のうち中庭に面した一階には、食品店や衣料品店、そして祭壇があり、地下にはさらに南機場市場と軍事教育福祉センターがあり、外部の人々も買い物に訪れていた。

第三期の廊下はつながったバルコニースタイルになっており、眷村のような生活シーンが見られ、コミュニティの居住空間によって近所づきあいという集団的記憶が生まれた。

多くの人々にとっての南機場のイメージに、青年公園や国民住宅の他にナイトマーケットがある。現在の形は観光夜市に近く、整建住宅の一階の食堂と結びついて、全てが飲食の屋台からなるナイトマーケットである。かつて夜間に永和から台北市の方角を眺めると、たくさんのナイトマーケットがある中で唯一はっきり見えるのは煌々と明かりの灯った、美しい南機場団地だけであった。しかし今となっては台北市において最も顕著な社会的不利地域となっている。

コミュニティスペースを作り出すために、台湾大学建築・都市研究科の設計課程では、2020年に南機場のコミュニティ活動空間の改善と住民参加のデザインプロジェクトを実施した。南機場忠勤里の整建住宅には、中低所得世帯、一人暮らし高齢者、新移民女性が集まっているが、地域の空間的リソースは不足している。方荷生里長の依頼を受けて、設計実習クラスで学生による設計を行い、空き家となっていた2棟の国防部の官舎(**図4-3**)の改造を行い、コミュニティスペース“楽活園地(ロハス・ガーデン)”が完成した。その空間は、図書館、補習教室、高齢者の運動と健診の場として活用されており、さらに鳥小屋とカフェもあり、地域住民の交流とセルフエンパワーメントの拠点となっている。里長事務所に目を転じると、20坪ほどの空間はまるでリハビリ施設のようであり、バイク、プーリー、バーベル、ヒートパッド、アイスパッドなどの20種類の機材がある。「コミュニティ健康ステーション」では、リハビリ設備のほか、毎週理学療法士が専門家として住民に健康維持法を教えている。他の地域なら直接ジムに行けばよいことかもしれないが、収入の限られた住民たちにとっては「コミュニティ健康ステーション」は最善の「養身工程館(フィットネスやマッサージの施設)」だと言える。

図 4-3　遊休空間の改造（改造前のようす）

4. 地域住民の参加

忠勤里では　巡回員、班長、交通安全指導員、放課後指導員、環境保護ボランティア、高齢者サービスセンターなどの活動があり、住民が参加する 100 近くのボランティア団体がある。馬背式屋根の 3 坪に満たない見張り所では、50 人のボランティアが年中無休で交代している。彼らは、日中は別の仕事をしながら、夜にボランティアで巡回を行い、さらに交代制で一人暮らし高齢者の見守りも行っている。

お昼時になると、90 歳を超えたおばあさんたちが、20 人の一人暮らし高齢者の名前を読み上げ、順番に弁当を渡す。車椅子の者や杖を突いた者もいて、思い思いに、里長から郵便物を受け取ったり、ニュースについて話したりしている。これは忠勤里が一人暮らし高齢者のために作り出した「定点食事支援」である。

里長によれば、食事支援に関しては一部補助を受けているが、高齢者たちは収入がほぼ無いとはいえ、尊厳もあり、自ら進んで毎食 20 元を払っている。また、自身で少額を支払う形をとることで、高齢者に外出を促し、また交流を通じて仲良くなる効果もあるという。「定点食事支援」の他に、忠勤里では自主的な取り組みとしてコミュニティの高齢者に対する配食プロジェクトを実施しており、毎日40〜50人の一人暮らし高齢者に昼食を届けている。

コミュニティの財源は豊かとは言えないため募金を行っている。例えば台北駅でバザーを行って高齢者配食サービスの資金を集めた時には、住民たちが本をバザーに提供した。また里長はテーラーだった住民に依頼し、以前のイベントで使った旗をエコバッグに作り替えて販売したりした。またスーパーからの食品の寄付や、城隍廟からのお供え物の寄付などもある（黄珠茵, 2005）。

里事務所が実施した「私のコミュニティを描こう」という児童絵画コンテストの作品から、子どもたちの記憶の中のコミュニティや、コミュニティに抱くイメージを見て取ることができる。南機場団地の様子だと判別できるものの中で、最も多く描かれているのはナイトマーケットである。100枚を超える絵の中で、螺旋階段が描かれているのは1枚だけであった。子どもたちにとっては、幼い時からすでに存在した賑やかなナイトマーケットこそが、最も鮮明な地元の風景である。

地域ではフードバンクを設立するために募金の継続に加えて、企画書を書き、プレゼンテーションを行い、スピーチを練習して第10回「KEEP

図4-4

WALKING 夢資金応援プロジェクト」に参加した。獲得した数十万台湾ドルの支援は、全里民のための大型プロジェクトに投じられた。最終的には 200 万台湾ドルが集まり、建設会社に「銀行建設」を依頼し、そして資金は足りなかったものの、心を動かされた建設会社は優待価格でスペースの改造を実行した。

「幸福」の名を冠したフードバンクであるが、弱者が「手を伸ばして他人から何かを『受け取る』」ための場所だとは考えないでほしい。「銀行」「スーパー」にも似た経営方法で運営され、弱者世帯の会員は一冊の通帳を持っており、毎月 500 点がつくようになっている。「南機場幸福銀行」を通じて、ニーズのある弱者家庭に有効に必要なものを届けることができる。彼らは自活する力を学ぶことができ、社会的弱者を支援し、地域内で助け合い、自給自足するという目標を達することができる。地域の弱者世帯の子どもたちには、「非行少年の珈琲夢工場」で技術を学ばせ、また彼らはコミュニティカフェの運営を手伝っている。地域の高齢者への食事提供と南機場の歴史文化の宣伝を行い、老いも幼きも地域で一緒に生活し、文化と歴史を継承している。

5. 都市更新の進行

一般に老朽化したコミュニティの多くは、外からの危機や内からの再開発のプレッシャーにさらされている。つまり南機場団地もまた都市更新という課題に直面している。都市更新は里長事務所を中心に進められており、里長によれば地域住民のうち希望者は半数に届いていない。計画の成果を実際に目で確かめることはできないため、コミュニティのビジョンがどう実現されるか想像できないという問題に加えて、高齢者の割合が高いことも一つの原因であるという（周素卿, 2000）。

整建住宅は建設当初、割当てられた世帯それぞれに所有権があった。しかし土地は「土地ローン」方式で、一坪あたり 600 元を土地銀行から借り入れる方式で名義変更がなされ、15 年間は売買できないという規定があった。当時、整建住宅には政府の貸付補助があったが、住民は 20% を自己資金として準備した上で、政府の 80% の貸付を受けることができた。そして 5 厘 / 月の利息で15年かけて返済するものであった。中低収入世帯を中心とする、強制立退きによって転居してきた彼らにとってこのような経済的負担は決して軽いものではなかった。しかし団地の完成後は価格が高騰し、転売すればかなりの利益を得ることができた。従って、数年を待たずに所有権が移り始めた。所有権の問題が不透明であるためになかなか建て替えの議論が進まず、里事務所の推進チームは都市更新委員会を立ち上げて経費を申請し、初めて専門家に実現可能なプラン作成を依頼し住民と話し合いを行うことができた。建て替え更新にはまた法律上の容積率の問題がある。現在の容積率は300%であるが、しかし当該地域の用途地域は"第三種住居系"であり、建蔽率は45%を超えてはならず、容積率は225%を超えてはならない(林崇傑, 2013)。

また、住民とナイトマーケットの権益の調整という課題もある。取り壊しと建て替えが行われる場合、工事のためにナイトマーケットでの経営ができなくなる。そのため現在、夜市自治会はなんとか補償を勝ち取ろうとしている。また都市の中に低廉な住宅地域が、中低収入世帯やニューカマーを受け入れる中間ハウジングとして存在するべきではないかという問題もある。このことは重要な政策に関連して南機場に注目する際、考慮する必要のある課題である。

6. まとめ

南機場の住民構成は高齢者が多く、また一人暮らし高齢者の問題は非常に深刻である。そのため、地域では高齢者への配食や健康ステーションといった高齢者を支える仕組みが発展してきた。こうした高齢者支援は十分に整備され多様であるが、さらに高齢者どうしの交流を増やすことができれば、彼らの生活に新しい助け合いと活力を注入することができるだろう。かつて南機場では、ある80代のおばあさんが配食のボランティアをしていた。彼女はまだ健康で、何か地域へのお返しになることをしたいと考えていた。それで彼女は食事を受け取るだけでなく、もっと体の不自由な高齢者のために行動していたのだった。

しかし、住民から聞いたところでは、実際の運営はほとんどが里長を中心になされている。実行可能かどうかという議論はさておき、このような仕事の配分では住民にとっては状況が分かりにくくなってしまう。ある取り組みの背後にある分業の有り様を知ることで、そのような運営モデルが可能かどうか分かるだけでなく、そのプロジェクトの影響範囲を知ることもできる。そしてまた間接的に住民のプロジェクトに対する見方を推し量ることができ、一つの側面からのみ判断することを避けられる。南機場のフードバンクについて言えば、その目的は低所得者が困窮時に最低限の生活ができるよう支援することである。従って、住民は食品が余ったり、期限が近くなったりした時にそれをフードバンクに持ち込むことができる。しかし、一般住民はフードバンクで食べ物を受け取ることはなく、受け取るのは社会的弱者である。従って、住民の多くはフードバンクに対して参加意識は低く、またそれによって実際に助かっているわけでもない。

南機場は多様な福祉的な取り組みを実施している地域の事例であり、多くの創造的な取り組みに対して、多くの政府関係者が視察に訪れ、またメディアでも取り上げられている。社会で広く知られていて、すでにそれなりの知名度がある。しかし、実際の住民に聞いてみると、地域の取り組みについてよく知らない人も少なくない。まちづくりは住民にその取り組みをよく理解され、地域に役立つと認められることが目的であって、住民よりも地域外の人々に評価されるためのものではない。

最後に、南機場の大規模建て替え後、我々は人口と環境の変化に直面するだろう。これらの変化によって、住民自治のまちづくりモデルは影響を受け、或いは失われるかもしれない。台北市政府による都市更新は公的部門の介入による計画であり、民間の再開発事業と違ってデベロッパーの利益を圧縮して、住民に対してよりよい居住品質と公共サービスを還元することが可能である。また南機場建て替えにおける既存建築物保存の取組みは、地域にとっては歴史教育とまちづくりの意義があり、また今後、公共施設やサービスを提供する空間となる可能性もある。

(山田理絵子訳)

注

1　南機場的前世今生整理 ; http://www.historygis.udd.gov.taipei/urban/swipe/index.aspx

参考文献

周素卿、2000、「台北市南機場社區貧民窟特性的形構」、『地理學報』

黃麗玲、2014、「從都市更新到都市再生:建造生活幸福的街區」、『臺大校友雙月刊』(7月号)

黃珠茵、2005、「老人社區居住環境之剖析ー以台北市南機場公寓社區為例」、台灣大學建築與城鄉研究所碩士論文

劉美琴、2001、「整宅女性的城鄉土鄉遷移與定居；台北市南機場忠勤社區整宅之個案研究」、台大地理資源研究所碩士論文

林崇傑、2013、「我們需要一個新的城市發展論述」、收於『都市再生的 20 個故事』、臺北市都市更新處

Gandy, Matthew, 2016, "Mapping urban nature", in Beebeejaun, Yasminah (ed.), The participatory city, Berlin: jovis, pp. 162–168.

Jacobs, Jane, 1961, The Death and Life of Great American Cities. New York : Vintage Books.

Mike Davis, 2017, 佈滿貧民窟的星球、中信出版社

南機場都更課題 ; https://www.slideshare.net/OURsOURs/ss-78067591

南機場的前世今生 ; http://www.historygis.udd.gov.taipei/urban/swipe/index.aspx

コラム①

国家レベルの専門責任機関はどのように都市の再開発に対応していくのか
――信義区の児童福祉基地を例として

林啟賢
（国家住宅及び都市更新センター）

社宅都更国家チーム、専門的かつ柔軟な行政法人

国家住宅及び都市更新センター（以下、国家住都センター）は、2018年8月に設立された行政法人である。政府の公営住宅の運営と管理および、政府が促進する都市開発政策のサポートに、専門的かつ柔軟な独立した役割を担う。具体的には、入札の実施、投資者探し、民間企業との協働等の業務を行い、公私協力パートナーシップを構築する。また、都市の土地を効果的に再利用し、都市機能の活性化の改革に市民が参加できるようにする。それらを通して、社会や市場の需要により一致した都市再生メカニズムを構築する。

公営住宅について、国家住都センターは、2024年までに台湾全体で20万戸の公営住宅を供給するという政策目標を達成する責任を負う。その内容は、計画・設計・建設およびその後の運用管理である。現在、国家住都センターが運営する林口世大運選手村公営住宅は、34棟の建物と3,490世帯を含み、台湾において規模のもっとも大きい公営住宅である。国家住都センターは、公営住宅の質と価値の革新に努め、積極的な管理方式を採り、複数の年齢層のコウハウジングや質の高い居住環境を提供している。

また、都市開発については、住宅の築年数と耐震基準の観点から、台湾の住宅の半分以上を再建する必要がある。国家住都センターは、権利擁護と公正で開かれた運営を維持しながら、地域特性に合わせた都市再生を促進する。以下は、国家住都センターの設立後に率先してスタートした「信義児童福祉センター公的都市再生事例」を例に、国家住都センターが現在の台湾の体制の下で、都市再開発における居住権利の保障と実行効果にどう向き合うかを検討する。

公私部門と協議した、信義児童福祉事例の解決策の模索

信義児童福祉センター公的都市再生は、台北市の大五分埔区の南側と北側の6つの街区にあり、面積が約2.83ヘクタールで、地下鉄駅や信義計画区お

Village	Age 65+(2019)
雅祥里	17.43%
六藝里	16.65%
富台里	16.22%
敦厚里	18.94%
興雅里	22.96%
五常里	19.74%
五全里	19.89%
長春里	18.09%
四育里	20.01%
四維里	20.90%

Area	Age 65+(2019)
Taipei City	18.07%
Xini Distric	19.59%

よび松山駅等のビジネス街に隣接している。この地域の土地は公有地と私有地が混在しているが、多くは国家住都センターが所有している。ただし、建物のほとんどは財団法人である中華文化社会福利事業基金会が1950年代に国有地を借用して建設したものである。それらの建物は、人道主義を掲げて、戦乱で避難している難民に、養育、就業、医療、養老、生活支援等の定住施設を提供していた。

北側のA地区は、専門技能の育成、就業の促進および人的資源の確保を目標とする職業訓練センターとして使用される。南側のB地区は、子育て家庭、幼稚園および放課後の子ども向けのサービスを供給する児童福祉センターである。しかし、一般的な環境の変化、とりわけ社会経済の進展や少子化等の問題、設備の老朽化、生徒の減少やデジタル学習の影響により、深刻な経営難に直面している。職業訓練センターは2020年に終了する予定であるが、児童福祉センターは、評判がよく、様々な社会福祉事業の継続的な実施の重要な社会資源となっている。それゆえに、その活動を中断する可能性のある再開発に抵抗がある。

地方自治体は旧市街地の再開発を長い間考えてきた。しかし、事業を展開する前に、利益の配分、立ち退きおよび再定住等の問題を解決する必要がある。そのため、権利関係者の同意を得て、地区内の私有建物と違法居住の状況を把握した上で、次の3つの課題を解決することは国家住都センターの当面の重要な任務である。

第一に、如何にして権利者を統合する、とりわけ違法建築に住む住民への補償と再定住問題を慎重に検討するか。第二に、如何にして児童福祉センターの経営を持続させると同時に、都市の再生を通じて社会福祉機構の財政負担を軽減するか。第三に、如何にして地方自治体の要求を、商品開発の位置づけと空間設計を含む未来基地の計画に組み込むか。

国家住都センターはそれらの課題に基づいて、多元的なアプローチを提案した上で、公私部門と協議した。その結果、段階的及びゾーニング開発方式が採択された。また、後続の事業のスムーズな展開を図るために、第1段階のシード基地を、再定住の問題を解決するものとして利用する。

建設してから解体し、シード基地を利用した再定住の事例

国家住都センターが実施者を務める信義児童 B1-1 基地公的都市再生事例は2020年3月に投資者と契約が締結された。この基地は本事例のシード基地となる。国家住都センターは、基金会と協議し、中華文化社会福利事業基金会の所有権を B1-1 基地に集中させる。そして、「建設してから解体する」、つまり、B1-1 基地の建設が完了した後、B2 基地にある児童福祉センターと幼稚園を新たな建物に移転するという方式を採る。これによって、幼稚園の職員と園児は休み明けに新設の園舎を利用でき、都市再生プロジェクトが教育の妨げとなることを防ぐことができる。加えて、大規模の移転のコストを抑える効果もある。さらに、幼稚園があった B2 基地は都市再生の次のシード基地となる。

国家住都センターは、B1-1 基地の再生後に割り当てられた住宅を多元化住宅資源と見なし、都市再生を促進するための実験フィールドとする。例えば、「経済的、社会的及び文化的権利に関する国際規約」の「適切な住宅に居住す

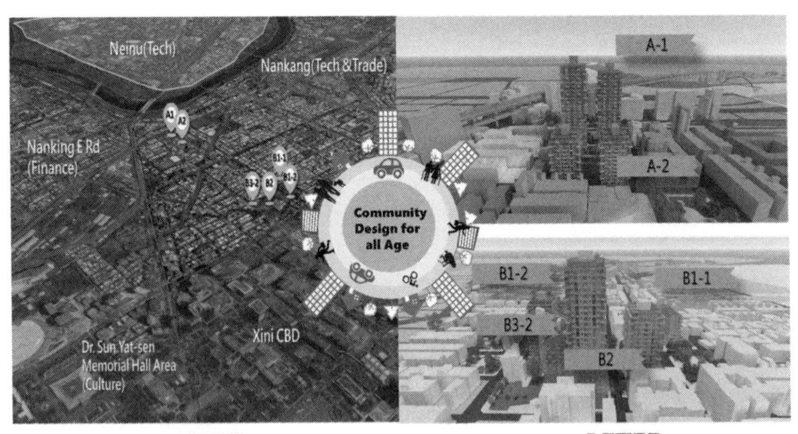

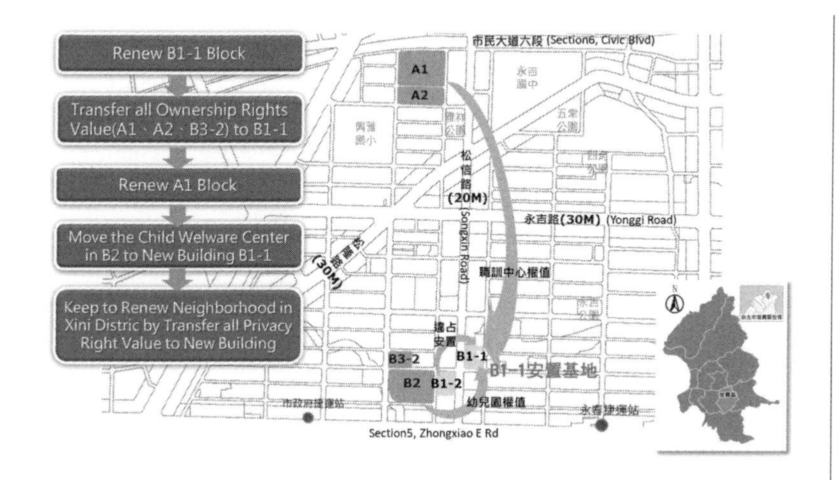

る権利」の義務を履行し、元の地区の違法居住の住民と再定住について協議し、それらの住民の居住権利を保障する。立ち退きによる生活変化から生じる住民の不安を軽減するため、他の住宅を賃貸するまたは再定住先を確保する。さらに支援を再定住者に限らず、周辺地域にも行い、元からその地域に住んでいる人々へも、自主的な改善を促し、居住環境の質の改善と都市機能の最適化を通じて、都市再生を促進する。

あらゆる年齢層のライフサイクルに対応した住宅を作り、産業を支え、都市再生の価値を実現する

都市再生の価値は、単一の市街地の再構築だけでなく、地域全体の生活環境と産業活動の連鎖効果をもたらすことである。信義児童福祉センター公的都市再生事例の地域では、人口の高齢化、住宅の老朽化、住宅価格の高騰が起こっている。この事例は、地域の環境の質の改善と、空閑地の活用を通して、地域の高齢者と児童の需要に対応でき、手頃な価格の住宅の提供および、あらゆる年齢層のライフスタイルに対応した住宅を作り出すという成果が期待される。

現在、地域の周辺は緑化が進んでいる。開発完了後、街路樹と緩衝緑地帯の設計にあわせて、近隣の公園を緑の回廊でつなげる。それによって、都市のヒートアイランドの影響を緩和し、市民がより快適な生活とレクリエーションを楽しめる。

また、基地周辺は商業活動が盛んな地域である。そのため、街路沿いの中

小型店舗以外に、医療保健や金融等の関連産業があらゆる年齢層の生活に関わることによって、周辺地域の模範になりうる。

国家住都センターは児童福祉センター基地の移転と建設計画を通して、幼児の教育と若者の起業および、高齢者の生活に適した質の高い空間を創出し、周辺地域に様々な産業の創造性を促進させている。また、民間企業と国家住都センターの協働により、この事例を地域の変革と再開発の契機として、引き続き都市に新しいパワーを導入させることが期待されている。

（楊慧敏訳）

コラム②

温もりのある住居の実践―新居住モデルの展開と推進

蕭舒雲
（台北市政府社会局）

問題と動向

家庭機能の低下

台北市は大都市であり、それと同時に、社会的富の分配の不均衡、住宅価格の高騰、貧富の格差の拡大により居住しにくいという消極的な一面もある。また、少子高齢化の進展により家庭を中心とした支援と居住パターンが変化し、家庭の支援体制と機能が弱体化している。それゆえに、市民の福祉サービスに対するニーズは多様化している。

そして、台北市は、革新的で多様な創造力が集まる都市であり、多くの若者や一人暮らしのサラリーマンおよび退職後もボランティアとして活躍する一人暮らし高齢者が生活している。新しい社会関係を形成するには、人々が自分または他人のために貢献する必要がある。そして、福祉サービスの供給体制において、政府はサービスの供給者だけではなく、資源を結びつけることと権利を擁護する役割を担う。

ビジョンについて

新居住モデルの展開と推進

居住権は人が生存するための基本権利である。また、住宅は人々の生活にとって必要不可欠なものである。政府は、人々が安心して生活し生業に励むことができる環境を提供する責任と義務を負っている。台北市はその責任と義務を果たすには、市が所有する資源を活用して、家庭を中心として、地域を基礎にする社会を構築し、様々な社会福祉施設を融合したサービス体制を整備する必要がある。それを通じて、若者、高齢者、社会的弱者、一般市民が台北市で、「住得到（住む場所が得られる）」、「住得起（住むことができる）」および「住得安心（安心して住むことができる）」という居住の正義を実践する。

さらに、社会経済地位や収入および年齢の異なる人々が台北市に共に生活し、助け合いや世代の融合等の革新的な考え方を実践する。台北市に住む人々は、生活支援等の福祉が充実しており、十分な居住空間を得られ、子育てしやすい環境が整っている。

具体的な取り組み

1. 低所得世帯を支援し、多様なサービス計画を策定する

(1) 平屋家庭サービス計画：平屋は老朽化が進んでおり、修繕が難しくてコストが高く、かつ元来の設計が現在の使用状況に対応していない。あわせて、居住者へのラベリングにより社会的孤立が生じている。そのため、台北市は平屋の再建を積極的に推進している。「平屋支持的サービス計画」は、積極的に平屋の住民に正確な考えを持たせることによって、住民のモチベーションと貧困から抜け出す意欲を高める事業である。また、「子育て機能トレーニングサービス計画」は、安康平屋と福民平屋に、家庭支援センターを設立し、子育てに課題を抱えている家庭の個々のニーズに対応する事業である。家庭問題の悪化を防ぐために、家庭支援センターは、子育てに課題を抱えている家庭に集中的なカウンセリングを提供し、ケアを行い社会資源とつながる能力を向上させる。さらに、「興隆公営住宅の低所得世帯の自立促進計画」は、安康平屋から興隆公営住宅に移住する意向がある者に、定期的な貯蓄の習慣を身につけて将来の居住環境の改善に備えるという支援を行う事業である。あわせて、興隆公営住宅に住む低所得世帯の、住宅環境を維持する能力を高めて、コミュニティへも支援を行う。

2. 社会的弱者の住宅資源を強化し、市民の居住権を保障する

(1) 30％の公営住宅を経済的または社会的弱者に提供する：台北市は、社会的弱者に「住む場所が得られる」ことを保障するために、2016年に初めて市民審議会を創設し、様々な福祉団体に議論を行うよう求めた。審議の結果、経済的または社会的弱者に提供する公営住宅の割合を、10％から30％まで引き上げた。それによって、低所得世帯、高齢者、障害者、若者が一般市民と同じコミュニティに溶け込むことができる。大龍・公営住宅（14戸）は、2017年初めから、経済的または社会的弱者へ公営住宅の30％の提供を開始した。そして、松山区健康公営住宅は（152戸）2018年に実践を拡大し、洲美等の公営住宅は2019年に実践に踏み込んだ。今後、この実践を全市の公営住宅まで広げ、台北市の「混居互助、世代共融（様々な人が住み助け合い、世代間の融合を進めていく）」という理念を実践していく。

(2) 公営住宅を活用した社会福祉施設の建設：台北市は、市の遊休地、公営住宅の低階層、都市再開発の土地への社会福祉施設の建設に積極的に取り組んでいる。台北市政府社会局は2020年までに47の拠点を構え、その

うち28ヶ所が高齢者や子どもや女性および障害者を対象とする施設が組み合わされた公営住宅となっている。最終的に、約156ヶ所の社会福祉サービス拠点を作ることができる。そして、「融合」をコンセプトに、地域住宅と福祉施設を組み合わせることを通して、新たな地域関係を構築する。ここでは二つの事例を紹介する。一つ目の健康公営住宅は、地域に高齢者サービスとデイサービスセンターを設置し、松山社区大学と協力して、近隣の国立小学校の児童が高齢者との交流を通して世代を超えた情緒的なつながりを作っている。もう一つの文山興隆公営住宅は、国立政治大学と協力して「興隆安康・共好文山」プロジェクトを立ち上げ、講義やワークショップおよび多様な訪問を通じて、元の安康平屋住宅地域と新しい興隆公営住宅地域を結び、友好関係を形成している。

(3) 若者と高齢者の共同生活および老若を融合する実践計画：台北市は2017年に、「若者と高齢者のコウハウジング」試行計画を開始した。8名の大学生は、毎月3,000元を支払うだけで、高齢者向けの陽明高齢者マンションのスイートに住むことができる。その費用は学校の寮より安いが、入居する大学生は、高齢者に毎月20時間のサービスを提供しなければならない。サービスの内容は、高齢者との会話、買い物の付き添い、高齢者にFacebookやパソコン・携帯・電子機器等の使用方法を教えることである。また、台北市は、「住宅(House)」を、「人」を中心とした帰属感がある「家(Home)」への転換に取り組んでいる。例えば、文山区の忠順コミュニティの公立の保育園は、高齢者自費療養センターの空間を活用し、老幼サービススペースを設けている。

(4) 全国初の青少年向けの自立住宅：青少年自立住宅は、出所後、引き取り手のいない18歳から20歳の青少年を対象として、24時間サポートする事業である。台北市初の青少年自立住宅が興隆公営住宅に設置され、13人分の宿泊施設を提供する。これは、家を借りるシミュレーションを通して青少年に、安全で友好で手頃な価格の住宅を提供するという革新的な試行計画である。青少年が入居する間に、家賃の市場価格の6割が青少年の個人専用口座に振り込まれ、退去後の生活予備金に充てる仕組みとなっている。

(5) 自立生活の体験室は身体障害のある人がコミュニティ生活に溶け込むのを支援する：自立生活の支援サービスは、身体障害者や精神障害者が生活の中で「自己決定」することを支援するものである。専門のソーシャルワークとピアカウンセラーが協力して障害者の自立生活計画を策定し、実行する。サービスは、身体障害者と精神障害者の意向や選択に基づいて、個人的支援、ピアサポート、自立生活の体験等を提供する。それと同時に、障害者の日常生活と自主的な社会活動への取り組みを支援する。

展　望

台北市は積極的に多様なサービス計画を展開し、サービス体制を整備してきた。なお、台北市は、市民が「住む場所が得られる」、「住むことができる」、「安心して住むことができる」という居住の正義を実践できるように、より融合的で温かくて美しい都市の構築に取り組んでいる。

（楊慧敏訳）

写真１　陽明高齢者マンションの若者と高齢者の共同生活

写真２　自立生活の支援サービス

コラム③

都市下層のネットワークと空間

巫彦徳
（人生百味）

都市運営の中核は、貨幣経済下の分業システムである。各種の非貨幣交換システムが効率性の高い貨幣経済に取って代わっている。私たちはタイのKaren部落で、若者が家族を失い、身寄りのない高齢者のために家を建て、族長の家族がその高齢者の食事を支援しているのを見た。また、台湾の屏東県のパイワン族部落（平和部落）で働いている先生は、その部落のなかには、生活に苦しみ、絶望し、お酒に酔っている時間が酔いのさめている時間より長い人がいると語った。だが、それらの人は、酔いがさめている時部落の人から各種の仕事の依頼を受け、最低限の衣食住を得ることができている。また、貧困状態にあるひとり親家庭は、ベビーシッターを雇えなくても、互いに支え合って子どもを預けて働けている。

しかしながら、このような状況は都市ではまったく異なる。身寄りのない高齢者は狭くて暗いシェアルームに住み、耐えられなくなった人はそこから離れ、野宿する。ひとり親の父（母）は、仕事と子育ての両立が難しい。私たちは、都市ではない地域の非貨幣経済から、都市の非貨幣経済の消滅の原因を見出すことが包摂型都市を構築する重要な鍵であると考えている。

台北では、台湾の下層は依然として多くの互助システムがあるが、搾取されたり、抑圧されていることもある。例えば、路上でガムや日用品およびモクレンを販売する人の多くは身体障害者である。一部の人は率先してグループ（新巨輪協会）を形成した。リーダーは、メンバーに住居や物資を提供する代わりに、売り上げの利益を受け取る。ただし、リーダーとメンバーの関係は、利害関係を超えている。リーダーはメンバーとの長年の付き合いから、高齢や心身の具合の良くないメンバーから受け取った利益で住居費用を払えなくても排除することはなく、病気のメンバーの受診を手伝ったりする。

モクレンの卸売業者は、路上販売者の代金の後払いを許容し、仕入れ量が少ない時、彼（女）らのためにモクレンを取り置く。そして、台北市の万華で知り合ったくず拾いの女性は、古いコミュニティの階段の踊り場に住み、よく2階の近隣からお風呂を借りている。

路上販売者の女性

つまり、都市下層の空間において、目に見えない人間関係が包摂的な機能を発揮している。これらのネットワークが構築や改革の目標であるため目を向ける必要がある。

貧困というスティグマが生じた社会的排除

このような人間関係が理解されていないため、スティグマが生じた。貧困の本質は人生における選択の機会を失うことであり、普通の人や誠実な人になる機会を失うということも意味している。そのため、貧困はしばしば無秩序な状況を作り出すと考えられ、これは「貧困スティグマ」である。路上販売者が詐欺師、ホームレスが怠け者、くず拾いの人は汚い存在だと思われているゆえに、それらの人々は社会的に排除されている。元来の互助システムが少しずつ崩壊し、十分な居住空間を得にくくなり、人々は危機的な状況に陥った時、無秩序な状態となる。

私たちはあるくず拾いをする高齢の女性を目にした。彼女は拾ったものを、夜に人のいない街角に積んで、翌朝までに整理して売り出そうと思っていた。しかし、政府の清掃チームは、コミュニティの住民からの通報を受けてそれを清掃した。その時、彼女は他のところでくずを拾っていた。清掃が終わる前に、彼女が戻ってきて、痩せた体で清掃車に登って、泣きながらも自分の拾ったくずを投げ出していた。その様子を見た私たちは彼女に協力すると同時に、清掃チームに見て見ぬふりをするように説得した。このように、社会的排除は無秩序な状態をなくすことができず、逆に多くの苦痛と喪失をもたらす。

街頭は最後の選択肢

空間とネットワークが共存している。街頭は、都市下層にとっては特別な場所である。それは、街頭の排他性が極めて低く、選択肢がなくなった人の最後の居場所となっているからである。仕事を失った人は街頭で路上販売やくず拾いおよび物乞いをする。住居を失った人は、街頭に野宿する。そのため、私たちは街頭の交通以外の意義を理解してもらうことが重要であると考えている。

5月に、台北駅で、防疫の観点から床に座ることを禁止する政策をめぐる活動が行われた。その争点は、新型コロナウイルスの感染状況が抑えられた後、床に座ることを継続的に禁止するか、それとも容認するかである。市民が容認を反対する理由として、台北駅は国の玄関であるため床に座ることが見苦しいことと、駅が交通の空間であり弱者が集まるところではないことが挙げられた。一方で、社会的排除を受ける側にたって考えると、市民のいわゆる「見苦しい」は、貧困者の選択肢が乏しいゆえに生じたものである。国の玄関を美しくすることは、路上生活者を追い払うことではなく、包摂型支援である。

台北駅の路上生活者にお弁当の配布がよく行われていたが、新型コロナウイルスの影響を受け、多くの慈善活動が中止となり、支援が不足している。同じ時期に、台北駅付近の警察署に盗難の通報が相次いでいる。したがって、いわゆる「見苦しさ」を解決するには、床に座ることを禁止するのではなく、空間を開放する必要がある。台北駅周辺の公衆トイレと風呂、余った食べ物の無料提供や休憩スペースの設置は積極的に取り組むべきである。人はより良い選択肢があれば、体裁の悪い選択をしないだろう。

包摂型社会の自然形成

貧困というスティグマは社会的排除をもたらす。そして、お互いの差異だけが認識され、共通点が見落とされるという理解不足から生じたものである。つまり、貧困者とそうでない人に接点を作り、貧困の背景にある要因を知ってもらうことによって、社会的排除をなくし、スティグマを解消できる可能性がある。その理由は、実際に会うことによって、「お互いの共通点」を見つけやすいからである。

私たちは過去5年間に「石のスープ」プロジェクトを開催した。一般の人々は、知らないまたは恐れていた路上生活者と一緒に床に座って食事し、触れ合うことを通してそれらの人に対する恐さが軽減したと述べた。

社会的排除から包摂型社会に移行する際、長期的なトップダウン式の救済活動ではなく、貧困者を団結させ、互助力の向上を図る必要がある。その際、ネットワークは鍵となってくる。部落での事例から、非貨幣経済の交換の鍵は信頼関係であることは明白である。ところが、都市に長くいる貧困者は、貧しい状況に置かれ、貧困者同士が競争する場合もあるため、信頼関係を形成しにくい。同じコミュニティに住んでいても、同じ街頭に野宿していてもお互いのことを知らない場合もある。

「石のスーププロジェクト」の経験から、極力隠したい過去の貧困の経験を話す場を作り、お互いの貧困経験を共有できることによって、ネットワークが形成される可能性があることは明らかである。あるホームレスの男性は、「展覧会を見た後に、私は街で出会ったあの男性はこんなに多くのことを経験してきたことがやっと分かりました」と語った。よって、人々を出会わせることで、お互いの力になれるのである。

私たちは、包摂型都市はもっとも不利な立場にある人々にとって最善のビジョンであることを信じている。社会的包摂は排除に抵抗できない人のために存在するのである。

（楊慧敏訳）

「石のスープ」プロジェクトの様子

コラム④

台北における脱ホームレス支援と公的扶助制度
――元ホームレスへの聞き取り調査から

山田理絵子
（包摂都市ネットワーク・ジャパン）

本コラムでは台北市におけるホームレスの脱路上生活に向けた取組みと、その背景にある公的扶助の問題について述べる。筆者は2015年に、元ホームレス6名に聞き取り調査を行った。台北市社会局萬華社会福利センターの遊民専従チームの支援を受けて路上生活を脱した人々である。以下、簡単な生活歴と支援の内容を中心に述べる。

公的扶助を活用できない高齢者

Aさん（70代後半、男性、台湾北部出身）は、長く船員として働いた後、警備会社に65歳まで勤めた。娘が一人、妻は交通事故で無くなった。退職後、娘の金銭的支援に頼りつつも路上生活となる。70歳を過ぎて上述のホームレス専従チームのソーシャルワーカー（以下SW）から仕事を紹介すると何回も声を掛けられ、やっと腰を上げた。調査時点で、ホームレス専従チームの紹介で清掃の仕事で収入を得て、アパートで生活していた。明るく健康そうに見えるが、高齢で、高血圧の持病もある。しかし扶養義務者として娘がいるため、公的扶助である低収入戸補助受給の見通しはない。

Bさん（60代後半、台北市出身、男性）は5人きょうだいの長子である。小学校卒業後、15歳で父を亡くし、早くから母を助けて働いた。タクシー運転手を経て、台南の運送会社で大型トラックの運転手となった。結婚し子どもは4人いる。20年以上前、家を建てた後に交通事故で片腕を失う。それをきっかけに、妻子を残して家を出て台北に戻った。廟で長く働いたのちタクシー運転手となるが、バイクと軽い接触事故を起こしたことから失業、その後路上生活に至る。調査時点での収入源はAさんと同じく紹介による給付性就労である。アウトリーチが支援につながるきっかけとなった。子どもがおり、また資産（持ち家）もあり低収入戸補助の対象外である。

公的扶助を活用した高齢者の脱ホームレス事例

Cさん（60代後半、中国南京出身、男性）は生後3か月で台湾に渡り、台中を経て5歳からは高雄で育った。父親は元軍人。母親は10歳の時に亡くなった。結婚歴はない。工場で5年間働いた後の職歴の詳細は不明だが、路上生活時にはナイトマーケットのトイレ清掃などをしていた。約15年の路上生活を経て、65歳から低収入戸補助を受給し今はアパート暮らしをしている。その際、台北市戸籍でなければ受給できないため、以前からよく知る薬屋さんの奥さんの厚意で戸籍を置かせてもらった。

Dさん（70代前半、台北市出身、男性）の出身家庭は裕福であった。大学を出たあと、マスコミや貿易会社などでの勤務経験がある。30歳ごろに結婚し、子どもが2人いる。父親の持つマンションに同居していたが、父親は家を売ってアメリカの兄のもとに移住した。その後、妻も父親の世話のためアメリカへ移住、Dさんが残される形となった。友人宅を経て、マクドナルドなどで寝るようになった。ホームレス専従チームのSWと知り合い（きっかけは市民からの情報）、現在は低収入戸補助を受給している（子どもの海外移住と低収入戸補助受給が可能であることの関係は不明）。

就労支援一択の稼働年齢層への支援

Eさん（60代前半、台北市出身、男性）は、実家が裕福で親に頼ることの多い生活だった。離婚時に自宅を妻に譲った。姉や知人の家での居候を経て、4～5年ほど路上生活を経験した。ホームレス専従チームのSWと出会い、労働局の紹介で現在の警備員の仕事を得た。中途の家で約1年生活した後、社会局から初期費用の補助を受けてアパートに引っ越した。Eさんは、子どもがいるため今後65歳を過ぎても低収入戸補助受給の見込みはない。現在の仕事は夜勤で、朝方帰ってもよく眠れず体がつらい。また債務も生活再建の妨げとなっている。

Fさん（40代後半、台北市出身、男性）は、生後すぐに父親が他界し、母親も17歳の時に亡くなった。20代で交通事故に遭い3日間意識不明となった。後遺症はないというが、この時から記憶力が落ちたと感じている。20代から約20年間、路上と友人宅を行ったり来たりしていた。台北市労働局の紹介で清掃の仕事をはじめ、民間団体の中途の家に約2か月滞在し、その後アパート暮らしをするようになった。

低収入戸補助と台北市遊民職業・生活再建事業

台北市は独自に「台北市遊民職業・生活再建事業」を実施し、それが制限的な公的扶助を補う形で機能している。公的扶助である低収入戸補助の受給には以下のような制限がある。1. 戸籍地に居住していなければならない。つまり、台北市に生活していても戸籍がなければ申請できない。2. 稼働能力を有する者

(障がい者などを除く16歳以上65歳未満)は、無収入であっても原則として最低賃金と同額の収入があるものと見なされる。従って健康な単身者はそもそも対象外である。3.子どもや配偶者には扶養義務があり、縁が切れていても、子どもがいる者は受給できない。上述の例ではAさんとBさんが該当する。2人は台北市の独自施策である「台北遊民職業・生活再建事業」の給付性就労の清掃の仕事をすることで収入を得ている。また、Eさん(40代後半)とFさん(60代前半)は、相対的に若く、低収入戸補助はもちろん、上述の給付性就労も対象外である。そのため、支援の選択肢は就労支援一択である。「台北市遊民職業・生活再建事業」では、台北市社会局から労働局に委託する形で就労支援が実施されている。職業紹介と一定期間の「中途の家」での居住、それに住宅入居時の初期費用の補助が組合せられることが多い。2人ともかつて長らく不安定な職業状態にあり、生活を安定させていくのは容易ではない。

また、社会救助法は第17条において、「遊民の施設入所および指導の規定については、直轄市、県(市)の主管機関がこれを定める」と規定しており、国がホームレス問題を実質的に地方に丸投げしているともいえる。

ホームレス支援現場の力強さとしなやかさ

日本では生活保護の運動の適正化がホームレス数の減少に非常に大きな役割を果たした。台湾でも社会救助法の改正、あるいは日本のように運用の改善が望まれると筆者は考える。しかし現状、ホームレス支援に公的扶助を受給できないケースが多い台湾では、対象者によって活用できる資源も異なり、支援する側のコーディネート力はより重要となる。台湾大学社会学教授の黄克先は「ホームレス支援の周縁性が、かえって専門化の趨勢の中で飛び地を生んだのかもしれない。そこには各方面の英雄／女傑が結集し、仕事に身を投じている。彼らの多くは専門的素養をしっかりと備え、同時に柔軟でエネルギーにあふれ、あっと驚くクリエイティブな取組みを多く行っている(訳：筆者)」と述べている。筆者も同感である。活用できる制度が限られる中、果敢に立ち向かう現場のSWに強く心惹かれる。台北市、新北市、桃園市で出会った彼らは、行政、民間を問わず、みな明るく肝の据わった佇まいであった。「台北市遊民職業・生活再建事業」は、アウトリーチもこなす職員たちが実情を踏まえて作り上げてきたしくみである。また、民間支援団体の芒草心慈善協会は、専門教育を受けた若いスタッフを擁し、ロンドンの取り組みをヒントにした当事者による街歩きガイドHidden Taipeiや2泊3日の野宿生活体験キャンプなど社会に対する啓発活動も積極的に行っている。

Ⅲ　中　国

5章 デジタル産業集積と居住貧困の新局面

閻和平
(大阪商業大学)

1. 産業革命と居住貧困

蒸気機関が発明され、人類が自然以外から初めて動力源を獲得した。やがて18世紀末に工場制生産が始まり、いわゆる第1次産業革命が起きた。それ以来、人類が目覚ましく技術進歩を続けているが、工場制大規模生産には、大量の労働者が決まった時刻に一斉就業しなければならない。そのため、人々とりわけ労働者が工場の近くに密集して住まわざるを得なくなり、労働者の居住問題が産業革命の華々しさと裏腹に住宅問題として初発した。

いま、人類に第4次産業革命が起きている。モノのすべてがインターネットに接続され、人間行動のすべてが情報化される。これらはサイバー空間(仮想空間)とフィジカル空間(現実空間)を高度に融合させた新たな超スマート社会を創出しようとしている[1]。

第4次産業革命を牽引しているのがデジタル産業である。その代表的なメガテク企業は目下アメリカのG(グーグル)A(アップル)F(フェイスブック)A(アマゾン)と中国のB(バイドゥ)A(アリババ)T(テンセント)H(ファーウェイ)などである。前者はアメリカのシリコンバレーに集積している。後者は拠点都市に分かれながらも幾つかの中国版シリコンバレーを形成した。北京中関村科技園はその一つである。これらの企業は立地する地域の経済に雇用と税収の面で大きく貢献している。このため、地方自治体が競い合って企業を誘致しシリコンバレーの形成を狙っている。しかし、巨大な集積の故に、立地する地域に居住をめぐって深刻な問題をもたらしている一面がまたある。

居住をめぐっていま起きている問題の一つは、地域住民の居住が脅かされていることである。デジタル産業は現在の花形産業である。特に上述した企業は勝ち組としてその経営者、管理職、さらに一般従業員までもが社会一般平均水準に比べ、高い収入を得ている。こうした高収益企業、高所得者の増加が地域の住宅価格水準を押し上げてその結果花形のデジタル産業と無縁の地域住民が住宅価格高騰によって地域から押し退けられてしまうジェントリフィケーション[2]が発生している。居住貧困問題は、デジタル産業の内部にも及んでいる。産業のエンジンをなしているプログラマーは得てして若者が中心であり、地域外からの移住者、シリコンバレーに至っては海外からの移住者が多い。彼らは、社会一般に比べ幾分所得水準が高いが、同じく住宅価格の高騰に苦しまれている。

居住貧困を考えるとき、伝統的に住宅需要サイトに立った分析が主流である。すなわち、雇用の不安定や低収入などにより、市場で住宅を獲得する能力不十分な人々に対して如何に支援するかである。一方、居住貧困は住宅供給サイトに起因する側面もある。つまり、アフォーダブル住宅の供給不足である。住宅財は幾つかの特殊性を有する。その一つは住宅が土地に付着することにより消費地と供給地が一致しなければならないことである。巨大企業が集積すればその地に集積規模に見合う住宅供給しなければならない。さもなければ、地域の住宅価格が高騰する。しかしながら、住宅価格が高騰したからと言って、供給が直ちに増えないのが住宅である。住宅財は市場が機能しないまたはしにくい性質がある。事態の打開には住宅政策の関与が必要である。

第４次産業革命を背景に、デジタル産業集積が進んだ地域では、正に住宅財の特質に起因してアフォーダブル住宅不足が深刻化している。それだけではなく、デジタル産業の雇用やその在り方も住宅不足に拍車をかけ、居住貧困問題を浮き彫りにしている。

本章は、上記の問題意識を踏まえ、第４次産業革命を牽引し、デジタル産業集積地となっているアメリカシリコンバレーと中国北京市にある中関村科技園について、デジタル産業の集積が如何にして居住貧困をもたらし、その実態はどのようなものなのか、そして現在、居住貧困問題の解決にどのような取組を試みているかを検証していく。

2. GAFA の集積とシリコンバレーの居住危機

1）シリコンバレー産業集積

いま、私たちは地球のどこに住んでいても、直接であれ、間接であれ、アメリカのシリコンバレーと繋がっている。そこには GAFA に代表される私たちが生活・仕事する上で欠かせないプラットフォーマーが集まっているからだ。シリコンバレーは一般にカリフォルニア州サンフランシスコのベイエリア南部に位置するサンタクララやその周辺地域を指すが、決まった境界や行政があるわけではない。Institute for Regional Studies が発行した『2020 Silico Valley Index』によると、その面積がおよそ 4802 平方キロメートル、170 万人が働き、310 万人が居住している。

シリコンバレーはその名の通り、半導体の素材シリコンに由来し、半導体メーカーがこのエリアに集まったことからそう呼ばれるようになった。しかし、第 4 次産業革命の進行に伴い、GAFA をはじめとするデジタル産業がいまはこの地域の顔となった。低迷していた雇用が 2010 にデジタル産業の隆盛により増加に転じ、2019 年には増加率がそれまでに比べ低下したものの、なお年率 1.7%、年間 30,000 人の新規増加があった。その結果、2010 年に 130 万人前後だった就業者数がいま 180 万人に迫り、就業者数が 10 年間 32% も増えた[3]。

GAFA が企業規模を急拡大したのみでなく、その利益率も驚くほど高い。アマゾンはビジネス性質上売り上げ営業利益率が 2.31% であるが、グーグルが 23.59%、アップルが 26.69%、フェイスブックに至っては 49.7% という驚異の高さである[4]。デジタル産業の給与の高さもまたよく知られている。米キャリア情報サイト Glassdoor のデータによると、2019 年アップル社の Computer and Information Research Scientist の年間平均給与は 180,787 ドルであった。これは決して特別に高い給与ではなく、最も働きたい企業ランキングの 84 位とい

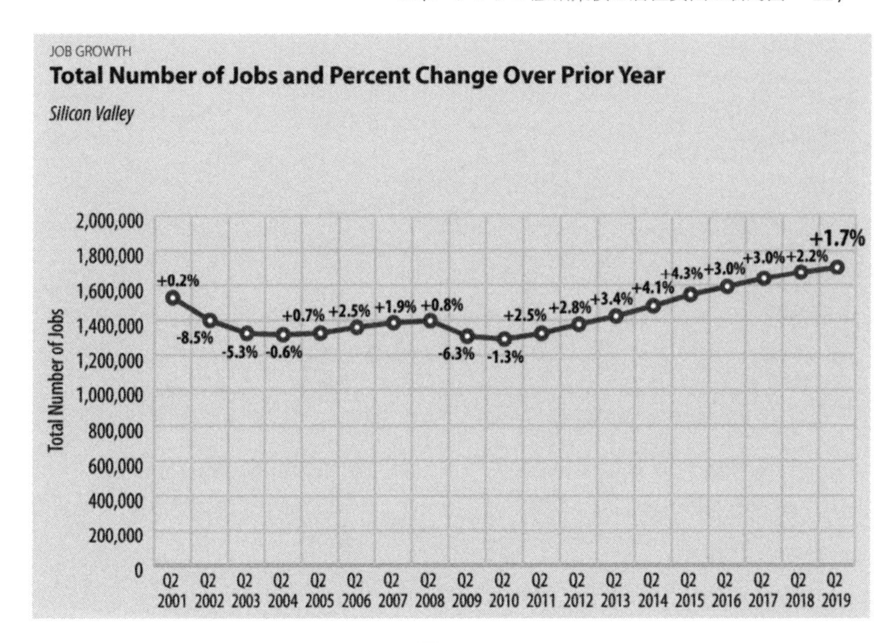

図 5-1

出所：*2020 Silicon Valley Index*, p.20.

う辛うじてTop100位以内に止まり、10年前に比べ大幅に順位を下げた。高収益企業、高収入の雇用に影響されてシリコンバレー一人当たり所得水準はアメリカ全国平均を大きく上回る高所得地域となっている。2018年のアメリカの全国平均一人当たり所得は54,446ドル、カリフォルニア州は63,557ドルだったのに対して、シリコンバレーは113,141ドルであった。それは実にアメリカ平均の2.1倍、カリフォルニア州の1.8倍である[5]。

2) シリコンバレー居住危機

シリコンバレー一帯は都市計画的に開発された市街地ではない。むしろサンフランシスコからスプロールが進んだ地域である。既存住宅が少ないため、大量の雇用が発生すれば住宅供給不足に陥りやすい地域だと言えよう。

『ウォール・ストリート・ジャーナル』によれば、シリコンバレーは、2010～2015年の間に求人が385,000件増えたが、その間に住宅の新規供給は58,000

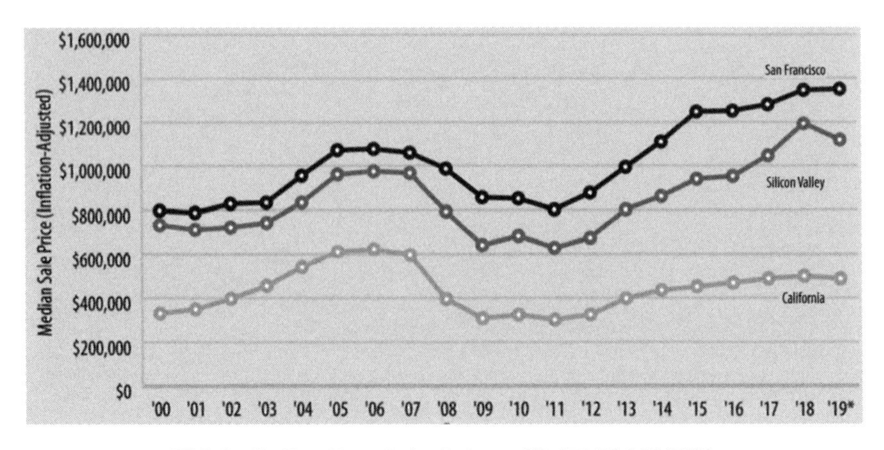

図 5-2　Median Home Sale Prices（住宅売買中間価格）

出所：*2020 Silicon Valley Index*, p.80.

軒だけだった。空前の住宅需要に対して住宅新規供給が著しく不足して住宅価格の高騰につながった。2011年に60万ドルだった住宅価格が2018年には倍の120万ドルに上昇した。

高い収益性をバッグに豊富な資金を持つメガテク企業が自社のエリート社員に高級住宅を提供できるが、貧困層や中間所得層に残された選択肢はほとんどない。しかし、エリート社員だけでビジネスが完結しない。オフィスを維持するためには警備、掃除、保守作業などのデジタル産業をサポートする人、また社会が機能するために働くエッセンシャルワーカーが必要であるが、彼らがもらった給与額は他の地域なら問題なく生活できても家賃の高いシリコンバレーでは生活を賄えるに程遠いものである。

Business Insiderの記事によると、サンホセ中心部の平均家賃は月額3500ドルだが、セキュリティ関係の平均賃金は時給18ドル、外食産業は12ドル、ヘルスケア関係でも19ドルと、家賃にすら及ばない水準である。California Budget and Policy Centerの調査によると、2016年にはカリフォルニア州居住者のうち、約3分の1の人が収入の半分以上を家賃に支出した。この結果、仕事はあるが、居住貧困状態にある「ワーキングホームレス」という新たな居住貧困形態が現れている。2016年にはSan Jose and Santa Clara郡には10,000を超える人が家以外のシェルターに住んでいる。

サンタクララ郡にあるマウンテンビューには、キャンピングカーをはじめ色々な車が都市の至る所に散在し、個人や家族が住宅の代わりに利用している。Ellen TaraはSan Jose州立大学のフルータイムの英語講師だが、彼女も仕事終わって帰る場所は教会に止めてもらっているステーションワゴンである。彼女はそこに寝泊まりし、シャワーはメンバーシップに加入したフィットネスジムのものを利用している[6]。

居住貧困はデジタル産業の若者にも広がっている。シリコンバレーは海外出身者に大きく依存している。シリコンバレーは2016年から毎年20,000人を超える住民が国内純移出している。代わりに海外からほぼ同数の流入が発生している。2018年の新規居住者の内訳では、18～34歳の人は56%を占め、そのうち20%は海外からの移入者であった。2008年から2018年までの間、アジア出身の居住者割合が29%から35%に6%も上昇した。仕事の中核をなす25～44歳の新技術人材では、アジア出身者が67%を占め、インドや中国出身者が大きな割合を占めている。彼らの多くはH-1Bという就労ビザを取得して働いている。身分が不安定な上、収入も限られ、その上、高い家賃に耐えなければならない。

シリコンバレーは土地が不足しているわけではない。業務の拡大もあってGAFAが揃って社屋を新設・拡張した。2017年にアップルはApple Parkと名付けられた新本社社屋を完成した。その敷地は東京ドーム15個分に相当する175エーカー、オフィスの延べ床面積は26万平方メートル、ドーナツ型で宇宙船と思わせる4階建てガラス張りの建物が直径461メートル、外周1.6キロメートルという途轍もない大きさである。12,000人の従業員が働いている。オフィスがゆったりして使い心地がこの上ない評判である。キャンパスの80%は緑地で占め、数千本の様々な木が植えられている。室内には街の店が顔負けするフィットネスセンター、ゲームセンター、休憩仮眠室、食堂などの施設がある。GAFAのいずれのオフィスも既存のオフィス概念を塗り替える素晴らしい働く環境である[7]。

3) 居住危機解決への取り組み

居住貧困はもはや深刻な地域問題となっている。GAFA が地域自治体に多額の税金を納め、雇用も作り出し、経済には大きく貢献している。しかし、デジタル産業の集積によって、ジェントリフィケーションが進み、普通の仕事をしてこの地域で生活できなくなったことに、地域住民・地域自治体が不安を感じ、GAFA の拡張に対して反発を示している。

住宅価格の高騰は GAFA にとっても若い人材を遠ざけてビジネス継続の大きなリスク要因となっている。それが働きたい会社ランキングの順位下がりに現れている。また、住宅価格の高騰がシリコンバレーの生命力ともいえるイノベーションやスタートアップの力を大きく弱めかねない。

これらを背景に、2019 年に入って GAFA が相次いで住宅危機の打開に資金拠出を表明した。

2019 年 1 月に、マイクロソフトがシアトルのピュージェット湾岸地域で低中所得層向けのアフォーダブル住宅整備などに 5 億ドル資金を拠出することを決めた。このうち、2.25 億ドルは中低所得住宅の整備や建設に、2.5 億ドルは住宅支援事業に、2500 万ドルはホームレス支援の助成金などに充てられる[8]。

2019 年 6 月にグーグルがサンフランシスコのベイエリアで住宅建設向けに 10 億ドルを投じることを表明した。また同社の慈善部門である Google.org は 5000 万ドルを非営利のホームレス支援団体に寄付する[9]。

2019 年 10 月にフェイスブックは 10 億ドルの支援金拠出意向を表明した。具体的には州と連携して住居が不足している地域で州保有の余剰土地開発を支援するために 2.5 億ドルを投入する。2.25 億ドルの自社所有地を住宅建設用地に提供する。さらにアフォーダブル住宅向け投資ファンド The Bay's Future Fund に 1.5 億ドルを提供する。また労働者向け住宅建設基金に 2500 万ドルを提供する。最後の 3.5 億ドルは今後の住宅問題への取組みのために確保される[10]。

2019 年 11 月にアップルも住宅不足問題の解消に数年をかけて 25 億ドルの基金拠出を発表した。基金はアフォーダブル住宅の建設に、住宅ローンおよび頭金の支払い補助プログラムにそれぞれ 10 億ドル資金を充て、さらに自社の土地の無償提供、ならびにカリフォルニア州全域に低価格住宅を建設するために5億ドルの資金を提供する[11]。

このようにGAFA4社は住宅危機対処に総額50億ドルにも達する資金を拠出し、遅ればせながら問題解決の一歩を踏み出した。しかし、住宅危機の完全解消、何よりも長期的解決には今後の継続行動が必要である。また、連邦政府や地方自治体の問題解決の取り組みへの参加は不可欠である。

3. 北京版シリコンバレーと居住貧困

1）中関村科技園

2020年8月に中国の民間シンクタンク胡潤研究院は2000年以降に創業した評価額10億ドル以上の未上場企業をユニコーン企業とし、「2020年胡潤グローバルユニコーン企業ランキング」を発表した。北京市に本社を置く企業が93社と、2位のサンフランシスコ（68社）を大きく引き離し、北京市が本社を置く企業数で最多となった[12]。

これらの企業を含め、中国版シリコンバレーとも呼ばれる中関村科技園に立地しているものが多い。中関村科技園（サイエンスパーク）はその前身が中関村電子街であった。1980年代初めにまだ計画経済体制の全盛だった頃に、中関村周辺にあった大学や研究機関に所属する有志が芽生え期にあったコンピュータ関連起業に乗り出し、多くの民営企業が設立され、1980年代半ばには電子部品などを取り扱う商店や研究開発に携わる企業が数多く集まってやがて中国のシリコンバレーと呼ばれるようになった。民間資本主導で形成された中関村電子街は1988年に中国初の国家レベルのハイテク産業開発区に指定を受け、1999年に中関村科技園に、さらに2009年に国家自主イノベーションモデル区（国家自主創新示範区）に、第4次産業革命の進行に応じてその名称、内容、役割を変えて来た。この間、政府から様々な優遇政策を受け、規模が急拡大したが、中国版シリコンバレー・中関村科技園は政府主導の下で運営されるようになった。

図 5-3　中関村国家自主イノベーションモデル区空間構成図

出所：中関村科技園管理委員会公式ホームページより

中関村国家自主イノベーションモデル区は現在 1 区多園体制を実施し、総面積が 488 平方キロメートル、北京市の 16 行政区に 16 園に分散している。2017 年に 22,110 社が活動し、2,720,575 人が就業している。16 園の中で最も歴史が古く、規模が大きいのは中関村科技園である。中関村科技園は中関村国家自主イノベーションモデル区の中核園と位置付けられ、面積が 174 平方キロメートル、技術分野に応じてさらに 10 のクラスターに分かれ、11,242 社が集積し、1,193,564 人が働いている[13]。

2）中関村科技園の居住貧困問題

中関村科技園が位置している場所は農村であった。中国では、土地は国有地と集団所有地に分かれている。都市的利用、都市開発は国有地のみに許され、集団所有地は国有地に形質変更されて初めて可能になる。しかし、その手続きにおいて集団土地所有者の意志がほとんど考慮されずに進められ、言い換えれば国による強制収用に近いものであるといってよい。その上、収用補償は市場価値を大きく乖離することがしばしばである。こうして収用された土地はサイエンスパークに、あるいは分譲住宅、商業施設などに開発されて、農村が都市に生まれ変わる。

土地を失った農民は短期的に土地収用補償金を手に入れるが、生活が不安定化に陥る者は少なくない。農地という生計手段を失った彼らは高等教育を受けた者がほとんどなく、町で就ける仕事が低賃金のものしかない。さらに農民だった故に、社会保障がほとんど期待できない彼らは将来・老後の不安が高まるばかりである。

中国のデジタル企業が世界的に活躍するようになったのは若いプログラマーの存在が大きい。2009年に廉思が今の中関村科技園周辺で、高学歴であるが、低収入故に城中村と呼ばれる劣悪な居住環境のところで生活している若者を蟻族・高学歴ワーキングプアと呼び、社会に衝撃を与えた[14]。蟻族を生み出した要因の一つに深刻な住宅不足があった。住宅ストックのない農村地帯に企業集積が先行し、労働者の居住問題はまったく考慮されていなかったからである。その時、住宅不足を埋めたのが農地を収用された農民であった。農民は自宅庭に簡易な賃貸アパートを建てて、蟻族の若者に貸していた。アパートが簡易なものになったのは、家賃水準を抑えるほかに、収用・立ち退きさせられるリスクがあったからだ。実際、報道されて社会問題化になった間もなく、本の舞台だった唐家嶺一帯が再開発されて蟻族が安く住んでいた城中村はもうそこにはない[15]。

第4次産業革命が進行したいま、中国のデジタル産業が大きく成長し、高収益企業も増え、プログラマーは羨望の的になって収入が大きく増えた。一方、住宅価格、家賃も大きく上昇して生活を圧迫している。10年前に高学歴ワーキングプア蟻族の象徴は唐家嶺だった。いま、西二旗は碼農の代名詞となっている。碼はプログラムコード、農は農民のことである。碼農はプログラマーが自虐的に自分たちの境遇を揶揄した表現である。すなわち、プログラムを書く農民工である。西二旗が代名詞になった理由は、職場と宿をつなぐハブ駅があるからだ。職場は中関村科技園である。一方の宿は回龍観、天通苑という世界最大のマンション団地である。ここが彼らに選ばれた理由は交通の便と家賃が相対的に安いからである。

近年、中関村科技園地域では多くのマンションが分譲された。住宅は数の上で増えたが、交通インフラが追い付かず、職場からのアクセスを考慮すると、選択肢はほとんどない状態である。

3) 人材公共賃貸住宅による取り組み

経済や技術の発展が究極的には人材に寄りかかっている。北京市政府が中関村科技園を国家自主イノベーションモデル区に指定したと同時に、人材を招聘するために中関村科技園を人材特別区に指定した。

中国には戸籍制度があって、その都市の戸籍がなければ、教育、福祉、住宅取得など生活の多くの面で不利になる。北京のような大都市は外部からの移住者の戸籍取得を厳しく制限している。海外からを含め、ハイレベル人材を招聘するために、2011年に15の中央官庁と北京市が連名で「中関村国家自主イノベーションモデル区を人材特区とする意見」を制定し、その4項12条に招聘策としてハイレベル人材向けに10,000住戸の人材公共賃貸住宅（人材公寓）の建設を決めた。

人材公寓は企業に向けて募集する。対象企業は政府の産業促進プロジェクトに携わる重点企業または政府の人材招聘プロジェクト人材が勤務する企業である。入居期間は勤務企業との契約期間内かつ3年を上限とする。つまり、人材公寓は住まいではなく、あくまでも緊急猶予のための施設的性格であるといえよう。家賃は地方政府が一定の補助をしたうえで近傍市場家賃以下に抑えられるようにした。

2011年5月に最初の人材公寓が完成し、600住戸が分配された。住戸は8対2の割合で「中関村十百千工程」と「瞪羚計画」参加企業に分配された。「中関村十百千工程」とは、2010年から展開され始めた企業育成政策で、電子情

図 5-4　最初に竣工した人材公寓

出所：『北京日報』2011 年 3 月 1 日「北京中关村首批 500 套人才公租房”引凤来巢”」

報、バイオ、新材料などの新興産業領域企業から、収入目標が千億元、百億元、十億元を目指す企業を選定して世界において影響力のあるものに育てていくプロジェクトである。この時点にプロジェクト参加企業は 71 社であった。「瞪羚計画」とは、カモシカに例えられる急成長しているハイテク中小ベンチャー企業に対する融資支援計画である。この時の「瞪羚計画」対象企業は 344 社あった。分配は、「中関村十百千工程」企業 48 社に 1 社あたり 10 住戸、「瞪羚計画」企業 40 社に 1 社あたり 3 住戸であった[16]。

科技園に改組してスタートダッシュの時期において、科技園地域は住宅が著しく不足状態だったことからすれば、人材公寓は企業の人材招聘・引き止めに大きな役割があったと評価できよう。一方、近傍家賃に比べて目立って安いというわけではない。あくまでもその役割は住宅供給にあった。しかし、供給される量は科技園で働く就業者数に比べ大海の一滴に過ぎなかった。ともすれば、それが居住困窮を解決する住宅政策というより、むしろ産業振興のためのツールでしかなかった。結果的に、多くのプログラマーにとっては恩恵がなく居住貧困状態にあり続けていることになった。

かつては非都市戸籍の住民は一般の公共賃貸住宅（公租房）に応募することはできなかった。2017年から北京市に在住し働いている非北京戸籍の人を新北京人と定義し、公共賃貸住宅の中から30%を新北京人に振り向けることとした。ただし、通常の応募条件のほかに、新北京人がさらに年齢が45歳以下かつ60か月以上個人所得税と社会保険料を納付した実績が求められている。それが多くの若い碼農には厳しい過ぎる要件である。

4. 超スマート社会の居住貧困

アメリカのシリコンバレー、中国の中関村科技園はともにデジタル産業の集積地として世界の第4次産業革命をリードしている。これまで検討してきたように、両地域が体制の面においてこそ異なるが、巨大な産業集積が所在地域のジェントリフィケーションを引き起こし、地域住民の居住不安定をもたらしている一方、デジタル産業の若い従事者自身までもが高騰する住宅価格によって居住貧困に直面している。

伝統的な居住貧困が需要サイトの住宅取得能力不足に起因するものが多いのに対して、デジタル産業集積地で起きている居住貧困は供給サイトの問題としてアフォーダブル住宅不足に起因するところが大きいのである。ここでこのような居住貧困をシリコンバレー型と呼ぶこととしよう。

シリコンバレー型居住貧困はデジタル産業の集積形態が問題生起に関係していると思われる。デジタル産業の集積が住宅ストックの少ない都市スプロールが進んだ地域に大量雇用を伴っている。伝統的大規模製造業の場合は、長期経営、安定雇用を前提に、社宅をはじめ、企業が従業員の居住に一定の配慮をしてきた。しかし、進行中のデジタル産業は経営環境の変化が激しく企業の経営が短期的、雇用が流動的である。

このような状況において伝統的な製造業の居住問題と異なるアプローチが必要であると思われる。目下アメリカシリコンバレーにおいては、GAFAをはじめに、民間が企業の社会的責任の観点から資金の拠出を中心に取り組んでいる。しかし、企業による一過性の取り組みには大きな限界があると言わざるを得ない。地域の持続的発展の観点から居住貧困問題の解決に地方自治体による住宅政策的関与が不可欠である。

北京中関村科技園において、政府主導で公共賃貸住宅の提供が行われ、居住貧困の解決に努めているが、供給される住宅が数量的に限定的である上、その分配対象は政策志向的でエリートばかりが優先されている面は否定できない。このため、企業や技術が選別され、政府の政策目的に叶う企業でなければ、政策の恩恵を受けられないか受けにくい。どの企業、どの技術が将来性あるかを見極めるには人為的に評価しがたい。企業間の自由な競争が第4次産業革命において重要である。政府が積極的なサポートは重要であるが、審判になってはならないといえよう。

もとより、デジタル産業のこのような集積形態に対して考え直すべきではないかと思われる。優れた職場環境も大事であるが、その前に居住環境が文化的で生活に安心ができるアフォーダブルなものでなければならない。シリコンバレー型居住貧困の解決は、地域破壊につながるあるいは住民疎外するような野放図の拡大を抑制することにありと言えよう。

注

1　第4次産業革命、超スマート社会について、詳しくは内閣府『平成30年度年次経済財政報告―「白書」：今、Society 5.0 の経済へ―』を参照されたい。

2　ジェントリフィケーションとは、gentrification の訳語で、都市において、低所得層居住地域が開発などの諸活動により活性化し、居住者の階層が上位化して地価が高騰することである。都市の富裕化現象とも訳される。

3　The Silicon Valley Institute for Regional Studies ,2020 Silico Valley Index, p.20.

4　田中道昭『GAFA × BATH 米中メガテックの競争戦略』日本経済新聞出版社、2019年289ページ。

5　The Silicon Valley Institute for Regional Studies, *2020 Silico Valley Index*, p.28.

6　“Photos show what it's like for Silicon Valley's 'working homeless' who live down the street from tech giants”, https://www.businessinsider.com/photos-of-silicon-valley-homeless-population-2017-12（本稿のすべてのウェブサイトについて2020年9月7日に最終閲覧、確認し、以降閲覧日の注記を省略）
シリコンバレーの“ワーキングホームレス”は大学教師
http://tacktaka.blog.fc2.com/blog-entry-310.html

仕事をしていてもホームレス―― シリコンバレーの“ワーキングホームレス”の厳しい実情 https://www.businessinsider.jp/post-108186

7 「ジョブズが遺した「宇宙船」――その“狂気”のデザインと魔法の力」 https://wired.jp/special/2017/apple-park/

8 「マイクロソフト、シアトルで住宅整備などに約540億円を拠出へ」 https://japan.cnet.com/article/35131449/

9 「Google、ベイエリアの住宅問題対策に10億ドル出資」 https://www.itmedia.co.jp/news/articles/1906/19/news064.html

10 「Facebookがカリフォルニア州の住宅問題対策に1000億円超を拠出」 https://jp.techcrunch.com/2019/10/23/2019-10-22-facebook-commits-1b-to-tackle-affordable-housing-in-california-other-locations/

11 「カリフォルニア州の住宅難解消にアップルが基金、その内訳」 https://forbesjapan.com/articles/detail/35965

12 「ユニコーン企業、北京が世界最多の都市に 胡潤ランキング」 https://www.msn.com/ja-jp/news/world/

13 中関村科技園管理委員会公式ホームページ http://zgcgw.beijing.gov.cn/zgc/zwgk/sfqgk/sfqjs/yqdy/index.html

14 蟻族について詳しくは廉思（著）関根謙（翻訳）『蟻族―高学歴ワーキングプアたちの群れ』勉誠出版、2010年を参照されたい。

15 城中村が取り壊され、いま中関村森林公園になっている。

16 首批88套人才租赁住房交钥匙北京海淀区政策扶持抓大不放小 http://news.sciencenet.cn/sbhtmlnews/2011/6/245007.html《科学时报》(2011-06-04 A1 中关村周刊)

ミニコラム	碼農の寝床：世界最大のマンション団地・回龍観

回龍観団地は北京市中心部から直線距離に20㎞ほど北にある。南は清華大学などのある文教地区に、西は中国シリコンバレー中関村科技園に隣接し、ソフトウェアパークまで約10㎞である。団地の南を走る高架鉄道13号線がこれらの場所をつないでいる。この地理的近接性がデジタル産業関係者、特に残業時間が長い碼農（プログラマー）の寝床になった所以である。

回龍観団地はもとが中低所得者向けに開発された社会保障住宅（経済適用房）・いわゆるアフォーダブル住宅であった。1998年に中国は従来の勤務先依存の社宅制度から市場から取得する住宅の市場化・商品化に制度を大転換した。改革推進の関連策として経済適用房が建設された。

1999年に竣工した経済適用房は100万㎡あったが、70%が回龍観団地であった。計画では、35㎢の敷地に51.7万人を収容する予定であった。竣工した経済適用房は全てがエレベーターなしの6階建て板状マンションであった。主な住戸は間取りが3LDKで、分譲価格は2500元〜3000元／㎡であった。

分譲価格の安さから、申込者が殺到して大騒ぎになった。しかし、購入者が多かったが、入居者が少なかった。この一帯は農村で田んぼだった。住宅が建ったものの、店も学校も病院などの生活インフラはほとんどなかった。市内から移住した人は大都市北京にいながらまるで辺境生活していると自嘲していた。経済適用房のはずが、投資物件になった。

第4次産業革命の進行に伴ってデジタル産業が中関村科技園に集積加速した。回龍観団地が転機を迎えた。住宅バブルに加え、デジタル産業の雇用増加に押し上げられて回龍観の住宅価格が鰻上りになっている。中古取引価額は2011年に2万元／㎡を超え、2016年に4万元／㎡を突破し、2020年現在5万元／㎡ほどになっている。

住宅価格の高騰はそのまま家賃に反映している。３LDK主流の回龍観団地では、シェアハウスの形で貸し出されることが多い。10㎡ほどの1室がおよそ2000元前後である。日本の脱法ハウス問題は回龍観では群租問題として現れている。

13号線に沿って回龍観団地の西に東小口地区18㎢、9.3万人、天通苑10㎢、25.5万人の団地が連ねている。これらの地域は合わせて回天地区と呼ばれ、目下63㎢のこの地域に86.3万人が常住している。その多くがデジタル関係者である。中国のデジタル産業の行方を占う上で注目する地域である。

コラム①

中国における介護保険制度の模索

楊 慧敏
(同志社大学)

中国の介護問題

高齢者社会に入ろうとしている中国は深刻な高齢化問題、とりわけ介護問題に直面している。中国国家統計局によると、2000年に高齢化社会に突入した中国は、2018年時点で、高齢化率は11.6%ポイントに上昇し、高齢者人口が1億6千万人を超えた。高齢化の進展により要介護高齢者が増えつつある。中国において要介護高齢者は、2014年に4,063万人(高齢者人口の約3割を占める)に達し、2050年に9,700万人まで増加すると予測されている。

「成年の子は父母を扶養・扶助する義務を負う」と中国の憲法の第49条に示されている。ところが、35年以上にわたって実施していた「一人っ子政策」や社会変化の影響を受けて世帯規模が1982年の4.43人から2018年の3.00にまで減少し、高齢者(夫婦)のみの世帯が増加している。それによって、これまで前提とされてきた家族介護の機能が弱くなっている。

このような社会背景の下、中国政府は「社会福祉の社会化」というスローガンを掲げ、「家族を中心とした介護」から「介護の社会化」へと転換しはじめ、高齢者向けの社会サービスの整備に力を入れている。その結果、高齢者福祉施設やコミュニティおよび在宅介護サービスが整備されてきたが、介護サービスの量的、質的不足の問題は依然として残されている。それに加えて、高齢者の介護サービスの購買力が低いという課題がある。というのは、2015年時点で、高齢者の年金の平均受給月額は、都市従業員が2,240元で、農村住民が117元しかなかった。ところが、公的高齢者施設の平均入所月額は2,000から4,000元となっている。

このように、中国の介護問題は、要介護者の増加だけではなく、それらの者の介護問題を緩和するための介護の担い手の確保ないし介護サービスの提供、費用に対する補助等の対策を講じる必要があるということである。

介護保険制度の模索の提起および展開

中国政府は昨今懸念が高まっている介護問題を深刻に受け止め、その問題の対策の一つとして公的介護保険制度の模索について 2006 年より言及してきたが、10 年後の 2016 年にようやく実行に移った。中国人力資源・社会保障部（日本の厚生労働省に相当する部署。以下、人社部）は、2016 年 6 月に「介護保険パイロット事業の展開に関する指導意見（以下、意見）」を公布した。その契機は、2015 年に開かれた第 18 期中央委員会第 5 回会議で、「介護保険制度の創設を模索する」ことと、「介護保険パイロット事業を展開する」ことに合意したことである。

「意見」では、15 の指定地域（ただ、これらの地域を選定する理由またはプロセスが示されていない。）にパイロット事業を展開することと、それを踏まえて 2020 年までに中国の実情に応じた公的介護保険制度の枠組みを明らかにするという目的が明記された。あわせて、事業の介護保険制度について、医療保険の財政を活用して都市従業員を優先的に保障し、主に要介護度の重い者に、介護費用の 7 割前後の介護給付を行うという枠組みを提示した。ただし、15 地域は、人口規模や経済発展程度等に相違があるため、その枠組みを参照しながら各地域の状況に応じた介護保険制度を制定・施行できることが付け加えられた。よって、人社部は、ボトムアップ方式を通して中国の介護保険制度を創設していく方向にある。

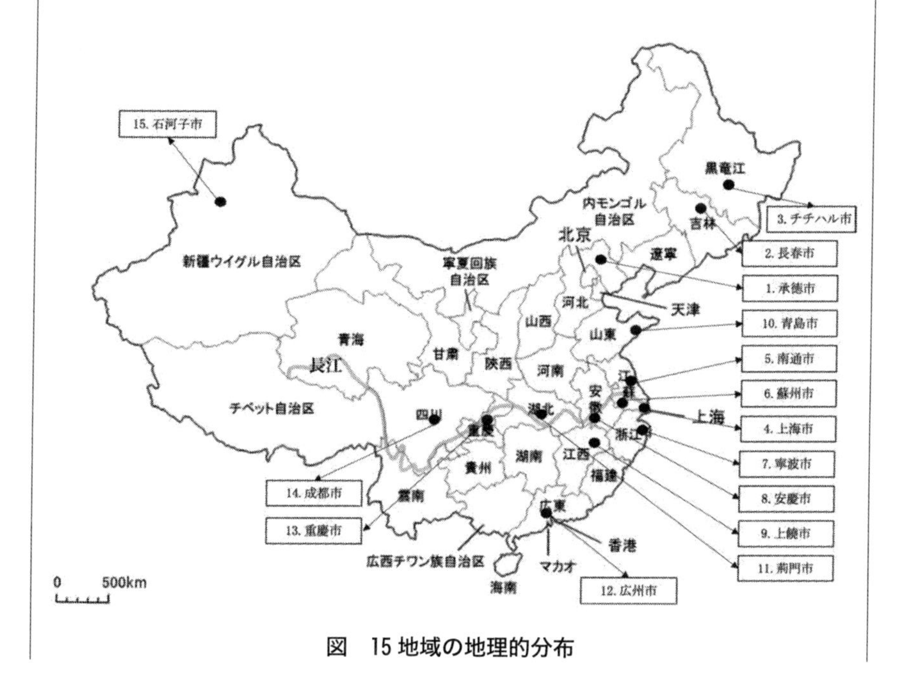

図　15 地域の地理的分布

指定を受けた15地域の行政区分が「市」であり、長江流域および東部に集中しながらも、北は黒龍江省のチチハル市から南は広東省の広州市まで、西は新疆ウイグル自治区の石河子市にまで及んでいる（図を参照）。これらの地域は2017年末までに各々で介護保険制度を制定し、その運営に取り組んでいる。制度の施行を通して、2019年6月末時点で、15地域の介護保険の被保険者の総数は8,854万人に達し、かつ約42.6万人が各地域の規定介護給付費用の7割くらいの介護給付を受給したという効果が得られた。

その一方で、15地域の介護保険制度に残されている課題も浮かび上がってきた。ただし、15地域の介護保険制度の被保険者範囲や財政構成等に相違があり、バラエティ豊かなものである。そのため、以下では15地域の介護保険制度に共通する2つの課題を取り上げて述べることにする。

15地域の介護保険制度の共通課題

一つ目は、現行の介護財政が安定性および持続性に欠けることである。というのは、全15地域は「意見」に示したように医療財政を介護財政として活用し、その程度は地域によって差異があるものの、医療財政に医療と介護双方の支出負担を負わせている。ところが、高齢化や慢性疾病の増加等の影響から医療保険の支出が増加している中、同じく支出が増加傾向にある介護財政の資金を調達すると、双方の財政の安定かつ持続的な発展を図ることができないと懸念される。さらに、中国において地域間の医療財政の豊かさに相違があるため、潤沢でない地域にこの方式を採用すると、「介護保険あって、給付なしないし低給付」を強いられる可能性がある。

二つ目は、要介護者に介護サービスを提供できる事業者および介護職員の量と質が不足していることである。15地域は給付対象者に主に現物給付、つまり介護サービスを支給している。ただ、ほとんどの地域では、その前提条件を給付対象者が各地域が指定した事業者からサービスを受けることとしている。ところが、現状としては指定を受けた事業者の数量が少ない。その要因として次の2点を挙げることができる。

一つは、中国政府の政策支持の下で整備された高齢者向けのサービスの多くは自立または要支援高齢者向けのものが多いことである。もう一つは、家族介護を前提とされてきた中国は介護人材の養成を重要視してこなかったため、介護人材の養成体制が整備されていないことである。それらによって、一部の給付対象者が介護サービスを受けられず、「介護保険があって、介護サービスなし」という状況に置かれる可能性が生じてしまう。さらに、少ない指定事業者と介護人材で多くの給付対象者にサービスを提供することによって、介護負担が重く、サービスの質の担保が困難となる。

中国の公的介護保険制度の構築に向けて

高齢者人口の規模が大きい中国は、他諸国より深刻な介護問題に直面している中、中国政府が介護問題を緩和するための公的介護保険制度の試行事業を開始した。そして、「意見」によると、介護保険パイロット事業の目的は、今年2020年までに中国の公的介護保険制度の枠組みを明確にすることである。

しかしながら、中国政府はその枠組みを提示することなく、2020年5月に、介護保険パイロット事業の指定地域を新たに14地域追加する姿勢を示した。ボトムアップ方式、つまり、指定地域での介護保険パイロット事業の展開を通して公的介護保険制度の創設を図る中国において、指定地域の介護保険制度の議論を重ねていく必要がある。具体的には、まず指定地域の介護保険の制度設計や運営上の特徴や課題等を、各地域の地域特性（高齢化、経済発展、医療保険の財政等）に照らし合わせて分析する。次に、指定地域だけではなく他地域または広範囲に適用できる介護保険制度の有無を検討し、検証する。最後に、それらの議論と検証を踏まえて、中国において構築できる介護保険制度の枠組みおよび運営体制を明示することである。

Ⅳ　韓　国

6章　韓国の住宅市場は日本の住宅市場の轍を辿るのか？　金秀顕
7章　韓国の社会住宅政策の展開と今後の課題　南垣碩
8章　韓国の二枚の公的扶助：国の公的扶助と自治体独自の公的扶助　湯山篤

【コラム】
①東子洞（ドンジャドン）チョッパン地域の敷居のない銀行　ソン・ドンス
②支援住宅の実践、もしくは居住福祉センターの実践（住居福祉センター運営と事業拡大の経験共有）　キム・ユンジ
③【都市の未来、スマート包摂都市】適正技術によって作り出す包摂都市城東区の実践　鄭恩伍
④（生命力溢れる都市を作るための文化メディエーター養成提案）　都市再生のメディエーター　イム・ドンウク
⑤敦義洞（ドニ・ドン）チョッパン密集地域の実験と挑戦　松下茉那

6章 韓国の住宅市場は日本の住宅市場の轍を辿るのか？

金秀顕
（世宗大学校）

1. 危機に直面した東アジアの住宅市場

ほとんどの先進国が、最近、急激な家賃高騰に直面している。2008年の金融危機前後の不動産価格の上昇および下落を「100年ぶりのバブル」と呼ぶ声もあったが、それからわずか10年で全世界に再びバブルのリスクが拡がっているのである。コロナウィルスの感染拡大で経済危機に対する憂慮が広がっているにも関わらず、住宅価格は一向に下降する兆しを見せない。

このような事態となった原因は何か。原因の1つは、金融危機を克服するために各国が放出した途方もない量の流動資金である。史上類を見ないレベルで低金利が続いており、放出されたお金が不動産価格を引き上げている。ただし、金融の問題だけではない。21世紀に入り、超高所得者が増え続けている。所得の二極化と資産の二極化が進んでいる。これとともに、2008年の金融危機以降、各国が不動産景気を盛り上げるために規制緩和を推進してきたことも、原因と言えよう。その帰結が、各国の福祉政策の後退である。これまで東アジアの国々の特徴とされてきた資産ベース型の福祉システム（property-based welfare system）が西欧の国々にも広がっており、福祉の「空席」を資産つまり不動産が占める現象が一般化している。

日本、シンガポール、香港、台湾、韓国など、経済発展を経験した東アジアの国々でもやはり、同一の様相が見られる。現時点（2020年7月時点）では幾らか落ち着いているとはいえ、香港や台湾では、この数年間の家賃高騰で深刻な社会問題が発生した。香港や台湾よりは若干遅かったが、韓国でも家賃の問題が政治的な争点となっている。シンガポールも、住宅価格の猛烈な上昇に苦しんでいるのは同様である。日本では、1990年代初めの不動産バブル崩壊以降の低迷を経て、2000年代に入り新築マンションの価格などが上昇している。

これらの東アジアの国家は開発国家または開発主義的福祉レジームと呼ばれてきた点で共通している。つまり、国家主導の資源配分と経済成長、家族に責任を求める福祉、強力な社会的規律などが、その特徴である。西欧の国々と比べると、人口密度が高く、都市化のスピードが速かった。その分、慢性的な住宅不足に悩まされてきた。一方、これらの東アジアの国々は、新規の住宅供給と物理的な環境改善により、速やかに成果を上げた国々でもある。住宅が経済成長と社会統合を促す媒体となり、景気浮揚の手段にもなり、さらに最も重要な家計資産および福祉資源となってきた。ただし、その分、家賃は上昇した。それゆえ、これらの東アジアの国々では住宅問題が最も重要な社会的課題の1つとなったわけである。

しかし、これらの東アジアの国々は、1997年のアジア通貨危機により社会および経済の変化を余儀なくされた。経済危機を克服する過程で、一方では新自由主義的な改革が断行され、もう一方では立ち後れていたセーフティーネットの構築も進んだ。これとともに、少子高齢化が様々な影響を与えている。福祉ニーズの拡大はもとより、経済活力や住宅需要へも影響をおよぼしている。何より、住宅価格が以前よりも不安定になり、これまで構築してきた東アジア住宅政策モデルの有効性が危ぶまれている。最近では、家賃の上昇あるいは急変動が見られ、社会の不安定要素として注目されている。所得の上昇幅に比べて家賃の上昇幅が大きすぎるため、若者は家の購入を諦めるほか無い。高い賃貸料を支払うのも困難である。顕著なのは香港のケースであるが、韓国、台湾、シンガポールの状況も深刻である。日本と台湾では、空き家の大量発生が資源の浪費と階層間の二極化を拡大させている。

韓国と日本は隣国である。隣り合っているので歴史的かつ政治的な軋轢が絶えない。ただし、経済的、社会的、文化的には近い部分がある。特に、韓国では、日本の住宅市場のバブル景気の発生および崩壊を引き合いに出して、韓国も日本の轍を辿るのではないか、と心配する声が多い。実際、2010年頃には、韓国にも日本型のバブル崩壊と長期不況が到来するか否かを問う議論が盛り上がった。韓国では最近不動産の価格が上昇しており、日韓両国の住宅市場に関心が集まっている。本稿では、韓国の住宅市場が日本の轍を辿るのかを検討するにあたり、市場の状況や住宅システム[1]に目を向けてみよう。

2. 日本の住宅市場と住宅システム

日本の住宅価格は、1990年頃にピークを迎えた後、30年もの間、下落傾向または横ばいを続けている。一方、地域や住宅類型による違いがあるとはいえ、マンションの価格は全体的な価格推移とはかなり違う傾向を見せている。2006年から価格が上昇しており、少なくとも名目価格上、過去の水準に近づいている（**図6-1**）。2010年を境に実質人口は減少しており、2025年を境に世帯数も減少すると推測されている。一方、東京都（23区内）の人口は、1995年に800万名を下回った後、外からの流入もあり2018年の時点で941万名まで盛り返した。

住宅供給は、長期的な価格の下落傾向や空き家の増加といった予想にも関わらず、年間100万戸ほどの水準で続いている。東京都で好まれる住宅タイプであるマンションの場合、年間4万戸ほどの水準で供給が続いている（e-Stat

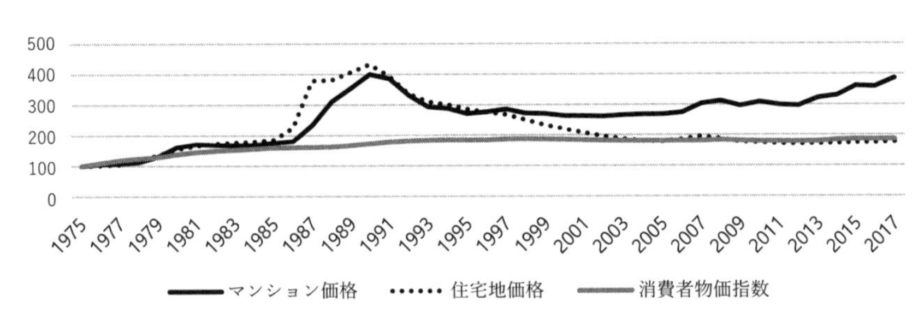

図 6-1　首都圏の住宅価格の推移（指数、1975年＝100）

資料：国土交通省ホームページ

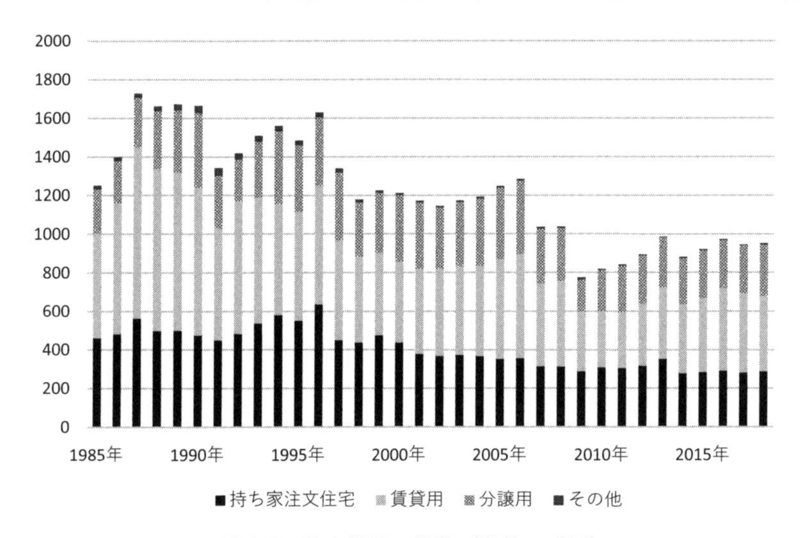

図 6–2　住宅供給の推移（単位：千戸）

資料：国土交通省、総務省統計局（e-Stat）ホームページの資料を再構成

の数値を再構成)。住宅用途別にみると、日本は自宅の注文住宅、分譲用、賃貸用に分けて統計を出しているが、最近、賃貸用住宅が再び増加している(**図 6–2**)。これは、2016 年頃から「賃貸バブル」と呼ばれて警戒されているが(近藤旨也, 2018; 日経, 2017.3.14)、空き家の発生が主な原因とみられている。

日本では、持続的な供給拡大と持ち家促進政策に後押しされ、1960 年代に持ち家に住む世帯が 6 割に達した。その後、大きな変化が無いまま、これが続いている。一方、公共賃貸住宅は、1983 年度に 7.6％となったのち、減少し続けている。2018 年の時点では 5.0％であり、これは韓国よりも低い。また、日本の住宅占有形態の特徴の 1 つであった給与住宅(いわゆる、社宅や寄宿舎)の居住比率は 1960 年代初めに 7％ほどだったが、最近に入り 2％まで低下した。ただし、民間賃貸に住む世帯は増え続けており、3 割に迫っている(**図 6–3**)。

日本は住宅供給を進めるために「住宅建設五箇年計画」を通じた目標設定を続けてきた。1966 年に第 1 次 5 ヵ年計画を立ててから 2001 年の第 8 次計画までこうした計画に則って住宅供給を続けてきた。しかし、近年、量的な目標よりも質的な管理に重点をおくようになり、2006 年からは 10 年単位の「住生活基本計画」に則った住宅供給へと転換を遂げた。現在は2016年から実施されている「第2次住生活基本計画」の時期にあり、日本の住宅市場の当面の課題を①後期高齢者の急増（高齢化問題）、②世帯数減少による空き家の増加（空き家問題），③地方の人口減少に伴う地域居住環境の悪化、④住宅市場を支える人口の不足（少子化問題）、⑤住宅ストックの活用の遅れ、⑥マンションの老朽化および空き家の増加による防災や治安のリスク（マンション問題）の6つの課題を挙げているところである（国土交通省ホームページ）。このうち、日本政府が括弧書きで強調した「問題」は少子高齢化と空き家・マンション問題である。すなわち、人口の減少と空き家の大量発生こそ、現在の日本の住宅市場の最も重要な問題である。そこで、日本政府は、第2次住生活基本計画で、空き家対策とともに、若者や高齢者の居住支援に重きを置いている（国土交通省 ホームページ）。

ここで日本の住宅システムの議論を見てみよう。まず、日本は1945年の敗戦以降、いわば「戦後住宅体制」を構築した。政府が住宅の大量供給を牽引し

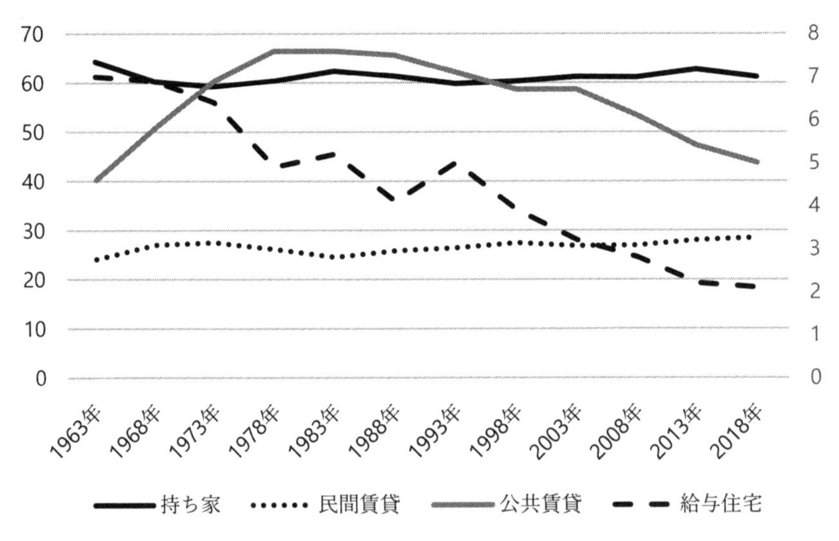

図6-3　住宅占有形態の推移（単位：%）

注：持ち家と民間住宅の比率は左軸、公共賃貸と給与住宅の比率は右軸
資料：国土交通省、総務省統計局（e-Stat）ホームページの資料を再構成

つつ持ち家を勧め、公共賃貸住宅を一定程度確保する点が特徴を見せる。「住宅双六」は経済成長や世帯所得の上昇と共に、比較的上手く機能していたが（Hirayama, 2010; 平山洋介 , 2009: 7-18）、持ち家所有は中流化へとつながり、経済成長にも寄与した（Ronald & Druta, 2016）。ところが、建設業の膨張と国土開発は、結局、前例の無いバブルを招いた。これが不安定雇用や人口世帯構造の変化と相俟って、戦後住宅体制に根本的な動揺をもたらした（Hirayama & Ronald, 2007）。住宅分野はその間の拡張一辺倒から分裂（fragmentation）と不安定（fluctuation）の時代に入った（Hirayama & Izuhara, 2018）。政府もそれまでの積極的な介入を控えて金融および都市開発分野で規制緩和を進め、公共賃貸住宅は縮小へと向かっていった。政府の積極的な介入と役割を前提とした戦後住宅体制を「自由化」（Ronald & Kyung, 2013）しつつ、政府の役割を縮小する「脱社会化」（Hirayama, 2007）へと進んだわけである。

日本は、戦後の高度経済成長期に、他の東アジア諸国と同様、国家よりも家族にベースをおいた福祉を目指してきた。大規模住宅供給と持ち家拡大政策は、こうした家族中心型の福祉を強化する仕組みとしても機能した。資産をベースとした福祉は、そういう点では、日本が先駆者であったわけである。国は大規模な住宅供給を促すために宅地供給や金融支援制度を整備し、家族は持ち家の所有を通じて家族の絆を強化して資産価格の上昇による恩恵を享受した。

しかし、住宅価格の下落が長期化する中、政府は大量供給方式から退いた。そして、価格下落の損害を家族が負うことになった。政府は都市地域における賃貸住宅供給とマンション供給を促進しているが、地方や都市内の空き家については実効的な対策を打てずにいる。結果として、2018 年現在、住宅全体の 13.6%（840 万戸）は空き家となっている。約 430 万戸の賃貸住宅が空き家になっているにもかかわらず、毎年 40 万戸の民間賃貸住宅を新築している（総務省 統計局 , 2019）。これは新規住宅の供給を通じた景気浮揚効果も生んでいるが、空き家を所有する家族を苦しめている。二極化が進んでいると言えよう。「住宅が過剰供給で、その利益が中高所得層に回っている」（小黒一正 , 2019）のである。

さらに、若者、低所得層、高齢者向けの住宅市場が悪化しており、住宅の二極化も酷くなった。公共賃貸住宅は、相対的な割合としてだけでなく、絶対的なストック量としても減少しており、賃貸料も上がっている。結局、国家が住宅市場への介入から退き、家族の所得や資産に応じた住宅市場の二極化が生まれている。かつての東アジアの住宅システムは「持ち家を好む家族」と「大量供給を通じて持ち家を支える国家」であったが、国家の後退に伴い、家族が持ち家による損失を被っている。公共賃貸住宅のようなセーフティーネットも脆くなっている状況である。

3. 韓国の住宅市場と住宅システム[2]

韓国は、他の東アジアの国々に遅れ、1960年代に本格的な経済開発に入った。この時期に都市化も急速に進んだ。1960年から1990年までの30年でソウルの人口は年平均5.4%（28万名）ずつ増加した。それゆえ、住宅は慢性的に不足し、人々は周期的な価格上昇に苦しんだ。持ち家は、多くの人々の夢であった。しかし、政府は経済開発に集中していたし、住宅を非生産的な消費財とみなしていた。政府は遊休資金の住宅建設部門への流入を統制し、インフレ状態であった。モーゲージ制度も発達しなかった。シンガポールや香港は住宅部門を経済成長と社会統合の媒体として活用したが、韓国はシンガポールや香港とは異なる道を歩んできたわけである。韓国は、産業基盤の構築、国家による社会資本（Social Overhead Capital）建設、北朝鮮との軍備競争を優先したため、福祉部門や住宅部門への財政支出の優先順位が低かった。その結果、住宅については、家族自ら解決するしか無かった。非公式的な住宅金融制度として「傳貰制度（訳者注：家を借りる際に高額の保証金を賃貸人に預けて、月々の家賃ゼロまたは低額で家を借りる制度。保証金は転居する際に返ってくる。保証金を預かった賃貸人はこの保証金を運用して利益を挙げる。）」が発達したのも、このためである。また、市場は不安定であったが、政府はこれを住宅の大量供給よりも需要の管理と規制でコントロールした。特に、低所得層の住宅問題は、無許可定住地域（パンジャチョンやハコバン）を黙認する方式で対処してきた。

しかし、韓国の住宅政策は1988年頃に根本的な変化を迫られた。1980年代半ばに年平均9.5%（1983-1987年）の経済成長を達成した上、1988年のソウルオリンピックを契機に消費が急増したためである。1987年6月の民主化運動とともに労働者が分配への要求を噴出させ、実質的な購買力は上昇していった。1988年から1991年までの民間消費増加率は年平均8.5%となり、史上最高水準となった。1960年代に始まった経済成長の成果が消費にあらわれ始めたのである。

その結果、1980年代の後半から住宅価格が上昇した。特に、ソウル地域のアパート価格と傳貰保証金（訳者注：傳貰方式で家を借りる際、賃貸人に預ける保証金）が高騰した。1988年から1991年までの3年間でソウルのアパート価格は93.7%、傳貰保証金も71.5%上昇した。それゆえ、政府は首都圏の5つの新都市を含む地域で大々的な公共用地の供給に踏み切った。民間セクターを通じた住宅供給ではあったが、政府がアパート用の宅地を供給したわけである。これとともに、1989年からは低所得層のために公共賃貸住宅の建設もはじまった。貧しい人々の住まいとなっていたパンジャチョンを再開発してアパートを建てるケースが見られたので、退去を要求された貧困層を受け入れる受け皿を作らざるを得なかったのである。これ以降、住宅価格が不安定な時期や公共賃貸住宅の供給が政治的な支持を得た時期には、公共賃貸住宅の供給量も急増した。2018年の時点で、公共賃貸住宅は住宅全体の8%ほどを占めており、今も毎年10万戸以上の追加供給が続いている。また、持ち家が約6割、民間住宅が約3割という状態がこの数十年間続いている。

このようにして「積極的な宅地供給拡大と市場管理、公共賃貸住宅を通じた居住福祉の拡大」という現在の韓国の住宅政策の基調が形成された。1997年のアジア通貨危機や2008年の世界金融危機で一時的に住宅価格が下落した際には市場規制の緩和や自由主義政策の台頭も見られたが、最近は住宅価格が再び上昇に転じており以前の規制も復活している。社会や経済の分野において新自由主義的な規制緩和が進んでいるのとは対称的に、住宅分野の規制はむしろ強まっている。住宅の需要と供給の不一致が続く中、住宅価格の上昇が政治的な問題として注目を浴びているからである。

韓国の住宅システムは典型的な東アジア的性格を見せる。家族に大きな役割を求めており、政府の主導力が強い。特に、政府主導の宅地開発、新築アパートの配分を政府が管理する「請約制度」、新築アパートの分譲価格規制など、政府が生産と配分に積極的に介入している。なお、住宅の購入やアパートの

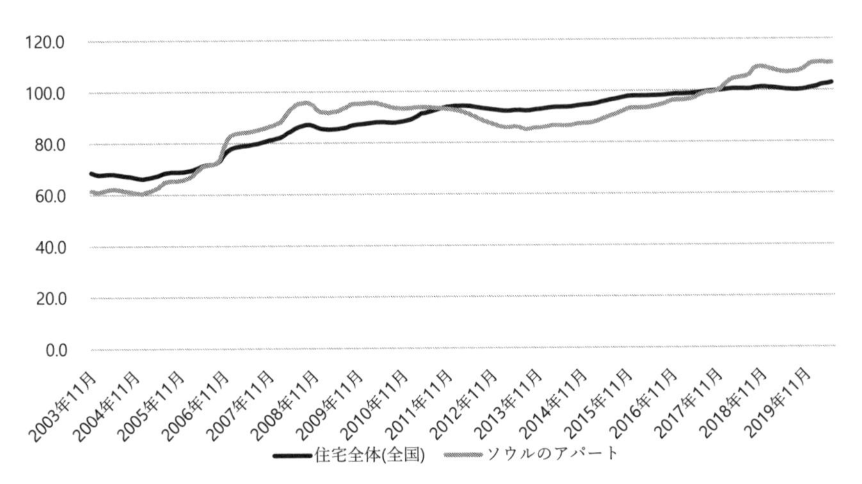

図 6-4　韓国の住宅価格の推移（指数、2017 年 11 月＝ 100）

資料：大韓民国統計庁ホームページ（KOSIS）

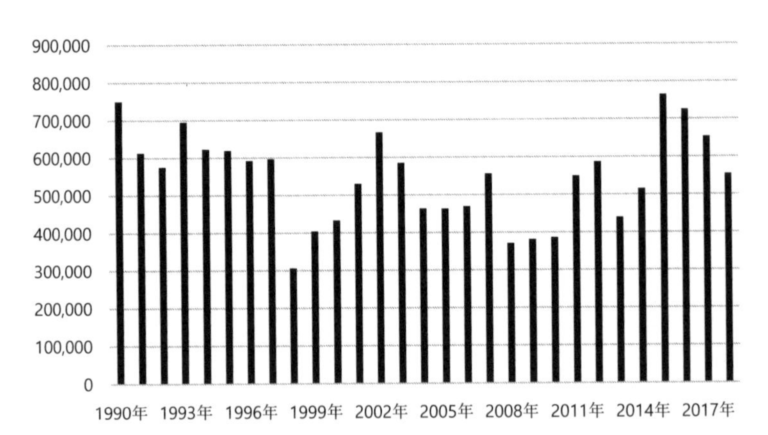

図 6-5　住宅供給の推移（単位：戸）

資料：大韓民国国土交通部ホームページ

ような高価な住宅の傳貫保証金を支払うには家族の助けが必要なので、家族の役割も大きい。

今後も政府と家族のこうした役割は維持されるだろう。その理由は三つある。一つ目に、住宅市場の管理を政府に依存する慣行である。市場の自律性が高まって韓国特有の市場規制が緩むとしても、住宅市場が不安定になった場合、政府が政治的責任を問われるからである。また、居住福祉政策に対する要求は年々高まっており、住宅分野は政治的な優先順位の最も高い分野になっている。二つ目に、住宅と不動産に過剰に蓄積された家計資産を考慮しなければならない。2018年の時点で、一般世帯の家計資産のうち住宅などの不動産が占める比率は76.2%に達しており、日本やアメリカに比べると明らかに高い（毎日経済新聞, 2019.7.17）。韓国の持ち家率は他の東アジアの国々の持ち家率に比べると相対的に低いが、資産に占める不動産の比重は最も高い。世界的に類の無い水準である。このような不動産の過剰蓄積が韓国の住宅市場の環境を規定しており、家族関係にも有形無形の影響を与えている。三つ目に、傳貫制度の持続である。このところ、傳貫方式から月払い方式に転換するケースが増えているが、アパートのような高価な住宅では傳貫方式が残ると思われる。賃貸住宅市場は高価な住宅の傳貫方式と安価な住宅の月払方式に二元化するだろう。ところで、アパートのような高価な住宅の傳貫保証金を捻出するためには家族の助けが必要となる。それゆえ、家族の役割は今後も大きいだろう。このように、韓国の住宅レジーム自体が「強力な住宅政治」、「不動産に過剰に蓄積された家計資産」、「傳貫保証金を捻出する家族ネットワーク」を再生産しているのであり、韓国特有の住宅レジームを持続させている。

しかし、住宅の消費と資産の形成が家族単位で行われる中、資産の二極化は拡大している。東アジアの他の国々と同様、韓国でも出産率の低下、離婚率の上昇、単身高齢者世帯の増加など、家族の姿に変化がみられる。しかし、富裕層においては、家族で資産を継承しており、むしろ家族の結束が高まっている。一方、少子高齢化の中で若者の雇用は不安定になっており、若者の住宅市場も不安定かつ劣悪になっている。このような面においては、日本を含む東アジアの国々はもちろん、世界的な流れと同様の変化が現れている。

4. 韓国は日本の住宅市場の轍を辿るのか？

韓国はどのような点で日本に関心を持っているのか。一つ目に、韓国でも住宅価格が日本の1990年代のように下落するのかという点に関心を持っている。これは、日本のバブル崩壊があまりにも衝撃的であったからでもあるが、住宅価格の上昇に苦しむ韓国の国民感情を反映したものであろう。二つ目に、住宅産業に対する依存度が高い上に大規模な新規住宅供給が続く韓国でも、日本のように、空き家が発生するのかということに関心を持っている。これについて、まず、両国の住宅市場の主要指標を比較してみよう。

韓国と日本が似ている点は、人口構造と経済成長の推移である。韓国と日本を比べると、人口がピークに達した時期で18年、高齢社会に突入した時期で23年、合計出産率が1.5を下回った時期で6年の差があるが、おおむね日本の推移を辿っているようである。経済成長率を見ても、経済が高度化した時期に経済成長率が下落する傾向を見せており、平均成長率が2%台に落ちた時期には約26年の差がある。これと関連して、一人当り国民所得3万ドルを達成した時期には約23年の差があるが、物価を考慮した購買力（PPP）を基準として比較すると、6年ほどの差しかない（World Bank ホームページ）。

一方、住宅関連の状況は、より違いが大きい。住宅普及率100%を達成した時期を比べると42年の差があり、公共賃貸住宅で暮す世帯が全ての世帯の5%を占めるようになった時期を比べると47年の差がある。韓国の空き家は2018年の時点で8.1%だが、8%を超えた時期を比べると日本と40年以上の差がある。ソウル市は3.2%に過ぎず、東京の1960年代の水準である（東京:1963年2.7%、1968年4.0%）。50年もの差がある。

つまり、韓国と日本を比べると、人口や経済の違いよりも、住宅の量や質の違いの方が大きい。日本で空き家が急増した時期の住宅過剰状態とは、状況が違うのである。また、住宅システムを見ても、韓国の状況は異なる。もちろん、日本も韓国も「政府の主導、家族の援助」という点では東アジアシス

表 6-1　日本と韓国の住宅市場の主要指標の時差比較

項目		日本	韓国	時差	備考
人口	人口ピーク	2010年	2028年	18年	
	高齢社会（高齢化率14%）突入	1994年	2017年	23年	
	合計出産率1.5%	1994年	2000年	6年	
経済	経済成長率2%台	1995年	2018年	23年	
	国民所得3万ドル	1992年	2018年	26年	
	購買力（PPP）基準	2004年	2010年	6年	
住宅供給	住宅普及率100%	1968年	2010年	42年	
	公共賃貸住宅入居世帯5%	1966年頃	2013年	47年	
住宅ストック	最低住居基準未満5%	2000年	2018年（5.7%）	-	基準の違いのため比較困難
	空き家率8%	1980年頃	2018年頃	約40年	

資料：国土交通部、統計庁（KOSIS）、韓国銀行、国土交通省、統計庁（e-Stat）、日本銀行、World Bank ホームページ

テムと言えるかもしれない。ただし、1997年の通貨危機以降を見ると、韓国を除くシンガポール、台湾、日本、香港は住宅政策の自由化・市場化の道を辿ったが、韓国は公共の宅地と公共賃貸住宅の拡大の他にも様々な市場介入を維持・強化してきた（Ronal & Kyung, 2013; Ronald & Doling, 2010）。これは、韓国の住宅市場が他の国々に比べて相対的に未熟で不安定な状態にあること、そのような状態で政府が供給や配分において依然として深く介入していることを意味する（詳しい内容は、イソッキ・金秀顕, 2014を参照）。人口や経済が同じような条件にあった頃の日本と比べると、韓国の住宅の量と質は未熟なのである。

新都市における公共の宅地助成を通じた住宅の大量供給、大規模団地型の都市再生（再開発、再建築）など、現在の韓国の住宅市場は、日本を含む他の国々と大きく異なる。こうした状況ゆえ、人口が減少する地方の過疎地域を除けば、空き家の大量発生が考えにくい。日本のような大都市における空き家急増の恐れはほぼ無い。また、住宅価格についても、日本のようなバブル崩壊の可能性は高くない。韓国の場合、日本と違い、住宅購入時の銀行ローン比率が30%台にとどまっているためである。これは傳貰制度と家族の援助という韓国の慣行によるものである。科学的ではないが、あえて比較するなら、韓国

の住宅市場の条件や空き家を取り巻く状況は日本の1980年代に近いと言えよう。

しかし、長期的には人口、産業、住宅ストックなどが日本の段階に近づいていくことに備え、「空き家」や「地域の消滅」といった日本の住宅市場の懸案を意識して、韓国なりの対応策を練っておく必要がある。特に、日本のマンション志向を見ると、韓国も良質の住宅を持続的に供給することが課題となるだろう。その点では、住宅ストックの管理と、都市内の優良ストックの確保のために、効果的な都市再生事業の定着がネックとなる。住宅市場は、未だに、撤去型や団地型再開発を続けているが、今後の段階に備えて先手を打つ必要がある。韓国政府がこのところ推進している「都市再生ニューディール」や「生活SOC」のような改良型の都市再生事業の重要性が強調されるのもそのためである。

これとともに、日本のバブル発生とバブル崩壊の過程を振り返ることも重要である。バブルが大きくなり過ぎた後でタイミングを逃した対策となってしまったことや、それ以降も過剰供給が続いたことなど、検討する必要がある。特に、韓国と日本を比べると、他の国よりも建設業が成長しすぎたという共通点を見せる。これについても深く考える必要がある。さらに、日本の住宅過剰供給と空き家発生の過程については、「政府」を「市場」が代替していく中で「家族」が二極化していった状況について省察する必要がある。東アジアの住宅システムの未来について考える必要があるわけである。

（湯山篤訳）

付録　日本、韓国の住宅市場の主要グラフの比較

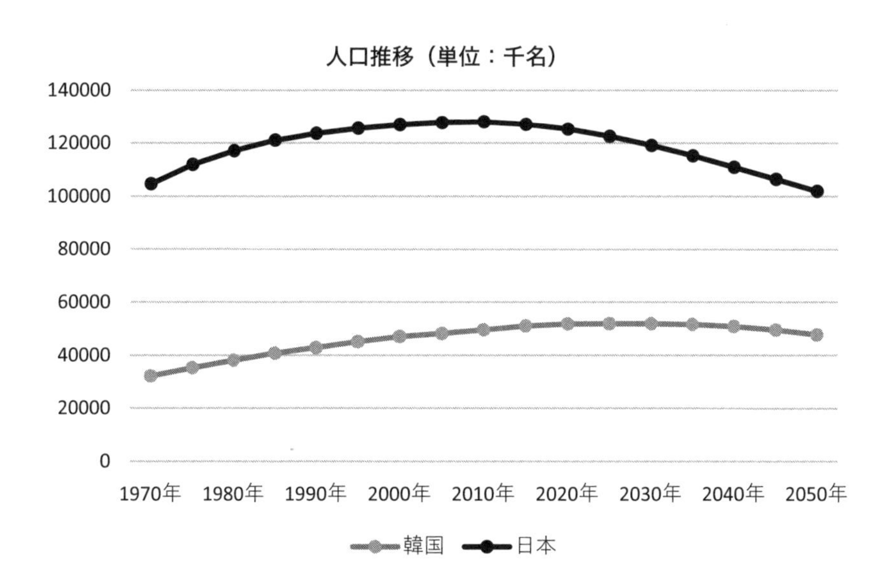

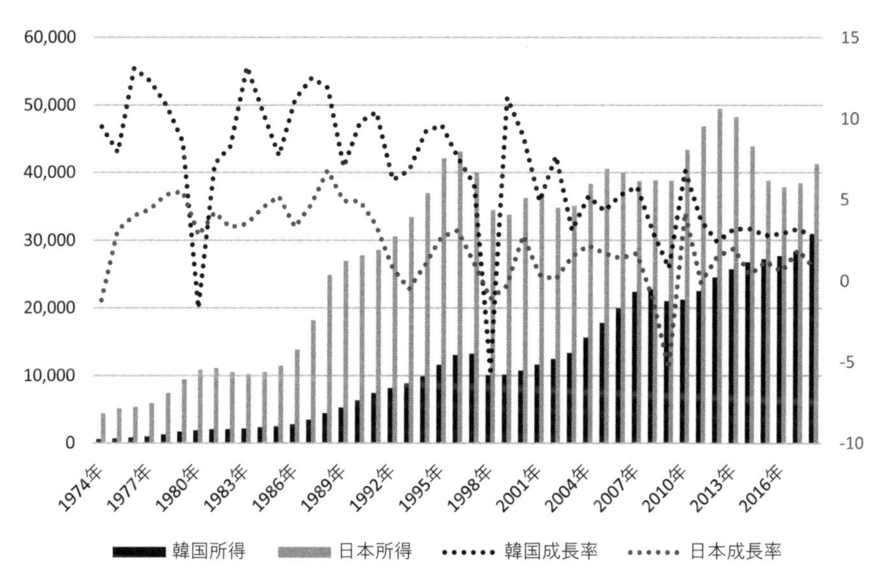

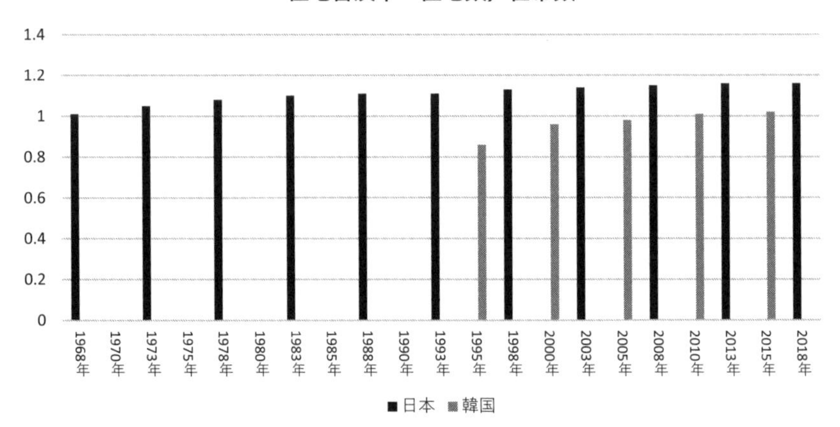

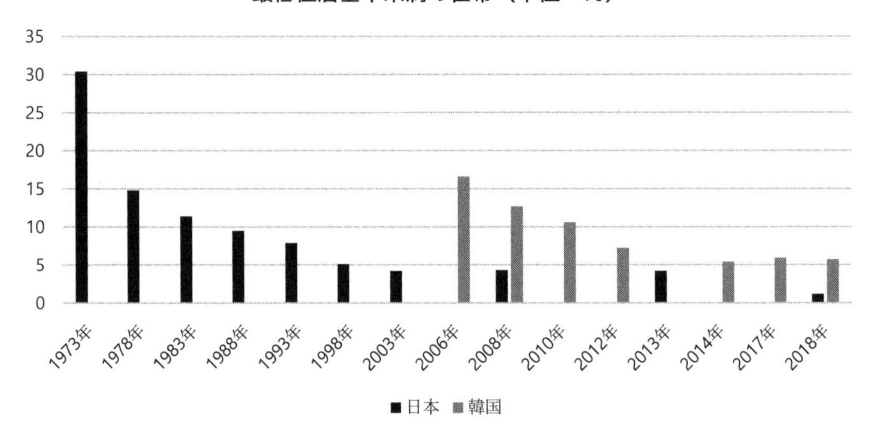

注

1　住宅システムあるいは住宅レジーム（housing regime）については様々な定義が可能である。しかし、「住宅の供給と消費が起きる基本システム」（Bengtsson, 2004）であり、住宅と関連した制度や文化をその政治・経済・社会のシステムと連関づけて説明する枠組みであると言えよう。言わば、ある国の住宅関連の現象を構造的かつ巨視的に理解する方式と言えよう。

2　この節は、イソッキ・金秀顕（2014）の pp.16-26 を要約して修正したものである。

参考文献

毎日経済新聞 , “世帯の純資産のうち 76%は不動産”, 2019.7.17.（原文：매일경제신문 , “가구 순자산 중 76%는 부동산”, 2019.7.17.）

イソッキ・金秀顕 , “韓国の住宅レジームの性格と変化：東アジアの発展主義国家の特性を中心に”,『空間と社会』, 第 24 巻第 2 号 , 2014, pp.5-37.（原文：이석희・김수현 , “한국 주택체제의 성격과 변화：동아시아 발전주의 국가의 특성을 중심으로”,『공간과 사회』, 제 24 권 제 2 호 , 2014, pp.5-37.）

日本経済新聞 , “住宅ラッシュと空き家問題　国交省のジレンマ”, 2017.3.14.

平山洋介 ,『住宅政策のどこが問題か：〈持家社会〉の次を展望する』, 光文社新書 , 2009.

小黒一正 , “「住まい」を社会保障の柱に持ち家重視政策から転換を”, キャノングローバル戦略研究所（CIGS）, 2019.

総務省 統計局 ,『平成 30 年住宅・土地統計調査 結果の概要』, 2019.

Bengtsson, B., “Swedish Housing Corporatism –A Case of Path Dependence?”, Paper presented at the ENHR 2004 Conference - Housing: Growth and Regeneration, Cambridge, 2-6 July 2004.

Hirayama, Y. and Izuhara, M., Housing in Post-Growth Society : Japan on the Edge of Social Transition, Routledge, 2018.

Hirayama, Y. and Ronald, R. eds., Housing and Social Transition in Japan, Routledge, 2007.

Hirayama, Y., “Housing Pathway Divergence in Japan's Insecure Economy”, Housing Studies, Vol.25 No.6, 2010, pp.777–797.

Ronald, R. and Doling, J., “Shifting East Asian Approaches to Home Ownership and the Housing Welfare Pillar”, European Journal of Housing Policy, Vol.10 No.3, 2010, pp.233-254.

Ronald, R. and Druta, O., “How Changes in Housing, Homes and Households and Reshaping Urban Japan”, Asia Research Institute Working Paper Series No. 249, 2016.

Ronald, R. and Kyung, S. W., “Housing System Transformations in Japan and South Korea: Divergent Responses to Neo-liberal Forces”, Journal of contemporary Asia, Vol.43 No.3, 2013, pp.452–474.

国土交通部（국토교통부）http://www.molit.go.kr/

統計庁（통계청）http://kostat.go.kr/

韓国銀行（한국은행）http://www.bok.or.kr/

国土交通省 http://www.mlit.go.jp/

日本銀行 http://www.boj.or.jp/

統計庁（e-Sata）https://www.stat.go.jp/

World Bank https://www.worldbank.org/

7章 韓国の社会住宅政策の展開と今後の課題

南垣碩
（ソウル研究院）

1. はじめに

韓国の公共賃貸住宅政策の歴史は長くない。過去にも臨時に運営された公共賃貸住宅はあったが、半永久的な賃貸を前提とする公共賃貸住宅は1989年に供給しはじめた。西欧や日本とは異なり、韓国の公共賃貸住宅の大規模供給は2000年代に進んだ。始まりが遅かったこともあり、今も国と大都市の自治体において公共賃貸住宅のストックを増やしているところである。そして、この過程においては、国の傘下にある韓国土地住宅公社（以下、LH公社）や地方公社が中心的な役割を果たしている。

ところで、2010年代半ば頃から、新たな動きも出てきている。民間賃貸住宅の中に、営利目的一辺倒でない民間住宅が出てきている。つまり、これまで公共賃貸住宅の盲点となってきた若者などに市場価格よりも安い賃貸料で賃貸住宅を提供する民間供給組織があらわれはじめているのである。そうした組織は、そのような住宅を社会住宅[1]と名付けてアピールしているのみならず、国や自治体に政策転換を要求している。実際、これを受けて国や自治体の政策にも変化があらわれている。

産業革命直後または世界大戦前後の西欧で民間の社会住宅供給組織が増加したことを思い返すと、これは世界的に目新しい現象というわけではない。しかし、韓国では国が公共賃貸住宅政策を強力に主導しているので、民間による社会住宅の供給および運営は持続可能なのか、これらが一定規模以上の供給部門として成長しうるのか、など気になる点が多い。政府目標を達成するためにはLH公社などを供給主体とするほかないというのが政策担当者たちの認識であり、政府が保有する資源を民間供給主体に配分あるいは共有するようなことも考えにくいためである。韓国では国が強力な主導権を持っているので、民間による社会住宅供給は新たな挑戦である。民間部門におけるこのような動きは、今後の韓国のアフォーダブル住宅政策(affordable housing policy。良質かつ低コストで入居できる住宅を供給する政策)の方向性を再検討する出発点ともなりうる。

本稿は、後者の観点、つまり「民間の社会住宅供給が韓国の公共賃貸住宅政策を転換させる契機になりうる」という認識で話を進める。この5年間で民間による社会住宅の供給が政府にかなりの影響を与えてきたためである。民間による社会住宅の供給は「一過性の現象」とは考え難い。本稿では、民間の社会住宅に伴う2015年以降の政府政策の変化から紹介していきたい。その後、社会住宅の成果と政策運用の争点を検討する。結論では、今後の政策課題について論じる。すでに、台湾、香港、日本などの東アジアの国々では民間組織による社会住宅の供給が議論されており、これに近い事例もあらわれている。韓国の社会住宅政策の経験が各国の政策開発の一助となれば幸いである。

2. 社会住宅政策の展開

韓国では、2015年のソウル市による条例制定を機に社会住宅政策が本格化した。まだ始まって5年ほどの初期段階にある。しかし、5年という短い期間で、社会住宅政策はソウル市ベースから国ベースへと拡張を見せた。この5年間の社会住宅政策の変化はかなりダイナミックであった。ここからは、ソウル市における社会住宅政策の胎動期、社会住宅政策が国に波及した拡張期に分けて、社会住宅政策の展開を紹介する。

1) 胎動期：ソウル市の政策として登場(2015～2017年)

2014年8月にソウル市議会は「社会的経済主体の活性化を通じたソウル市

の若者の居住貧困の改善方案」という研究事業を発注した。この研究事業を受託した研究機関が社会住宅政策を提案したのが事の始まりであった。その後、同年 11 月にソウル市議会の主催で社会住宅支援条例のための市民公聴会が開催され、2015 年 1 月に「ソウル特別市の社会住宅活性化の支援等に関する条例」が公布された。このソウル市による条例制定が社会住宅政策の根拠法となるわけである。

この条例において社会住宅は「社会経済的弱者を対象として居住関連の社会的経済主体によって供給される賃貸住宅」と定義された。定義に出てくる居住関連の社会的経済主体とは非営利法人、公益法人、協同組合、社会的企業などを指す。それまでもソウル市はソウル市傘下の公企業であるソウル住宅都市公社（以下、SH 公社）中心に公共賃貸住宅の供給を続けてきた。しかし、実はこの頃、ソウル市は公共賃貸住宅のストック拡充に行き詰まり始めていた。それゆえ、民間組織による社会住宅の供給に活路を見出そうとしたのであった。社会住宅政策が導入される直前の 2014 年の時点で、ソウル市にある公共賃貸住宅は既に 23.2 万戸となっており、ソウル市の総世帯の 6.3%、賃貸住宅に住む世帯の 10.7% を受け入れていた。賃貸住宅に住む世帯の 10 世帯のうち 1 世帯が公共賃貸住宅に住んでいたわけであるから、ストックとして少なかったわけではない。しかし、ソウル市は 2014 年にも「今後 4 年間で公共賃貸住宅を 6 万戸供給する」という計画を立てていたため、新たな一手を欲していたのである（南垣碩, 2017）。

それまでの建設による供給方式では、公共機関が土地を収用して宅地開発事業を推進していた。しかし、ソウルでは既に土地の収容が難しくなり始めていた。下の表のように、2014 年と 2015 年は宅地開発地域を指定できていなかった。航洞（ソウル市九老区）、慰禮新都市（ソウル市松坡区）、麻谷洞（ソウル市江西区）、高徳洞（ソウル市江東区）、江一洞（ソウル市江東区）など、以前から計画が進められていた地域を除くと、新規宅地開発の推進が進んでいなかったのである。

もちろん、まとまった宅地開発事業でなくとも、既成市街地に散在する市有地を活用して公共賃貸住宅を建設することはできる。例えば、市有地にし

表 7-1　ソウル地域の宅地開発地区指定実績（単位：千平方メートル）

年度	2006	2007	2008	2009	2010	2011	2012	2013	2014	2015
面積	7,046	584	−	2,843	1,055	1,657	169	441	−	−

資料：: 国家統計ポータル（www.kosis.kr）

ても、建物の立っていない更地に建物を新築したり、老朽化した公共施設を再整備したりして公共賃貸住宅に複合開発することもできる。けれども、この場合、住民など地域社会の反対を克服しなければならない。ソウル市では近隣住民の反対により公共賃貸住宅の供給計画を遅延または撤回する事例が少なくない（南垣碩ほか, 2016）。近隣住民は資産価値の下落、子どもの教育環境悪化などを心配しており、区議員などの地方議員が福祉財政の増加などを理由に反対活動を展開している。

また、既成の建物を買上げて公共賃貸住宅として供給する買上げ方式の場合、コストとしては安いが、ストックの確保が容易ではない。買上げ方式には、民間による居住地整備事業（再開発や再建築など）を通じて供給された住宅の一部を公共機関が買い上げる「公共寄与方式」と、単独住宅や多世代住宅などの住宅を公共機関が買い上げる方式の二つがあるが、前者の場合は住宅市場の浮沈に振り回されるためストックを確保しにくく、後者の場合もソウル市の高い住宅価格に阻まれるために相当な予算を要する。さらに、このところ買上げ住宅のストックが増えているため、買上げ住宅にしても近隣住民や地方議員の反対を受けるようになってきている。

その上、公共賃貸住宅は経済的に苦しい若者には敷居が高い。公共賃貸住宅には応募が殺到しており、競争率が高い。公共賃貸住宅の場合、世帯員数が多い世帯や年齢が高い世帯を優先するので、家族を持つ中高年層や高齢者世帯が有利である。若者の受け入れ先を確保する新たな政策が求められているわけである。

こうしたことを背景に、ソウル市は公共賃貸住宅の供給とは別に、民間組織による社会住宅の供給を進めており、2015から2016年にかけて3種類の社会住宅供給方式を開発した。2015年の2月に「空き家活用事業」、同年6月に

「土地賃貸付き社会住宅事業」、2016年3月に「リモデリング型社会住宅事業」を始動させたわけである。

一つ目に、「空き家活用事業」とは、社会住宅の事業者が空き家の所有者と賃貸契約を結んだ後に申請する事業であり、事業期間は6年以上8年未満となっている。ソウル市がリモデリング費用の5割を補助しており、85㎡以下で最大2000万ウォン（約200万円）、85㎡超過165㎡以下で最大3000万ウォン（約300万円）、165㎡超過で最大4000万ウォンの補助とされた。住宅を所有していない世帯で、世帯所得が都市勤労者世帯の平均所得の100％以下であれば、入居できる。ひとり世帯であれば都市勤労者世帯の平均所得の70％以下でなければならない。入居者が支払う賃貸料は市価の8割以下に設定される。主なターゲットはひとり世帯である。

二つ目に、「土地賃貸付き社会住宅事業」とは、ソウル市が出資してSH公社が買い上げた土地を事業者が借りて賃貸住宅を新築またはリモデリングして運営する事業であり、事業者は土地の賃貸料をSH公社に払う。土地の購入費用は1ヶ所あたり最大16億ウォン（約1億6千万円）であり、事業者は土地に対して30年以上の運営権を得る。入居資格と賃貸料の水準は空き家活用事業と同一である。

三つ目に、「リモデリング型社会住宅事業」とは、民間事業者が15年以上経過した非住居型の建物（例えば、考試院）を探して来て申請する。民間事業者はその建築物を購入または賃借してリモデリングした後に賃貸する。規定として6年以上運営しなければならない。リモデリングに対する補助金の額は、事業期間により異なる。6年以上8年未満であればリモデリング費用の60％（最大1.5億ウォン）、8年以上10年未満であればリモデリング費用の70％（最大1.8億ウォン）、10年以上であればリモデリング費用の80％（最大2億ウォン）が補助される。入居資格と賃貸料の水準は、先に見た二つの事業と同一である。なお、「リモデリング型社会住宅事業」のターゲットも、「空き家活用事業」と同様、ひとり世帯である。

ソウル市はこうした社会住宅供給事業の活性化のため、2012年に設置した社会投資基金を通じた低金利融資、2016年に設置した社会住宅総合支援センターを通じた支援を進めている。特に、国による財政支援が無いので、社会投資基金の融資事業は貴重である。2017年基準で1法人あたり最大10億ウォン（総事業費の最大70%。ソウル市の政策事業に該当する場合は最大90%）まで融資が可能であり、最長7年間を年利2%で補助した。

ソウル市の社会住宅総合支援センターによれば、2018年度末の時点で「空き家活用事業」で236室を供給し、「土地賃貸付き社会住宅事業」で272戸を供給し、「リモデリング型社会住宅事業」で295室を供給した。

しかし、「空き家活用事業」は2018年に中断された。住宅所有者が6年以上の長期賃貸契約を拒むことが多く、物件の確保が難しかったためである。また、確保できる空き家は、老朽化の酷い空き家であり、立地の良くない空き家で

表 7-2　2018年以前のソウル市の社会住宅タイプ

区分	空き家活用事業	土地賃貸付き社会住宅事業	リモデリング型社会住宅事業
方式	・事業者が空き家を探して所有者と賃貸契約を済ませてから申請 ・事業者がリモデリングして賃貸	・事業者が希望する民間の土地を選択し、ソウル市がその土地を購入して事業者に賃貸 ・事業者が新築またはリモデリング後に賃貸	・事業者が非住居用の建築物を探して来て申請（15年以上経過した物） ・事業者は購入または購入した後に賃貸
期間	・6年以上8年未満	・土地賃貸借契約基準30~40年	・6年以上
補助	・リモデリング費用の50% ・85㎡以下：2千万ウォン ・85㎡超過165㎡以下：3千万ウォン ・165㎡超過：4千万ウォン	・建物1つ当たりの土地購入費は16ウォン以下	・6~8年未満：1棟当たりのリモデリング費用の60%（1.5億ウォン以内） ・8~10年未満：70%（1.8億ウォン以内） ・10年以上：80%（2億ウォン以内）
	・社会投資基金による融資（総事業費の90%以内）		
入居資格と賃貸料	・ひとり世帯、都市勤労者世帯の月平均所得の70%以下 ・賃貸料は市価の80%以下	・都市勤労者世帯の月平均所得の100%以下（ひとり世帯の場合、70%以下） ・賃貸料は市価の80%以下	・ひとり世帯、都市勤労者世帯の月平均所得の70%以下 ・賃貸料は市価の80%以下
供給量（2015～18年）	・246室	・268戸	・337室

資料：南垣碩ほか（2016, 2017）、パクウンチョルほか（2019）

あった。それゆえ、限られたリモデリング費用では改修が難しく、入居希望者も少なかった。そのため、ソウル市は「空き家活用事業」以外の二つの事業に絞ることとした[2]。

図 7-1 空き家を活用して供給した社会住宅

図 7-2 リモデリング型社会住宅（考試院の活用）

図 7-3 土地賃貸付き社会住宅

図 7-4 土地賃貸付き社会住宅

資料：ジンナムヨン（2018）

2) 拡張期：不動産投資信託の活用および国の政策へと拡大（2018 年から現在）

2018 年 1 月、ソウル市は社会住宅関連で最初の不動産投資信託（REITs。訳者注：投資家から集めた資金で不動産を購入して、その賃貸収入などの利益を投資家に分配する仕組み）としてソウル社会住宅リートを設立した。社会住宅の供給に必要な予算をソウル市で持続的に確保するのが難しいためである。ソウル市とSH 公社が初期の資本金 50 億ウォンを出資してソウル社会住宅リートを設立し、事業者がソウル社会住宅リートから住宅管理の委託を受ける方式を作った。これを通じて社会住宅を供給し、住宅管理を請け負う事業者に賃貸料の10～15%を管理手数料として支払うのである[3]。

事業者はリートで購入した施設をリモデリングして委託管理することができる。リートは事業者にリモデリング費用を補助する。事業者は一定期間の後、優先的に買収権を獲得できる。住居施設は10年間の運営後、非住居施設は20年間の運営後に買収できる。のみならず、事業者はリートで借りたソウル市またはSH公社の敷地に社会住宅を設計・施工した上で委託管理業務を行うこともできるが、その新築費用はリートで負担する。したがって、ソウル社会住宅リートはソウル市と事業者双方の負担を軽減するのに役立つ。ただし、ソウル社会住宅リートの資本金は限定的であり、資本金をソウル市とSH公社に依存する構造となっているため、社会住宅供給へのインパクトは限定的である。

一方、ソウル市で始まった社会住宅政策は2018年に国の政策となった。2017年11月に政府が発表した〈社会統合型住宅双六構築のための居住福祉ロードマップ（以下、居住福祉ロードマップ）〉に具体的に反映されたのである。居住福祉ロードマップは社会住宅を「社会的経済主体が供給または運営管理する賃貸住宅」と定義しており、社会住宅の供給拡大のために法律の整備、低金利融資制度の導入、社会住宅関連リートの設立、民間金融に対する保證商品の開発、社会住宅支援センターの設置、モデル事業推進などを掲げた。また、2019年

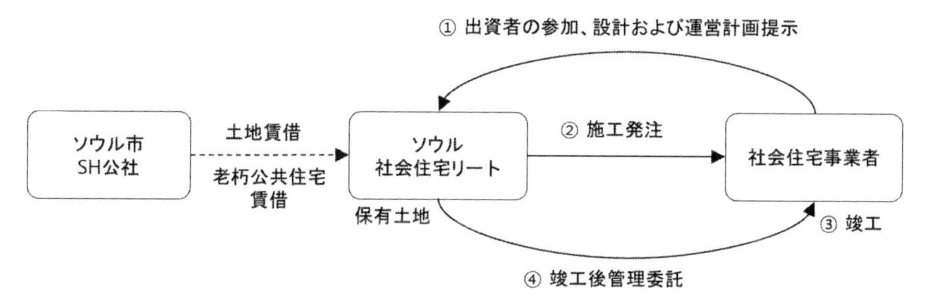

図7-5　ソウル社会住宅リートを活用した事業モデル

資料：キムランス（2018）を修正

表 7-3　国の社会住宅の供給活性化計画の内容

発表時期	2017 年 11 月 29 日 (居住福祉ロードマップ)	2019 年 2 月 19 日
主な内容	・法的根拠の整備 ・資金調達の支援（住宅都市基金による融資、リート設立、民間融資保証） ・社会住宅支援センター設立 ・モデル事業推進（LH 公社および自治体との協力モデル開発）	・年間 2 千戸供給（2019~2022 年） ・入居者コミュニティーの活性化支援 ・事業者の強化（コンサルティング、教育等） ・協議体運営および政策連携

資料：国土交通部ほか（2017, 2019）

の 2 月には居住福祉ロードマップの後続措置の一環として 2022 年まで毎年 2000 戸以上を供給する計画を発表し、入居者コミュニティーの活性化、事業者への支援、官民協議体の運営なども計画に盛り込んだ。

国の社会住宅供給活性化計画により、国の傘下機関の役割も固まった。LH 公社が土地を安く提供し、住宅都市保証公社（以下、HUG）は民間金融企業から受けた融資に対して保証を与える。HUG が社会住宅に関与するようになったことで、リートを通じた事業モデルが拡散し始めた。2018 年 10 月に設立された土地支援リートがその例である。ソウル市の SH 公社が 400 億ウォンを出資し、国の住宅都市基金が 800 億ウォンを出資し、1200 億ウォン規模のリートを設立した上で、HUG が民間金融機関からの融資に保証を提供する構造を構築した。これを元に土地賃貸付き社会住宅事業の推進を支援するわけである[4]。HUG の融資保証は総事業費の 70％までであるが、ソウル市（ソウル社会住宅リート）が契約終了後の購入を確約する場合は 90％まで保証することになっている[5]。これに加え、ソウル市による利子補給を通じて、10 年間、事業者の貸付金利を年 1.8％ほどに抑える。

HUG の民間金融機関の融資保証に加え、国の住宅都市基金では社会住宅の建設・購入資金を低利で融資している。これは 2018 年の 3 月に始まったものであり、8 年以上の賃貸を目的として社会住宅を供給する事業者（社会的経済主体）が住宅建設用の土地を直接所有したり公共機関から土地を借りて住宅を建設する場合もしくは住宅を購入する場合に融資を受けられる。共同住宅の融資条件は、面積により、年利 2 ～ 2.8％、貸付限度 5 千万～ 1 億ウォン、貸付

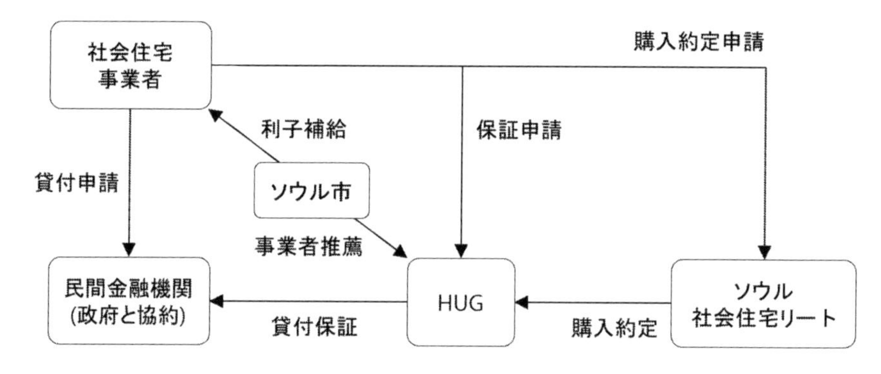

図 7-6　都市支援リーツを活用した事業モデル

資料：ジンナムヨン（2018）

期間 12 ～ 20 年である。低層住宅の融資条件は、年利 2%、貸付限度(一戸当たり) 5 億ウォン、貸出期間 12 ～ 20 年である。土地賃貸付き社会住宅の場合、購入確約を前提にすると、住宅都市基金の融資が事業費の 30%、HUG の融資保証が事業費の 60% となるかたちで財源を調達できる。

LH 公社は、国の計画に合わせ、2019 年 11 月に「LH 型社会住宅ロードマップ」を作成した。LH 公社と社会住宅の事業者が協力する賃貸住宅提供モデルを提示した。事業者が LH 公社で保有する土地を賃借して社会住宅を建設・運営し、15 年後に LH 公社に建物を売却して清算する仕組みである。この仕組みによる土地賃貸付き社会住宅を年間 200 戸供給する計画である。財源は、住宅都市基金の融資、HUG の融資保証、事業者の自己資本である。LH 公社は 15 年後に買収した社会住宅を再び整備して公共賃貸住宅として活用する。この他にも、LH 公社は年間 100 戸規模でリートを活用した供給を推進する。リートが LH 公社の土地を購入して、これを事業者が賃借して社会住宅を建設・運営するわけであり、その土地は 20 年後にその事業者が優先的に購入することができるようになっている。事業者が購入しない場合、リートが再び購入する[6]。

一方、社会住宅の供給を拡大するため、HUG は 2018 年 6 月から社会住宅金融支援センターを設置し、金融相談および支援を強化した。また、国(国土交通部) は社会住宅事業者、HUG、LH 公社などで構成される社会住宅活性化協議体を運営している。

つまり、拡張期（2018年から現在）を見ると、政策が自治体レベルから国レベルへと拡張したことがわかる。また、社会住宅の供給を支える金融支援が増えたというのが特徴である。ソウル市の例で考えると、これまでのソウル市の社会投資基金だけでなく、国土交通部の住宅都市基金や民間金融機関による融資といった選択肢が増えた。特に、HUGやHFによる保証を受けられるので民間金融機関の融資を受けやすくなった上、ソウル市の利子補給を受けられるので低利で融資を受けられるようになった。加えて、ソウル社会住宅リートや土地支援リートが設立されたことで、国や自治体の財政負担が軽くなり、土地購入の制約も緩んだ。これらの点がこの時期の特徴と言えよう。社会住宅政策の展開過程を胎動期と拡張期に分けて供給タイプおよび金融支援方法の変化をまとめると次のようになる。

表7-4　時期別の社会住宅タイプと金融支援方法の変化

区分		胎動期（2015～2017年）	拡張期（2018年以降）
供給タイプ		・土地賃貸付き社会住宅 ・リモデリング型社会住宅 ・空き家活用事業	・土地賃貸付き社会住宅 ・リモデリング型社会住宅
融資	公共	・ソウル市の社会投資基金	・ソウル市の社会投資基金 ・国土交通部の住宅都市基金
	民間	－	・民間金融機関の融資（政府と協約有）
保証	国	－	・住宅都市保証公社（HUG） ・韓国住宅金融公社（HF）
利子補給		－	・民間金融機関から受けた融資の利子の一部（ソウル市）
不動産投資信託		－	・ソウル社会住宅リート ・土地支援リート

3. 社会住宅政策の成果と主な争点

1）成　果

2015年以降の5年間、社会住宅政策は大きな変化を遂げた。2019年までの社会住宅供給量は1419戸ほどと決して多くは無いが、ソウル市の政策が国レベルの政策へと拡散する中、土地の提供、融資、保証を支える公的企業の取り組みが増えた。また、社会住宅の供給のための不動産投資信託ができたことも重要な変化であったといえよう。この過程での社会住宅政策の成果としては、次のことが挙げられよう。

表7-5　全国の社会住宅の供給状況

供給タイプ	2015年	2016年	2017年	2018年	2019年	合計
空き家活用事業（室）	80	152	14	―	―	246
土地賃貸付き社会住宅（戸）	43	94	92	159	220	608
リモデリング型社会住宅（室）	―	37	161	188	179	565
合計	123	283	267	347	399	1,419

資料：韓国社会住宅協会ホームページ（www.socialhousing.kr）

一つ目に、ソウル市が全国に先駆けて条例を制定して社会住宅政策を推進して以降、他の自治体も社会住宅政策を採択して条例を制定しはじめた。これにより他の地域でも社会住宅を整備する基盤が整いはじめた。例えば、始興市（2016年）、釜山市（2019年）、京畿道（2020年）などがソウルに続いた。これらの自治体が大きく供給実績を伸ばしているわけではないが、自治体がアフォーダブルな住宅ストックを確保することの重要性を認識しはじめたことは確かである[7]。今後も社会住宅関連の条例を制定する自治体は増えていくことだろう。

表 7-6 社会住宅関連の自治体条例制定状況

自治体	条例の名称	公布日
ソウル特別市	ソウル特別市の社会住宅の活性化の支援等に関する条例	2015. 1. 2
京畿道始興市	始興市の社会住宅の支援に関する条例	2016. 5. 10
釜山広域市中区	釜山広域市中区の社会住宅の支援に関する条例	2019. 3. 8
釜山広域市東区	釜山広域市東区の社会住宅の支援に関する条例	2019. 6. 7
京畿道高陽市	高陽市の社会住宅の支援に関する条例	2019. 6. 7
釜山広域市	釜山広域市の社会住宅の活性化の支援に関する条例	2019. 8. 7
京畿道	京畿道の社会住宅の活性化の支援に関する条例	2020. 5. 19

資料：法制処（www.moleg.go.kr）

二つ目に、社会住宅の供給に参加できる民間事業主体を発掘する契機にもなった。以前の韓国ではアフォーダブルな住宅の供給をLH公社や地方公社の役割とする向きがあった。しかし、社会的な価値を実現せんとする民間事業者が存在すること、そして、そうした民間事業者を通じて中低所得層向けの安い賃貸住宅を供給できることが確認されたわけである。現在、韓国社会住宅協会に登録済みの会員団体は26団体あり、その内訳は施行分野13団体、設計分野3団体、施工分野4団体、修繕、住宅管理分野6団体となっている。また、ソウル市は、この5年間、社会住宅政策を通じて31の事業者を支援している（韓国社会住宅協会ホームページ；ソウル住宅都市公社, 2019）。

三つ目に、これまでの公共賃貸住宅政策を補完する政策として、社会住宅政策に注目できよう。民間事業者によって供給される社会住宅は、既成市街地の小規模な敷地を効率的に活用しており、外観においても一般住宅と差が無い。これまで公共賃貸住宅が悩んできたような社会的スティグマは和らぐものと思われる。建築コストをはじめとする事業費の面でも、公共機関より民間事業者の方が有利である。様々な法律や規定に縛られる公共機関よりも、民間事業者の方が柔軟に動ける。そのほか、公共賃貸住宅がカバーできていなかった世帯を発掘・支援しやすい。ニーズがあるところにピンポイントで入り込めるところも魅力である。

2）主な争点

この5年間の社会住宅政策の成果について振り返ってきたが、社会住宅政策が定着するためには依然として検討すべき部分が残っている。一つ目に、社会住宅の概念に対する早急な政策的合意が求められており、これと関連した争点がある。特に、民間が供給するアフォーダブルな賃貸住宅を社会住宅と呼ぶべきかどうかについては、今も議論が絶えない。もともと公共賃貸住宅を含む上位概念として通用していた社会住宅という言葉を、公共賃貸住宅とは別の住宅を指す言葉として使用するのは誤解を招く。住宅タイプ間の関係や名称をどのように再整理するかということは、これから政策の体系を整えていく上でも重要なことである。また、事業者の範囲を社会的協同組合、社会的企業、非営利法人に限定する必要があるのか、についても検討し直すべきであろう。端的な例として、ソウル市は2016年5月に条例を改定して中小企業を対象事業者に含めたが、これが問題視されたことがあった。協同組合、社会的企業、非営利法人として登録されていない団体の中にも社会的価値を追求する団体はあるので、社会住宅事業に参加しうる主体についても実状に即した方向を示すべきである。一方、社会住宅という概念を曖昧に用いているため、公共賃貸住宅の委託管理業務まで社会住宅の供給実績に含めてしまうケースが見られる。社会住宅事業者の管理能力の向上と円滑な資金循環構造の確保のために必要な事業であるとはいえ、公共賃貸住宅の委託管理業務まで社会住宅の供給実績としてしまうのは強引すぎる。社会住宅の概念を明確にする必要があろう。

二つ目に、現在の支援で十分なのか、ということも争点となる。これまで述べて来た通り、政府は5年という短い期間で金融支援体制を整えるなど、前進を見せてきた。しかし、現在の社会住宅の事業者を見ると、ほとんどは零細事業者である。それゆえ、支援の条件や方式に対する改善要求も絶えない。例えば、最も優先的に償還しなければならない民間金融機関からの融資の比重を抑える代わりに政府で運営する住宅都市基金の融資の比重を拡大して欲しいといった要求や、現金の融通に支障が出ないよう土地の賃貸料を定率でなく段階的に賦課して欲しいという要求が出ている。政府はこうした要求を検討し、金融支援体系を合理化して行くべきであろう。さらに、零細事業者を持続可能な社会住宅供給組織として育て上げるには、住宅都市基金による貸付規模を増やし、公共賃貸住宅と同様に政府の財政を投入することも考慮する必要がある。現在のような土地賃貸を前提とする金融支援体制では事業者が資産を蓄積しにくく、零細事業者の域から脱しえない。そうなれば、社会住宅の供給量も上がらない。

三つ目に、社会住宅政策を持続可能なものとするための法的基盤をどのように整備するか、ということが争点である。国は2017年に居住福祉ロードマップを発表した際に社会住宅の法的根拠を整備すると公言したが、現在まで実現していない。例えば、国会で「民間賃貸住宅に関する特別法」に社会住宅関連条項を追加しようとしたことがあったが、一部の国会議員の反対で実現しなかった。社会住宅政策が政治の影響で右往左往せぬよう、根拠法の整備が急務である。問題は、どういう形で根拠法をつくるか、であろう。「民間賃貸住宅に関する特別法」の改正を再び試みるよりは、社会住宅政策と関係の深い「公共住宅特別法」を社会住宅まで包括する法律として改正することも考えてみるべきであろう。

4. 持続可能な社会住宅政策のために

社会住宅政策の供給実績を見ると、未だ公共賃貸住宅政策に影響を与えるほどには成長していない。ただし、冒頭で述べたように、公共賃貸住宅政策の転換、さらにはアフォーダブルな住宅を提供する政策の再構造化の端緒を提供していると考えられる。2015年に登場した社会住宅政策は、今後どのような政権が登場しようとも、発展させていかなければならない。特に、先に提示した争点、つまり、社会住宅の概念と対象事業者の規定、政府の支援体系の合理化、根拠法の整備については着実に検討して行かなければならない。一方、民間供給主体の参加を伴う社会住宅政策を韓国社会に定着させるためには、巨視的な観点から、二つのことを考慮しなければならないだろう。

ひとつは、公共賃貸住宅政策との統合的なアプローチである。本来、社会住宅の概念は公共賃貸住宅と調和する上、実際にヨーロッパの社会住宅政策では「供給主体が誰か」にそれほど拘っていない[8]。したがって、韓国でもアフォーダブル住宅を提供するという観点から、公共賃貸住宅と民間の社会住宅を統合するような政策体系を構想すべきであろう。支払い能力でなく、ニーズ（needs）に応じて住宅が配分されるならば、供給主体が誰かということは副次的な問題でしかない。社会住宅を供給する民間供給主体に対しても、公共賃貸住宅に準ずる補助金と融資を提供し、その分、公共賃貸住宅と同様に高いレベルの公共性を要求すればよい。また、制度の基盤としては、公共賃貸住宅と民間の社会住宅を調和させる包括的な法律運用も必須である。

もうひとつは、住宅政策の地方化である。これまでのような、国が直接供給目標を設定して、その傘下機関が目標の効率的な達成のために公的企業を活用するような方式では、民間供給主体による供給活動は拡散しない（南垣碩, 2012）。国の供給目標を達成するための供給が続く限り、そして供給の効率性だけを強調する限り、民間供給主体にはなかなか出る幕が無い。地域の需要に応じた社会住宅を供給する民間供給主体の活動を育てて行くためには住宅政策の地方化が条件となろう。国が財源の配分やガイドラインの提示を行い、自治体がアフォーダブル住宅の供給を実質的に担うようになれば、自治体は管轄地域の住宅需要を考慮してLH公社、地方公社、民間供給組織間の相乗効果を生むような供給計画を立てられるだろう。

（湯山篤訳）

注

1　西欧で「社会住宅」と言えば、公共賃貸住宅を含む包括的な概念である。一方、韓国においては「民間部門が供給するアフォーダブル住宅」といった意味で「社会住宅」という言葉が使われる。公共賃貸住宅政策が確立された後で、新たに出現した供給タイプを呼ぶ際に「社会住宅」という用語を選択したわけである。本稿で「民間組織が供給するアフォーダブル住宅」を「社会住宅」と呼ぶことをご理解頂きたい。

2　ソウル市は、2018年「空き家及び小規模住宅の整備に関する特例法」施行を機に、都市の再生という側面から空き家を購入して土地賃貸付き方式で社会住宅を供給する事業に着手した。

3 事業者は3000万ウォン以上1億ウォン以下をリートに出資しなければならず、委託管理型住宅賃貸管理業として登録できる事業者でなければならない。

4 土地の賃貸料は土地の購入金額の2%（年間）であり、リート方式でない土地賃貸付き社会住宅に比べると1%ポイント高い。賃貸料の引き上げ率は2年で2%以内とされている。

5 HUGのほかにも、国の公企業である韓国住宅金融公社（以下、HF）でも融資保証を提供する。購入資金に対する保証を含むHUGとは異なり、HFは建設資金のみを事業費の90%まで保証する。HFは住宅以外の部分について保証対象から除外しているので、相対的に保証が弱い。最大30年間の保証が可能であり、施工会社に資格要件は求めないが連帯保証が必要となる。

6 このほか、年間200戸規模の公共賃貸住宅の管理を社会住宅の事業者に委託するプログラムもある。事業者は、住宅の管理だけでなく、住宅設計へ参加したり、直接施工した後にLH公社に売却したりすることもできる。これを通じて事業者は住宅の管理および施工能力を高めることができる。

7 ソウル市以外の自治体で見ると、始興市と全州市で社会住宅を供給した実績がある。始興市は土地賃貸付き方式で新婚夫婦を対象に10戸を供給した。全州市は、条例は制定していないが、土地賃貸付き社会住宅を10戸、リモデリング型社会住宅を6戸供給した（キムランス，2018）。

8 社会住宅は供給主体別の所有関係よりは住宅配分の側面から理解しなければならない。社会住宅は住宅市場において自らの住宅需要を満たせない者に供給されるという特徴があるので、「ニーズに応じて社会的に配分される政策」と定義できる。そこにおいては供給主体が誰であるかはそれほど重要でない（Whitehead, 2007; Oxley et al., 2011）。

参考文献

国土交通部ほか, 2017, "社会統合型の住宅双六構築のための居住福祉ロードマップ発表". 報道資料. （原文：국토교통부 외, 2017, "사회통합형 주거사다리 구축을 위한 주거복지 로드맵 발표". 보도자료.）

国土交通部ほか, 2020, "第2分期社会住宅活性化協議体 会議資料". （原文：국토교통부 외, 2020, 2분기 사회주택 활성화 협의체 회의자료.）

国土交通部ほか, 2019, "今年から2022年まで毎年社会住宅2000戸以上供給". 報道資料. （原文：국토교통부, 2019, "올해부터 22년까지 매년 사회주택 2000호 이상 공급". 보도자료.）

キムランス, 2018, "現場の事例を通じて見た社会住宅の意味と課題", 2018年ソウル市社会住宅フォーラム. （原文：김란수, 2018, "현장사례를 통해 본 사회주택의 의미와 과제", 2018년 서울시 사회주택포럼.）

南垣碩, 2012, "民間非営利住宅事業の必要性と成長可能性", 「都市と貧困」, 第96号, 韓国都市研究所, pp. 58-72. （原文：남원석, 2012, "민간 비영리 주택사업의 필요성과 성장가능성", 「도시와 빈곤」, 제96호, 한국도시연구소, pp. 58-

72.）
南垣碩ほか，2016,「ソウル公共住宅の供給計画樹立研究」，ソウル特別市．（原文：남원석 외，2016,「서울공공주택 공급계획 수립 연구」，서울특별시.）
南垣碩ほか，2017,“低所得世帯の住宅需要に敏感な構造を具えて住宅再生を拡大する住宅政策への転換が必要”，Issue Paper 2017-OR-05，ソウル研究院．（原文：남원석 외，2017,“저소득가구 주거소요에 민감한 구조 갖추고 주거재생 확대하는 주택정책으로 전환 필요”，Issue Paper 2017-OR-05，서울연구원.）
南垣碩，2017,“公的賃貸住宅の供給体系に対する模索：ソウルの経験をもとに”，韓国空間環境学会,「空間と社会」第27巻3号, pp. 11-48.（原文：남원석，2017,“공적 임대주택의 공급체계에 대한 모색：서울의 경험을 바탕으로”，한국공간환경학회,「공간과 사회」제 27 권 3 호，pp. 11-48.）
パクウンチョルほか，2019,「ソウル市の社会住宅基本計画樹立に関する研究」，ソウル特別市．（原文：박은철 외，2019,「서울시 사회주택 기본계획 수립에 관한 연구」，서울특별시.）
ソウル住宅都市公社，2019,“社会住宅の革新方案”（原文：서울주택도시공사，2019,“사회주택 혁신방안”）
ジンナムヨン，2018,“ソウル市の社会住宅の3カ年の政策経過”，2018年ソウル市社会住宅フォーラム．（原文：진남영，2018,“서울시 사회주택 3 개년 정책 경과”，2018 년 서울시 사회주택포럼.）
Oxley, M. et al., 2011, “Using the Private Rented Sector as a Form of Social Housing”, *OTB Working Paper 2011-03*, Delft University of Technology.
Whitehead, C., 2007, *Social Housing in Europe*, LSE: London.
法制処ホームページ（법제처 www.moleg.go.kr）
統計庁国家統計ポータル（통계청 국가통계포털 www.kosis.kr）
韓国社会住宅協会（한국사회주택협회 www.socialhousing.kr）

8章　韓国の二枚の公的扶助：国の公的扶助と自治体独自の公的扶助

湯山篤
（大阪市立大学）

1. 包摂に向けた福祉政策

働いて得たお金で生きるという仕組みが発達してきた。しかし、全ての人が働けるわけではない。幼いころは働けないし、高齢になれば働くのが難しい。また、怪我、病気、障害は、年齢に関係なく、就労を困難にする。「家庭内で支え合う」という前提も確かではない。突然の経済不況が失業者を生み、予測のつかない自然災害や感染病が「働いてお金を得る」という私たちの「普通」を突き崩す。

ただし、社会も無策ではなかった。例えば、保険料を集めておいて、リスクに直面した人々を支える仕組みを作った。高齢をむかえた人を支える公的年金、失業で所得が途切れた人を支える失業保険、仕事で怪我や病気をかかえた人を支える労災保険、怪我や病気で医療費の負担を抱えた人を支える医療保険、障害を抱えた人を支える障害年金などである。さらに、これらの仕組みで支え切れない人向けには、公的扶助（日本で言う生活保護）がある。

しかしながら、制度は完璧ではない。制度の仕組みの隙間に落ちてしまう場合がある。また、国ごとでこうした制度の厚みに違いがある。特に、日本をはじめとする東アジアの国々は、経済の成長については称賛を浴びたが、社会保障制度の整備については批判も受けてきた。東アジアの国々は、社会保障制度の代わりに家族による支え合いを奨励し、不平等については各自の努力の結果とする向きがあった。

韓国でも不平等の深刻化や貧困の拡大が問題となっている。富める人と貧しい人への二極化が進むだけでなく、経済成長の持続可能性も危ぶまれるからである。韓国は、危機に直面した人々を包摂する仕組みをどのように導入してきたのか。最近はいかなる包摂の政策を進めているのか。これらの包摂の政策を韓国の人々はどのように感じているのか。

2. 韓国における貧困対策の展開

1）以前の貧困対策

韓国が国で保険料を集めておいてリスクに直面した人々を支える仕組み（いわゆる、社会保険制度）を初めて作ったのは1960年代であった。朴正熙政権が、公務員年金法（1960年）、軍事援護補償法（1961年）、産業災害補償法（1963年）、医療保険法（1963年）などを導入した時である（曺興植, 2015）。

ただし、当時の制度は軍人や公務員といった特別な集団だけを対象としていた（李惠炅, 2006）。一般国民を広く対象とする社会保険を整備したのは、1990年代に入ってからである。

第一に、韓国が公的年金を一般国民向けに整備したのは1990年代後半であった。韓国は国民年金法を1986年に公布し、1988年に常勤労働者を10名以上雇用する事業所を対象とするものとして施行した。しかしながら、国民年金法を農村地域の一般住民に適用し始めたのは1995年、都市地域の一般住民にまで適用し始めたのは1999年なので、韓国では1999年を国民皆年金の年と呼んでいる。ただ、韓国は公的年金の導入時に既に65歳以上だった人々、つまり年金保険料を納めた期間の無い人々に対しては、日本の「老齢福祉年金」のような救済措置を作らなかった。それゆえ、2000年代に入っても多くの高齢者が公的年金の蚊帳の外にあった（洪伯義, 2005）。

第二に、韓国が失業保険を導入したのは1990年代半ばであった。韓国は、雇用保険法を1993年に制定し、1995年に施行した。雇用保険法を導入するまで、韓国には失業者の所得を保障する雇用保険制度が無かった（金成垣, 2016）。雇用保険制度の導入を求める声は1980年代の後半からあったが、政府内に就労意欲の低下や失業期間の長期化を警戒する声が根強く導入に四苦八苦したわけである（労働部，1996）。

それでは、最後のセーフティーネットとなる公的扶助はどうだったのか。韓国が本格的な公的扶助（国民基礎生活保障法）を導入したのは1990年代後半である。実は韓国も1961年に生活保護法を制定しているが、これは本格的な公的扶助とは言い難い制度であった。

第一に、韓国の生活保護法（1961～1999年）は扶養義務者がいると保護受給権を付与しなかった。日本の生活保護法は、保護開始の局面において、（扶養義務者に扶養の能力と意思があるという場合を除き）単に扶養能力のある扶養義務者がいるだけでは保護受給権を否定しないので、日本の生活保護法と韓国の生活保護法はかなり違う法律である。また、日本の生活保護法は老若男女を問わないが、韓国の生活保護法は、高齢者、障害者、子ども、妊婦にしか適用しないことを明文化していた。こうした点で、韓国の生活保護法は日本の救護法（1929～1946年）に近かった。韓国が誰でも申請できる公的扶助制度を作ったのは、生活保護制度を廃止して国民基礎生活保障法を制定した1999年である。

第二に、韓国の生活保護法は、予算面でも強い制約を受けていた。1969年頃まで予算がまともに編成されず（李惠炅，2006）、1970～1980年代も極めて少額の予算しか配分されなかった（李惠炅，2006）。それゆえ、最低生活費に程遠い金額を施すのみの制度となっていた。「最善の福祉は経済成長、最善のセーフティーネットは家族」との認識が支配的だったわけである（李惠炅，2006）。韓国の国内にもこうした体制に異論を持つ者がいなかったわけではない。しかし、こうした制度運営を変えうる政治的環境が無かった。

総じて言うと、韓国では1990年代中盤まで社会保障制度の整備が滞っていた。韓国で仕事を探して農村から都市に流入した貧困層を保護していたの福祉給付でなく「パンジャチョン」や「サントンネ」のようなバラック集落だったわけである（金秀顯，2016）。

表 8-1

	朝鮮救護令 （1944 〜 1961 年）	生活保護法 （1961 〜 1999 年）	国民基礎生活保障法 （1999 年〜）
対象	第 1 条 ・65 歳以上の高齢者 ・13 歳以下の児童 ・妊婦 ・障害や傷病	第 3 条 ・65 歳以上の高齢者 ・18 歳未満の児童 ・妊婦 ・障害や傷病	（制約なし）
給付	第 10 条 ・生活扶助 ・医療 ・助産 ・葬祭扶助 ・生業扶助	第 5 条 ・生計保護 ・医療保護 ・出産保護 ・葬祭措置	第 7 条 ・生計給付 ・医療給付 ・出産給付 ・葬祭給付 ・住居給付 ・自活給付 ・教育給付
国の負担	第 25 条 ・1/2 以内	第 38 条 ・8/10 以上	第 43 条 ・8/10 以上
扶養義務	第 2 条 ※経済力の考慮無し	第 2 条（施行令第 1 条） ※経済力の考慮無し	第 3 条（施行令第 4 条） ※経済力を考慮
最低生活	（無し）	第 4 条 ※水準の規定なし	第 1 条

2）最近の貧困対策

結局、韓国が全国民を対象とする社会保険や公的扶助を揃えたのは、1990年代後半であった。この時期になって、国民年金が全国民を対象としたものとなり、雇用保険などの主要社会保険制度も出揃い、誰もが申請できる公的扶助ができた。

ただし、社会保障制度の発展にも関わらず、韓国では未だに高齢者の43.8％（2017 年）が中位所得の 50％を下回る所得で暮らしている（OECD.Stat）。働けない人の暮らしを支える仕組みがまだ発展しきっていないわけである。また、これに輪をかけるように、若者の失業率が前例の無い水準に達している。働ける人も、今の生活を続けるのに必死で、老後の準備をする余裕が無い。さらに、介護労働も仕事と家庭の両立を危うくしている。2017 年に国民の期待を受けて発足した文在寅政権にとっても、財政の持続可能性を考慮しつつ社会保障制度の射程と水準を引き上げるのは容易ではない。

とはいえ、韓国では福祉の政治公約に国民の関心が高い。政治家も福祉の拡充を掲げて有権者の関心を喚起している。2011年には呉世勲ソウル市長が福祉政策の住民投票に自身の進退を賭けたし、保守と言われた朴槿恵政権も2012年の大統領選挙で福祉の推進を約束するマニュフェストを掲げた。こうした福祉をめぐる議論の白熱化は、韓国の福祉制度の拡大を後押ししてきたと言えよう。

最近の韓国の福祉制度の大きな改編としては、まず、基礎年金制度の導入が挙げられよう。韓国の貧困問題の中心は、やはり高齢者の貧困である。韓国では、公的年金が比較的最近になって普及したこと、公的扶助の審査が厳格なこと、世帯構造が変化していることなどに伴い、高齢者の貧困が問題となっている。したがって、韓国は1997年に敬老年金を導入し、2007年に基礎老齢年金を導入し、2014年に基礎年金制度を導入するなど、高齢者の所得保障に対策を打ってきた。

まず、敬老年金は、1997年の老人福祉法改正を機に導入した制度であり、低所得の高齢者を対象に月額35,000～50,000ウォン（2005年基準。約3,500～5,000円）を支給する制度であった。ただし、支給額が非常に少額であった。次に、2007年に敬老年金を代替する形で導入された基礎老齢年金は、高齢者の所得下位60％を対象に月額83,000～90,000ウォン（約8,300～9,000円）を支給する制度であったが、やはり給付水準が低かった。「年金」なので、厳密に言えば高齢者の貧困解消を主目的とする制度ではないが、給付額の低さに対する批判は絶えなかった。そこで、2014に基礎老齢年金の代わりに制定されたのが基礎年金制度である。当時は、選別主義と普遍主義の論争の中で、広く有権者の票を集めうる普遍主義的な政策が人気を集めていたため、2012年の大統領選挙で朴槿恵候補が全ての高齢者に月額200,000ウォン（約20,000円）を給付するという意欲的な公約を掲げたわけである。結局、法律の制定過程で高齢者の所得下位70％に支給するという案に縮小したとはいえ、それまでの限界を超える対策となったと言えよう（魯大明, 2018）。現在の基礎年金制度は、税を財源とする貧困対策としては、国民基礎生活保障に次ぐ予算規模の制度である。

受給者数を見ると基礎老齢年金の2013年625万名（受給率65.0％）と基礎年金

の2016年698万名（受給率65.6%）とであまり変わりが無いが、給付額を見ると基礎老齢年金の2013年4兆2785億ウォンから基礎年金の2016年10兆2896億ウォンまで急速に増加している（国会予算政策処財政統計, 2020）。ただし、課題が無いわけではない。税源を財源として低所得の高齢者を支援する制度にしては所得再分配のインパクトが小さいと言われている。

3. 国の公的扶助

1）国民基礎生活保障制度

ただし、基礎年金は、本来、最低限の所得を保障することを目的とする制度ではない。韓国でも貧困対策の核心は、日本と同様に、公的扶助つまり国民基礎生活保障制度である。選定基準や給付水準が恣意的だとの批判を浴びてきた生活保護法（1961～1999年）を代替する形で制定されたのが現在の国民基礎生活保障法（1999年～）である。国民基礎生活保障法は、最低生活水準の保障を国家の義務とした上で最低生活水準を客観的に規定した点、就業活動を受給の条件としたとはいえ高齢者、子ども、障害者、妊婦といった稼働能力非保持者に限る受給要件を撤廃した点など、韓国の従来の課題を打ち破った画期的な制度である（文振榮, 2008）。

ただし、その国民基礎生活保障制度も、漏給の防止、制度の柔軟性、就労意欲の向上を巡って数々の注文を突きつけられてきた。つまり、第一に、漏給の多さで批判を浴びてきた。もちろん韓国政府も最低生活費の引き上げや選定基準の緩和を続けてきたが、受給率が上がらなかったのである。第二に、韓国の国民基礎生活保障法は、日本の生活保護法のように、最低生活費という単一基準を下回る場合に、生計給付、医療給与、出産給与、葬祭給与、住居給与、自活給与、教育給与といった多様な給付の受給権を一括して付与する仕組みであったが、最低生活費を上回ると生計給付だけでなく住居給付や教育給付などの受給権まで失ってしまうことに対する批判を浴びてきた。第三に、国民基礎生活保障制度は稼働能力保持者の就労意欲を低下させているという批判を浴びてきた。韓国政府は勤労所得税額控除（Earned Income Tax Credit、略称 EITC）を導入するなどの工夫を続けてきたが、未就業の受給者の就業率や脱受給率が向上しなかった。

2）「単給化」

そこで 2014 年に実行されたのが国民基礎生活保障制度の「単給化」である。つまり、最低生活費に代わる基準として中位所得の概念を援用し、国民基礎生活保障制度の 4 つの主要な給付（生計給付、医療給付、住居給付、教育給付）について、中位所得の 30％を下回った場合に生計給付の受給権を付与し、中位所得の 40％を下回った場合に医療給付の受給権を付与し、中位所得の 43％を下回った場合に住宅給付の受給権を付与し、中位所得の 50％を下回った場合に教育給付の受給権を付与するなど、選定基準を分けたわけである。言い換えれば、生計給付の受給権を得られない場合でも、最低生活基準をわずかに上回るような貧困層が医療給付や住宅給付や教育給付などの受給権を得られるように、給付を分離したわけである。

選定基準として中位所得の一定比率を用いることについては「担当省庁の裁量で基準が歪む可能性がある」との批判も出たが、それについては、法の条文に給付水準と選定基準を明記すること、これまでの最低生活費の概念についても制度評価の参照基準とすること、などを盛り込む政治的決断がなされ、2014 年 12 月に法案が通過した（魯大明，2018）。

現在、韓国の国民基礎生活保障法は、生計給付を中位所得の 30％以下（国民基礎生活保障法第 8 条第 2 項）、住居給付を中位所得の 43％以下（住居給与法第 5 条第 1 項）、教育給付を中位所得の 50％以下（国民基礎生活保障法第 12 条第 3 項）、医療給付を中位所得の 40％以下（国民基礎生活保障法第 12 条の 3 第 2 項）といったように、個別の基準を設けている。なお、出産給付は生計給付、住居給付、医療給付のうち一つ以上を受給している場合（国民基礎生活保障法第 13 条第 1 項）、葬祭給付は受給者の死亡後に死体の検死、運搬、火葬、埋葬などの費用を支給する場合（国民基礎生活保障法第 14 条第 1 項）、自活給付は受給者の自立を支えるために必要な費用を支給する場合（国民基礎生活保障法第 15 条第 1 項）に支給されることとされている。

ちなみに、ここまで紹介してきた国民基礎生活保障制度や基礎年金以外にも、韓国では、保健福祉部の 障害者年金、児童養育手当、障害児童手当、「次上位階層」向け糧穀割引、欠食児童給食支援などをはじめ、国土交通部の住宅政策（公共賃貸住宅事業や住宅補修など）、雇用労働部の雇用政策（社会的企業育成法）、教育部の基礎生活保障受給者奨学金（大学生）、低所得層無料給食費支援事業など様々な政策が進められている。

また、日本が貧困対策で捉えきれない部分を「生活困窮者」支援でカバーしているように、韓国でも貧困対策で捉えきれない部分を「脆弱階層」支援でカバーしている。日本の「生活困窮者」と同様、韓国の「脆弱階層」には単に貧困、障害、傷病といった状態にある人々だけでなく、そのリスクの高い人々までが含まれている。例えば、平均世帯月収が全国の平均世帯月収の 6 割未満の世帯にある者、高齢者、障害者、買売春の被害者、就業経験の途絶えた女性、脱北者、DV 被害者、ひとり親世帯、移民、刑務所から出所した人、などである（社会的企業育成法施行令第 2 条）。韓国では「次上位階層」という定義を用いることもあるが、「次上位階層」とは「所得認定額（= 世帯所得 + 世帯資産の所得換算額）が中位所得の 50％以下である者」（国民基礎生活保障法施行令第 3 条）を指す言葉であるから、「脆弱階層」に近い定義と言えよう（湯山篤 , 2019）。

日本と重なる部分もあるが、韓国の生活困窮者支援の特徴は、雇用面のアプローチである。就業成功パッケージ事業を実施して「脆弱階層」に合わせた雇用サービスを構えつつ、国民基礎生活保障法（自活企業）や社会的企業育成法（社会的企業）などで「脆弱階層」向けの雇用を創出してきた。 これに加え、失業扶助の議論も結実しつつある。2019 年の 3 月に、雇用保険の適用されない低所得失業者（中位所得の 50％以下）を対象に、就業プログラム参加を条件に最長 6 ヶ月間、月約 50 万ウォン（ひとり世帯基準）を支給することが政労使間で合意を得た。日本の求職者支援法より金額は低いが、新たな取り組みとして評価されよう（湯山篤 , 2019）。

4. 自治体の公的扶助

1) 自治体による施策の展開

韓国では、1987年の大統領直接選挙制導入により、政治家が国民の声に敏感になった。また、韓国では、1997年のアジア通貨危機により、経済成長に期待する楽観論が崩れた。こうした政治経済的環境の変化は、国の福祉拡充を後押ししたと言えよう。一方、民主化は、国だけでなく、自治体にも影響を与えた。韓国では、1961年に軍事クーデター後の軍事革命委員会布告令4号で全ての地方議会が解散し、同年の臨時措置法で地方自治法の効力のほとんどが停止したが、それからほぼ30年の時を経て民主化が実現し、1991年に基礎議会議員選挙が実施され、同じ年に広域議会議員選挙も実施された。1995年の地方選挙では本格的な地方自治が復活し、自治体首長が住民の直接選挙で選出されるようになった。これにより、自治体の首長が都市の貧困層を包摂する政策を打ち出すケースも見られている。

国の国民基礎生活保障制度は、先に見たように、貧困層の基本的な生活(生計・医療・住居・教育)を保障する最後のセーフティーネット(日本でいう生活保護)である。しかし、扶養義務と所得・財産の基準が厳格なため広い死角が存在する、と批判を受けてきた。韓国の国民基礎生活保障制度は、日本とは違い、一定の所得および財産を保有する扶養義務者がいる場合は原則的に受給できない上、ソウルの生活水準と地域特性が反映されていない。ソウルの生活のコストは他の地域よりも高いが、所得・財産基準はこれを考慮していないのである。

2) ソウル型基礎保障

それゆえ、ソウル市は、国の基準とは別に、2012年にソウル市民の最低限の生活を保障するために「ソウル市民福祉基準」を設定した。また、これを土台に、2013年7月から国の国民基礎生活保障制度から漏れた貧困層を支援するためのソウル型基礎生活保障制度を運営している。

国の国民基礎生活保障制度にも地域生活保障委員会があり、個別ケース会議において世帯分離や扶養義務基準の適用除外を個別に検討しているが、それでも漏れるケースがあるため、ソウル型基礎生活保障制度を運営しているわけである。

ソウル型基礎生活保障制度の根拠は、ソウル特別市の低所得住民の生活安定の支援に関する条例（2013年4月11日）の第2条および第3条、施行規則の第2条および第3条である。対象は、世帯主がソウル市に住民登録している世帯（実際にソウルに居住している世帯）であり、国の国民基礎生活保障制度を利用している世帯は申請できないこととなっている。また、まずは国の国民基礎生活保障制度を申請するという手続きをとっており、これを何らかの理由で受給できなかった世帯を救済する制度である。

現在、ソウル型基礎生活保障制度はひと月あたり5,566世帯（6,447名）を支援している（2018年4月基準）。ソウル型基礎生活保障の給付の種類は生計給付（最低生活費から所得を差し引いた分を支給）と出産給付と葬祭給付であり、国の国民基礎生活保障制度よりも給付の種類は少ない。また、ソウル型基礎生活保障の生計給付の最高額は、国民基礎生活保障制度の生計給付の1/2である。これは、おそらく、それでは足りないほどに貧しい世帯であれば国の国民基礎生活保障制度を受けられるからであろう。例えば、2人世帯の場合、最大42万7000ウォンを支給する。なお、ソウル型基礎生活保障は、国民基礎生活保障制度と同じ窓口で申請・調査することとなっている。

ソウル型基礎生活保障の特長は、国民基礎生活保障制度に比べて所得・財産要件が緩いことである。また、ソウル型基礎保障制度は、所得基準（中位所得の43％以下＝122万4000ウォン以下）と財産基準（財産1億3500万ウォン以下、金融財産が3000万ウォン以下）を下回ることが要件となっており、国の国民基礎生活保障制度の要件（「所得」＋「財産を所得に換算した額」が中位所得の30％以下＝およそ85万4000ウォン以下）よりも、緩い。なお、ソウル型基礎保障制度は仕送り（私的移転所得）を所得認定しないなどの配慮も見られる。また、ソウル型基礎保障制度では、扶養義務者が高齢者世帯または重度障害者世帯（扶養義務者が基礎年金または障害者年金を受給する世帯）の場合、扶養義務を免除しており、国の国民基礎生活保障制度よりも扶養義務が緩い。このところ国も扶養義務者基準を段階的に緩和しているが、ソウル市は国の動きを先取りしている（キムスンヨン・イヘリム・イヨンジュ・ハンギョンフン, 2019）.

5. 包摂に向けた福祉政策に対する国民の認識

最後に、国民は最近の包摂政策の拡充をどのように感じているのであろうか。韓国保健社会研究院の2019年包摂福祉政策の体感度及び福祉に対する価値観調査報告書によれば、最近の韓国の「包摂福祉、包摂成長」といった基調を認識しているのはアンケート回答者の2割ほどに過ぎなかったが、昨今の福祉政策に対しては支持度が高い。例えば、児童手当の対象拡大については5点尺度で3.56点、基礎年金については5点尺度で3.51点など、指示度が高い。最低賃金の引き上げも10点尺度で5.75点、高所得層の所得税引き上げも10点尺度で7.31点、非正規労働者の正規職化も10点尺度で6.29点など、比較的高い。これは、韓国の人々が不平等に不満を持っているためである。現在の資産や財産の分配に対する同意水準が低く（10点尺度で3.89点）、一生懸命働けば成功できるということにも同意水準が低いうえ（10点尺度で4.70点）、社会で躍進する要因としても家庭水準や性別を挙げたものが多い（10点尺度で6.71点）など、韓国社会の不平等を感じている声は多い（キムギテ・キムミゴン・チェジュンヨン・カンイェウン・ノボムネ, 2019）。こうした国民の不平等に対する認識が、財政に困難を抱える時局にあっても、今後の韓国の包摂政策をさらに後押しする原動力となるのかどうか、今後の動向が気になるところである。

参考文献

日本語文献

李恵炅 . 2006.「現代韓国社会福祉制度の展開：経済成長 , 民主化 , そしてグローバル化を背景にして」. 武川正吾、イ・ヘギョン編、『福祉レジームの日韓比較―社会保障・ジェンダー・労働市場』(pp.41-70) . 東京大学出版会 .

金秀顯 . 2016.「韓国の住宅政策と居住福祉政策」. 全泓奎編、『包摂都市を構想する：東アジアにおける実践』(pp.54-65) . 法律文化社 .

金成垣 . 2016.『福祉国家の日韓比較：「後発国」における雇用保障・社会保障』. 明石書店 .

湯山篤 . 2019.「韓国のホームレスと生活困窮層」. 全泓奎編、『東アジア都市の居住と生活』(pp.187-191) . 東信堂 .

韓国文献

ウォンヒモク . 2015.「基礎生活保障制度の改編による期待」.『ヘルス京郷』(2016.1.27) . 京郷新聞 . (원희목 . 2015.「기초생활보장제도 개편에 따른 기대」.『헬스경향』(2016.1.27) . 경향신문 .)

キムギテ・キムミゴン・チェジュンヨン・カンイェウン・ノボムネ . 2019.『包摂福祉の政策体感度および福祉に対する価値観の調査』. 韓国保健社会研究院 . (김기태・김미곤・최준영・강예은・노법래 . 2019.『포용복지 정책 체감도 및 복지에 대한 가치관 조사』. 한국보건사회연구원 .)

キムスンヨン・イヘリム・イヨンジュ・ハンギョンフン . 2019.『貧困の死角地帯の解消のためのソウル型基礎保障制度の改編方案』. ソウル研究院 . (김승연・이혜림・이영주・한경훈 . 2019.『빈곤 사각지대 해소 위한 서울형 기초보정제도 개편방안』. 서울연구원 .)

洪伯義 . 2005. 我が国の高齢者の貧困の原因に関する研究 . 韓国社会福祉学 , 57 (4) , pp. 275-290. (홍백의 . 2005. 우리나라 노인 빈곤의 원인에 관한 연구 . 한국사회복지학 , 57 (4) , pp. 275-290.)

参与連帯 . 1998.「第 2 のカンジョンウ君を生まないための社会的対策を求む」.『声明書』(1998.9.16) . 参与連帯 . (참여연대 . 1998.「제 2 의 강정우어린이를 막기 위한 사회적 대책을 촉구한다」.『성명서』(서울 , 1998.9.16) . 참여연대 .)

朝鮮日報 . 2019.「生活苦で悲劇をむかえた城北区の 4 婦女… '福祉発掘システム' では探せなかった」.『朝鮮日報』(2019.11.6) . (조선일보 . 2019.「생활고로 비극 맞은 성북구 네 모녀… '복지 발굴시스템' 으론 찾을수 없었다」.『조선일보』(2019.11.6) .)

文 振 榮 . 2008.「A Study of the Enactment of National Basic Livelihood Security Act in Korea: with Special References to the Role of NGOs」.『保健社会研究』28 (1) . pp.87-103. (문 진 영 . 2008.「A Study of the Enactment of National Basic Livelihood Security Act in Korea: with Special References to the Role of NGOs」.『보건사회연구』28 (1) . pp.87-103.)

労働部 . 1996.『労働白書 1996 年版』. (노동부 . 1996.『노동백서 1996 년판』.)

魯大明 . 2018.「最近の社会保障の改革動向」. キムミゴンほか『韓国の社会保障制度 (主要国の社会保障制度 11)』(pp.175-207) . 韓国保健社会研究院・ナナム出版社 . (노대명 . 2018.「최근 사회보장 개혁동향」. 김미곤 외『한국의 사회보장제도 (주요국 사회보장제도 11)』(pp.175-207) . 한국보건사회연구원・나남 .)

曺興植 . 2015.「社会福祉政策の制度の変化と展望」. キムビョンソプほか『我が国の福祉国家の歴史的変化と展望』(pp.96-125) . ソウル大学校出版文化院 . (조흥식 . 2015.「사회복지정책 제도의 변화와 전망」. 김병섭 외『우리 복지국가의 역사적 변화와 전망』(pp.96-125) . 서울대학교출판문화원 .)

ウェブサイト

『OECD.Stat』https://stats.oecd.org/Index.aspx?QueryId=47991# （最終確認：2020年9月22日）
『国家予算政策処財政統計（국회예산정책처 재정통계）』https://www.nabostats.go.kr/portal/main/indexPage.do（最終確認：2020年9月22日）

ミニコラム　**福祉政策展開の引き金となった風景**

韓国では政治、経済、社会の変化の中で福祉政策が拡大した。民主化という政治の変化で福祉政策を作る政治的環境が醸成され、1997年アジア通貨危機や市民団体の台頭という社会経済的変化で福祉政策を求める声が大きくなってきたわけである。ただし、世論を福祉政策の策定へと駆り立てたのは不遇な人々の生活の息遣いを伝える報道であった。

1999年の国民基礎生活保障法制定過程を見ると、アジア通貨危機後の失業率の上昇や路上生活者の発生といった「大きな」事件だけでなく、貧困に苦しむ家庭の「小さな」事件があった。例えば、アジア通貨危機の頃は、小学生の子どもの指を切断して保険金を得た父親の事件がクローズアップされた。この父親が生活保護の対象者であったことから、韓国の市民団体である参与連帯はこの事件を当時の生活保護法の問題点としてクローズアップして新しい公的扶助制度（国民基礎生活保障法）の必要性を訴えた（参与連帯, 1998; ウォンヒモク, 2015）。

また、国民基礎生活保障法の「単給化」が進んだ時も、象徴的な事件があった。長女の精神疾患と自身の失業で疲弊した母親が全財産である70万ウォン（約7万円）を家賃と光熱費として遺して、心中した事件である。母娘三人で暮らしていたこの家族は、国民基礎生活保障法の給付を申請しても当時の厳格な審査基準を満たせなかった。また、光熱費もきちんと支払っていたので、政府の電算システムでも「危機に瀕した家庭」と認識しきれなかった。こうした事件が国民基礎生活保障法の「単給化」やアウトリーチの強化を促すきっかけとなった。

こうした事件は今も福祉の拡大を求める声を生んでいる。韓国では、2016年から健康保険の保険料の滞納や電気・ガス・水道の供給停止などが続いた家庭を危機に瀕した家庭として探知する「福祉死角地帯発掘管理システム」の運営を続けているが、突然の危機に陥った世帯など、こうしたシステムをもってしても把握しきれないケースもあることから、ボランティア、町内会、公務員OBなどとの日常的な関わりを促すシステムの強化が求められている（朝鮮日報, 2019）。

コラム①

東子洞（ドンジャドン）チョッパン地域の敷居のない銀行

ソン・ドンス
（サランバンマウル住民協同会）

大韓民国の首都、ソウルの中心部にあるソウル駅の反対側にある‘東子洞（ドンジャドン）’という地域がある。東子洞は、韓国語を直訳すると‘チョッパン村’と呼ばれる。とても小さく分かれた部屋を意味する‘チョッパン’と、村という単語を合わせたチョッパン密集地域のことである。

チョッパンは、大人１～２人が、横になるとぎゅうぎゅうになるほど小さいため、別途、洗面所、台所、トイレはなく、全て共用である。冬には温水が出ない建物や、窓がない部屋も多い。それでも、家賃が平均23万ウォン程ととても高い。大部分の住民は、部屋で自炊をし、ホームレス無料給食所を利用する住民もいる。チョッパンは‘住居’と‘野宿’の境界にある最後の住居地として、韓国で最も貧しい人々が住んでいる。

東子洞は、朝鮮戦争以降、全国から集まった人々が、南山の麓に‘バラック集落’を作り、ソウル駅と近い東子洞の入り口には、宿屋が立ち並んでいた。人々が集まるにつれて、貸主は、部屋を分けて、さらに分けて、現在の‘チョッパン地域’が出来上がった。1990年代後半、IMF危機以降、不渡り、破産、失業、疾病、離婚、家庭崩壊など、様々な事情を抱えた多くの人が、東子洞へ集まった。

チョッパンは、全国に形成されているが、ソウルだけで代表的なチョッパン地域が５つあり、総勢3000名程が住んでいる。その中で東子洞は、ソウル最大のチョッパン地域として70棟のチョッパンの建物に、約1000余名が住んでいる。東子洞の住民の約70％は、基礎生活保障の受給者か、自活か日雇い労働など所得が低い都市最貧困層である。多くが一人世帯で、30％程が65歳以上の高齢者で、30～40％は、路上生活経験者である。住民の中には、いわゆる信用不良者が多く、ソウルの代表的な金融疎外階層として生活費を工面するため、第２金融圏と個人金融圏を中心とした借入の経験がある。また、疾病（慢性疾患、精神疾患、歯科疾患、アルコール依存症など）がある場合が多く、通院は重要な日課である。

住民たちの部屋に行くと、栄養剤は飲めなくても、薬の袋はたまっている。自身さえも体調が悪く十分にケアできないため、他の人のことにまで気を回す余力はない。ただでさえ狭いチョッパンは、夏は、冷蔵庫の熱気でさらに暑く、冬はとても寒い。'住民指導者' については、後述するが、彼らは、病院にいく必要がある住民を一生懸命説得し、病院へ連れていこうとするが、中には全てを諦めて病院へいかない住民もいる。死にたいという言葉を聞くと、限界を感じることもある。住民の99％は、家族と断絶している。そのため、亡くなっても、葬儀を行うことができず、長い間、葬儀場の安置室に保管される場合もある。1年に平均20～30名ほど亡くなっており、ほとんどは、無縁故葬儀が執り行われる。夢と希望について聞くと、無いという返答が多く、自分自身に対して否定的な方も多く、活力がない。楽しみがないため、お酒を唯一の楽しみとして生き、1年中お酒に依存するアルコール依存症の方もいる。お金は、貸してあげられなくても、お酒はおごってあげる程、お酒に寛大である。町内の公園に行けば、酒盛り、喧嘩、賭博をしているのを見て、正直見て見ぬふりをしたい時もあるが、住民指導者たちは、いろいろ考え、恐怖を感じながらも、介入をする。絶えず、住民たちに会い、住民の生活に介入することが、住民指導者の役割である。病気の方がとても多いため病院への同行、部屋の掃除、引っ越し手伝いなど、様々な問題を解決するために、日々動いている。病気で力が無い方に対してどこまで介入しなければならないのか悩むが、町のために、住民たちに寄り添おうとする住民指導者たちは、住民一人も満足に責任を負えないなら、どうやって多くの人々の責任を負う事ができるのか、と思いながら介入している。

ここから、東子洞住民指導者について説明をする。住民自身が地域を変えていこうとする運動を '住民運動' という。住民指導者とは、住民の中で '住民とともに' 動き、住民組織を運営し住民運動の核心として、直接的には、東子洞サランバンマウル共済協同組合（現　サランバンマウル住民協同会）の役員と委員のことである。組合の持続可能性は、役員・委員たちが行う継続的な住民たちとの関わりを通して、住民を組織し、その中において一緒に活動する可能性のある住民指導者を見つけることにある。組合には、現在25名の役員・委員がいる。

2年の任期の '役員（理事と監査）' は総会にて、組合員たちが直接選出し、'委員' は3つの委員会（事業・組織連帯・教育広報）に所属し、役員をサポートしながら活動する。役員・委員たちの活動の始まりと終わりは、'住民と会うこと' である。住民たちに会うと、必ず丁寧な挨拶をし、必ず住民の話に耳を傾ける。住民一人一人に会い、人生の話、要望や近況を聞く。何かを与えるのではなく、どんな話でも傾聴し、糸口をつかむことができるように、長期間アプローチしなければならない。住民が協同組合を理解できず、誤解が生じる場合もあ

毎年3月に開かれる定期総会の様子

るが、黙々と活動し続ければ、'何か違う、信頼でき、頼りになる場所は、組合なんだな' と思ってくれる。もっともらしい宣伝は必要ではない。心の底から、一生懸命活動し続ければ、変化する。役員・委員たちが真心を込めて懸命に活動する姿をみて、住民たちはすべてを感じるとる。

サランバンマウル共済協同組合は、東子洞住民たちが、'貯蓄形成'、'社会経済的地位及び生活の質向上'、'協同共同体の実践' を目的として、2010年から1年間準備し、2011年3月に、創立総会を通して作った。組合は、住民たち自身が出資し、共同基金を作り、生活費、医療費、住居費など、すぐにお金が必要な組合員に対して行う少額貸付を主な事業としている。急にお金が必要な時、境遇が似ている周囲の人々はもちろんのこと、どこからもお金を借りることができず、高額な利子がつく闇金を使う場合もあるという背景が、組合を作った理由にある。組合に、住民たちが、5千ウォン、1万ウォンの出資金を出して、シードマネーを作り、少額貸付事業を行うことができるようになったが、これは外部からのサポートは一切ない、住民自身が作った生活安全網となった。

組合は、草創期には、場所もお金もなく、なによりも信頼がなく、協同組合について理解してもらえず、様々な壁があったが、今のように、信頼度が高くなったのは、素晴らしいことだ。最初は、住民たちが、' お金を借りた人が、返済しなかったらどうするの、私のお金を出資して、戻ってこなくなったらどうしよう' と、考えるが、今では、'この組合に、私のお金があるということは、安全だ’という考えに変わった。2010年に3人の住民が、無一文になり、意気投合しはじめの一歩を踏み出した組合が、今では、組合員が390名になり、出資金は、3億3千万ウォンへと成長した。出資金額も重要だが、毎月出資する組合員数が継続的に増加し、貸付も3700余件、総額8億5千万ウォンへとなった。貸付返済率は、草創期が66%だったが、現在は90%と高くなっている。住民たちが、組合へ出資をしながら、夢ができることもある。’保証金を作って公営賃貸住宅へ入居する、歯の治療をする、女性と一緒に住みたい、貯金(出資金)が貯まっていくのをみると、とても嬉しい。プライドが生まれ、主体意識が芽生える‘などである。一つ一つに言及することはできないが、チョッパン住民たちが出資した出資金には、それぞれのストーリーがつまっている。

サランバンマウル共済協同組合は、出資と貸付事業に留まらずに、東子洞を協同共同体にするため、多様な事業と活動を行っている。代表的なものは、教育、共同経済事業、マウル行事、地域葬祭、地域清掃、地域問題組織との連帯活動などである。

〈教育〉は、協同組合の生命といわれる。それほど、重要な教育であるため、組合員教育も行い、役員研修も行う。上手くいっている他の現場を訪問することもある。教育をすることは、協同の気持ちを生じさせようとするためだが、私達は、教育が上手くいかないなら、全て上手くいかないと考えている。

〈共同経済事業〉は、組合員に対して、経済的サポートをするため、組合員が、協力したり、組合と組合員が協力したりして行う事業である。‘営農事業(ニンニクとコーン)’、‘冬の屋台(さつま芋・たい焼き・おでん)’や、共同購入もする。チョッパンでは、カセットボンベを最も多く使用するため、組合が、年中、低価格で供給もする。

最も私達の力、住民の底力を大きく感じることができるのは、〈マウル(まち)行事〉である。組合創立草創期より、なんでも住民自身がしてみようとしてきた。難しく時間がかかったり、光が見えなかったりしても、‘自分たち自身でしよう’が原則である。外部からの支援を受けようと思えば、簡単にできる。韓国社会において最も貧しい人々が、行事をしようとしていると言えば、簡単に寄付金を集めることができる。しかし、自分たち自身の力でしなければ、意味がないのである。1年に2回、父母の日とお盆にマウル行事をするのに、お金があまりない住民たちだが、自発的に寄付し、そのお金を集めて行事を行っている。100ウォンでも、1000ウォンでも集めて、そのお金で400名分の食べ物を手作りし、お年寄りの方にふるまい、民族舞踊と、のど自慢大会をする。

10年間続いているマウル行事の様子

ある住民は、私たちを‘死体を片づける人’という。住民が亡くなると、‘無縁故葬儀’を行う。家族がいない、あるいは、いたとしても受け取りを拒否するからである。ほんの2年前までは、私たちが介入し、関係機関から協力を得て、あるときは、話し合いをして葬儀を行い、あるいは、地域内の公園にて一時焼香所を設け、〈マウル行事〉とし、住民たちが弔問し、火葬場へ住民組合員たちが一緒に行き、最後の挨拶をしてきた。2018年5月より、ソウル市が、孤独死や無縁故者、生計維持が難しくこの世を去った家族の葬儀を行うことができない低所得市民のために、葬儀支援サービスを始め、‘ソウル市公営葬儀制度’が作られた。ソウル市より委託を受けた専門業者と団体より、葬儀を代行してくれるようになり、私たちは、亡くなった方の訃報を住民へお知らせし、告別式と火葬式に参加している。自身の問題でなければ、関心をもたず、近しい間柄にもならず、隣の部屋に住んでいても、互いに関与しようとしなかったのに、マウル葬儀によって、住民たちが何かを感じ始めた。苦労して、痛い思いもしながら亡くなってしまった故人へ、‘よく死んだ’とおっしゃるが、‘私が死ぬ時も、葬儀してくれるだろう、私もあんな風にして’という方もいる。

〈マウル清掃〉は、月に2回行っている。何事も継続的に行えば、伝統となり、歴史になる。2014年より始まったマウル清掃は、昨年100回を超えた。大切な協同の経験であり、この伝統はこれからも続けていく。

マウル清掃に参加した住民たち、昨年 100 回目の様子

これ以外にも、病気の住民たちの通院へ同行したり、医療費を支援したり、高齢の方の部屋の掃除や引っ越しの手伝いをしたり、互いに学び一緒に成長するために連帯活動に参加し、社会問題解決のために力を注ぐこともしている。

このような大小さまざまな活動を一緒に行える可能性のある住民たちをさらに多く発掘しなければならないが、上手くいかない時は、力が抜けるときもある。しかし、住民の生活に直接介入しなければ、私達組合の存在感はない。単純に出資貸付機関へと転落するのである。血のつながりを超えて、住民間の連帯を通して‘社会的家族’を作る事が大切である。そうすれば、住民たちにとっては、ここ東子洞は、第２の故郷になるし、堂々とそのように言うことが出来る。

東子洞は、行政機関、福祉機関、医療団体、大企業、学界、宗教界、民間組織など多様なところが、住民たちを取り巻いている。福祉館は、事業をしようと、企業は、社会貢献しようと、宗教界は、布教しようと、東子洞へ入ってくる。住民たちを助けると、住民たちのためだと、多くの人が来る。列を作らせ、何かを配りながら、意図的にメディアを利用している。彼らは、住民たちの立場を考え行動する。‘住民たちはこういうのを好むだろう、これをあげたら喜ぶだろう’と勝手に決めつけて配る。物質を前にして、上目線から住民たちに接することもある。住民たちは常に対象である。物をあげるほうは、堂々としている。外部の人たちは、自分たちが全てしようとする。強調するが、住民の力ですることが重要であり、外部は、それを見守ることが大切である。よく知らないにも関わらず、やみくもに助けようとすることは、むしろ被害が大きい。住民たちは、何かをしようと考えなくなる。住民たちは以前からそうだったのではない。この社会が、住民を考慮せず、身勝手な考えでしてきたからだ。見守ってくれれば、必要と要求があれば、住民たちは、集まってすることができるのに、なぜ、とことん対象化するのか、分からない。ある外部のボランティアが、‘東子洞は、生活するのにいいところだ。お米もくれるし、他にもいろいろくれるから’ということまで言った。支援を受けることに慣れてしまっている住民のなかには、‘今日はなにをくれるのかな’そういった話をする人もいる。組合は、住民に並んでもらい、何かを配ることは決してしない。外部のボランティア団体が、こちらに来ると言えば、‘私たちでする。本当に力が必要な時には連絡する’、といい、丁重に断る。外部資源、外部ボランティアを引っ張り込むと、その目からは、内部の資産？宝？を絶対に見つける事はできない。ソウル市は、要望を聞き入れようと言ってくれたが、必要ないと答えた。住民たちのなかには、こういったことに、もどかしさを感じる人ももちろんいる。住民たちを助けようとしているのに、なぜ受け取らないんだ、と言う。

しかし、私たちの目的は、サービス、福祉ではない。私たちが、しようとしていることは、組織的にしっかりと団結し、問題を解決し予防することだ。住民たちが、堂々と、主体意識をもち、生きていく事だ。私たちの活動は、住民の思いと意思を集めたものだ。私たち自身が、助け合い行動することだ。‘ここは、特典がないの？何もくれないの？’と聞かれれば、‘常に愛を与える’と答える。私たちは、‘天は自ら助くる者を助く’という言葉を信じている。東子洞は力をいれても、まだしんどい思いをしながら、何かをずっとし続けることで、力がでる地域だ。現在、新型コロナウィルスにより主な事業と最小限の事業だけを維持し、様々な行事と活動がしっかりと行えていないのが実情だ。全世界的に流行している新型コロナウィルスだが、東子洞には、疾病があったり、高齢の方が多かったりするため、脆弱な地域であり、緊張状態である。一刻も早く過ぎ去り、躍動的なまちの姿を目にすることができるよう、最後に祈りたい。

（松下茉那訳）

コラム②

支援住宅の実践、もしくは居住福祉センターの実践

（住居福祉センター運営と事業拡大の経験共有）

キム・ユンジ
（ソウル住宅都市公社）

2020年5月、韓国・国土交通部より発表された住居総合計画によると、2022年には、公共賃貸住宅のストックが、9％以上（200万戸）、2025年には、10％以上（240万戸）確保され、先進国水準の公共賃貸住宅のストックを達成することができるとしている。ソウル市は、2018年11月基準、ソウル市内の公共賃貸住宅のストックは、全住宅の7％（29万3,131戸）であり、2018年から2022年までの5年間に、24万戸の公共賃貸住宅を供給する予定である。

現在、ソウル市が供給している公共賃貸住宅のタイプは、建設型、買入型、賃貸型など、全てで16つのタイプがある。タイプの中にも、昨年度基準、都市勤労者の月平均所得50％（1人世帯132万ウォン）から150％（1人世帯396万ウォン）まで、多様な所得基準と、各々の資産（建物、土地、自動車）を基準に、公共賃貸住宅の供給をしている。このほかにも、住居安全家賃貸付、チョンセ資金貸付、住宅購入貸付金融商品、エネルギー効率改善事業、修繕維持給付など、多様な住居福祉事業（57つ、2020年7月基準）を国家及び自治体にて運営している。

韓国の住居福祉サービスでは、国家と地方自治体、そして関連する住居福祉サービス提供機関（韓国都市住宅公社、ソウル住宅都市公社、韓国住宅金融公社、住宅都市基金など）がそれぞれ対象者を選定し、支援をする。そのため、国民の生活圏内にて、すべての行政業務を担当する洞住民センターの公務員たちが、住居支援の相談及びサービス連携業務に難しさを感じ、住居問題の総合的な相談支援が行き詰まったことも事実である。

ソウル市の公共賃貸住宅の建設・供給・管理業務を担当しているソウル住宅都市公社（ソウル市地方公企業）は、2015年12月、住居基本法制定により、住宅政策環境が、供給中心より、ひと中心へと変化することを予測し、住居福祉の新規事業の開発に力を入れ始めた。第1の目標は、需要者へ必要な住居総合相談サービスを、オーダーメイド型で提供することであった。家を購入するとき、家で生活するとき、住居を移転する時など、必要な時期に適切

なサービスを提供し、市民が快適な住居生活をすることができるような事業を構想し始めた。

ソウル住宅都市公社では、新規事業として、住居福祉センター事業へ参与及び拡大運営計画を作り、2016年4月より、中央センター1か所、地域センター4か所にて、独自のモデル事業を実施した。ソウル市は、既存事業として、2007年より貧困層密集地域の住民の権利保障運動をしている非営利団体へ、2013年から、市の予算より支援し、住居福祉センター10か所（江北、冠岳、衿川、蘆原、西大門、城東、城北、松坡、永登浦、恩平）を運営していた。

ソウル住宅公社モデル事業の運営結果を反映し、ソウル市は、2017年9月に25の自治区ごとに、1カ所センター事業拡大を決定し、2018年1月に、15カ所の住居福祉センターを追加公募し、2018年4月公共住宅福祉サービス伝達機関として25カ所の住居福祉センター事業拡大を完成させた。また、同年6月、地域の事業運営を支援する中央住居福祉センターの設置を完了させた。（現在は、ソウル住宅都市公社が運営する10カ所、民間非営利法人が運営する16カ所が、ソウル市住宅福祉センター事業の運営を行っている。）

■ソウル市住居福祉センター運営機関（`18～現在）

地域	事務委託機関	地域	事務委託機関
中央	ソウル住宅都市公社	蘆原区	（財）大韓聖公会維持財団
城東区		西大門区	（社）希望マウル
中区		城北区	（社）ナノムと未来
龍山区		松坡区	（社）ウィリェ
道峰区		恩平区	（社）マウルと人
江東区		永登浦区	韓国障碍者自立生活センター総連合会
陽川区		江西区	
中浪区		麻浦区	
瑞草区		銅雀区	（社）住居福祉連帯
東大門区		江南区	（社）ヘネム福祉会
江北区	（社）江北住居福祉センター	広津区	社会的協同組合
冠岳区	（社）冠岳住民連帯	鍾路区	（社）ナノムと未来
衿川区	（社）韓国住居福祉協会	九老区	（社）九老市民センター

■ **2014年～2019年ソウル市住居福祉センター相談及び緊急住居費支援実績**

年度	主要実績						
	相談件数（件）	総支援金額（千ウォン）	総支援件数（件）	緊急住居費支援金額（ソウル市予算、千ウォン）	緊急住居費支援件数（ソウル市予算、件）	民間後援金支援金額（千ウォン）	民間後援金支援件数（件）
2014	11,162	392,940	1,169	124,210	461	268,730	708
2015	13,783	387,640	819	151,617	323	236,023	496
2016	14,138	302,311	643	111,751	286	190,560	357
2017	16,688	314,659	813	106,847	280	207,812	533
2018	30,518	981,728	3,202	504,052	1,282	477,676	1,920
2019	50,998	1,045,513	4,513	527,316	1561	518,197	2,952

資料：ソウル市

住居福祉センターの主要な役割は、住居危機世帯（非住宅居住者、退去危機世帯、施設退所者など）と、低所得世帯（基礎生活受給者、次上位階層など）へ、「住居福祉死角地帯発見、住居問題把握、住居実態調査」、「情報提供及び相談－公共賃貸住宅入居相談」、「緊急住居費支援、少額保証金、延滞賃貸料 , 延滞料」、「簡易住宅修理」、「住居福祉教育」、「地域ネットワーク参与」、「資源連携」、「事例管理」などの事業を行い、対象者が住居の安全化、退去危機克服、住居環境改善、住居水準の向上などの効果をえられた。

■ **地域住居福祉センター主要業務内容**

		内容
対象		住居問題と居住欲求を持つ一般市民と低所得層
基本事業	相談及び住居支援サービス	▶ 住居相談：公共賃貸住宅、住居確保、公共扶助、住居費貸付制度、退去危機克服など、多様な住居問題と欲求解決のための相談、電話、訪問相談、現場相談などを並行して行う。
		▶ 住居支援サービス及び事例管理、住居関連権利救済 緊急住居費支援、住居移転支援、燃料費支援などとともに、住居の危機状況の克服と住居の安定及び住居の上方のための事例管理を行う。
		▶ 連携及び依頼：相談後の必要なサービスの直接提供が不可能な場合、関連機関の資源を連携し、主事例管理移行が必要な時には依頼
	住居福祉拡散のためのネットワーク	▶ 地域社会組織：住居支援の円滑な遂行（資源確保、統合事例管理、対象者発見など）のためのネットワーク構築
		▶ 教育：福祉対象者及び福祉関連実務者などに対して、公共賃貸住宅及び住居費支援制度、住居福祉政策及び関連福祉制度の教育
付加事業	地域社会住居福祉モデル開発	▶ 実態調査：地域の住居状況（地域再開発及び住居現況）及び住居部門を中心とする住民欲求調査
		▶ その他：地域及び事業運営機関の特性を反映した特性化事業、センター実務者力量強化のための内部教育など

資料：: 2018年第3次住居福祉センターフォーラム発表資料参照

25ヶ所の住居福祉センターをコントロールするのは中央住居福祉センターである。中央住居福祉センターは、相談管理システム及び、情報提供ホームページ開発運営、サービス提供マニュアル及び業務マニュアル提供、相談パンフレット企画制作、地域住居福祉センター実務者教育、共同福祉資源連携、住居政策疎外対象者発見及び相談プログラム開発などの業務を遂行している。2020年、中央住居福祉センターは、コロナ19拡散対応のために、オンライン長期実務者教育管理システム開発、カカオチャットボット（kakao chat-bot）相談システム開発業務を遂行している。

ソウル市の住居福祉センター設置拡大運営は、地域中心の住居福祉センター設置の最初の事例として評価をうけ、チェジュ島、京畿道、仁川、釜山、光州など住居福祉センター設置のため、中央住居福祉センターにて住居福祉センター事業早期構築コンサルティング教育を実施している。各地域の公務員を対象として、住居福祉センターの必要性と連携した教育講師活動にて、地方主導の住居福祉センター事業を全国単位に拡大している。

住居福祉センターは、非住宅居住者に対する住居上向支援事業、児童住居

ソウル住居相談ホームページ https://www.seoulhousing.kr

権保障のための事業進行、緊急臨時住宅運営、施設退所者住居相談、賃貸料延滞世帯対応法案準備など、政策対象者発見を通して、市民が安全な住居生活を送れるように住居議題活動も拡大運営している。

最近、韓国は対象者の問題を生活圏内にて複合的に解決可能になるよう、社会福祉事業環境の変化（見守りSOS、コミュニティケア、邑面洞革新センターなど）が、起きている。これに対応し、住居問題解決の専門機関としての住居福祉センターの役割を確立するために、'中長期発展方向研究'を年内に進め、今後、地域社会において、必ず必要な機関として発展する契機とすることを目指している。

（松下茉那訳）

コラム③

【都市の未来、スマート包摂都市】
適正技術によって作り出す包摂都市城東区の実践

鄭 愿伍（チョンウォノ）
（大韓民国ソウル市城東区）

スマート包摂都市という概念を最初に提案したのは、2018年である。民選6期の城東区での活動を締めくくり、民選7期に向けて準備をしていた時であった。それまでの4年間、城東区が目指していた都市ビジョンが何かを考えた末、有権者へ民選7期区長として、城東区をスマート包摂都市にするという公約を掲げた。

ジェントリフィケーション防止政策から、スマート包摂都市まで

区長としての初年度、2014年秋、城東区聖水（ソンス）地域にて活動する青年文化芸術家、スタートアップ、ソーシャルベンチャーの起業家たちに会った。当時、古い工場地帯だった聖水洞が、創意と革新の情熱に溢れる若い都市へと再生され始めた時であった。都市再生の主役である青年たちの声に耳を傾けると、多様な意見が出されたが、1つの点においては、一致していた。それは、聖水洞の賃貸料の引き上げがあまりにも早いため、長い間ここで働けるかどうか分からない、ということであった。

その後、調査を行ったところ、メディアを通して聖水洞が新しいホットスポットとして有名になり、過去と比べると、地域の不動産価格が、急激に上昇していたことが分かった。このままでは、青年たちはもちろん、既存の住民たちも地域から出ていかざるをえなくなりそうであった。地域の価値の上昇を導いた青年と住民がその恩恵を受け取ることなくこの地域を去ることは、非常に不公平であり、地域の持続可能な発展にも繋がらない。

そのため、城東区は、2015年9月、全国初のジェントリフィケーション防止条例を制定した。賃貸人と賃借人が、賃貸料の引き上げを自制し、地域の共生発展のために協力する、という自律共生協約を推進し、都市計画を通じてジェントリフィケーションを防止するための持続可能発展区域を指定·運営し、公共資産化戦略として安心商店街政策を行った。これと共に、国会と中央政府に商店街建物賃貸借保護法の改正とジェントリフィケーション特別

法の制定を申し入れ、立法化のための活動を展開した。

包摂都市というビジョンに触れたのは、ちょうどこの頃であった。都市は、少数の努力ではなく、都市の住民全員で作られるものであり、都市の恩恵は、誰もが受けるべきであり、そこから排除されることはない、という包摂都市ビジョンは、城東区がジェントリフィケーション政策を推進しながら、目指してきた都市ビジョンと一致した。

しかしながら、同時期へ4次産業革命談論が流行し、都市分野においては、スマートシティが、メジャーとなった。2つの都市概念を見ながら、包摂都市の社会的価値と、スマートシティの技術的価値を融合することはできないか、と考えた。一見、相違しているように見えるが、2つの都市内容には、相通じるものがある。

スマートシティが、もうすぐ包摂都市へ

韓国においてスマートシティといえば、人工知能とビッグデータ、IOT、ドローン、自動運転などが挙げられる。しかし、これらは、スマートシティの表層だけである。こういった技術偏向的観点からは、スマートシティの本質を見ることはできない。技術はツールである。牛が飲む水は、牛乳になり、蛇が飲む水は毒になる。このように技術も、誰がどのような目的で使用するかによって、まったく異なる結果になる。

そういった点により、私たちが考える必要があるのは、スマートシティを可能とする技術が、初期にどういった意図で開発されたのか、また、私たちはその技術をどのように運用するのか、についての価値と哲学の言説である。これと関連して、私たちが明確に直視しなければならないのは、この世界のどの技術をとっても、1人の天才によって開発されたわけではないという事実である。現代文明を造形する大部分の先端技術は、多くの人々のコミュニケーションと協業にて、創造されたもの、つまり、集団知性の賜物である。例えば、今、この瞬間にも世界の各地にて、数え切れないほど多い技術者たちが、完璧な自動運転を作るために努力している。彼らの多くは、小さな成功とともに、失敗を経験しているが、そういった過程から蓄積されたノウハウが共有されながら、技術は少しずつ進歩し、最後には、やり遂げられるのである。

そのため、人類の歴史を見ると、多様な人々が集まり、それぞれが持っている理論的な知識と経験的ノウハウを自由に共有し、それを基盤とし、協業した都市が最も先進的な都市へ発展してきた。スマートシティにおいても、この基本原理は同じである。相違点は、コミュニケーションと共有、そして

協業の方式だけである。

デジタルコミュニケーション技術を活用し、多様な社会文化、宗教、ジェンダー、経済的背景をもつ人々の間にある障壁を取り払い、異なるものたちの融合がリアルタイムで行われる都市、これがスマートシティの本質である。しかし、これが果たして技術だけで可能なのだろうか？人々が自身と違うものを排斥する気持ちをもっているとしたら、または、その社会の制度と文化が異質的なものを抑圧する方式で行われているとしたら、どれほど最先端のコミュニケーション技術が後押ししたとしても、コミュニケーションと共有、協業と融合が行われることは難しい。

その点において、スマートシティを作る先端技術は、誰もが排斥されずに、すべての人が一緒に共存し、繁栄する都市を夢見る包摂都市の価値と繋がる時にこそ、可能となる。膨大な予算を注ぎ込み、先端技術を集積しようとすることで、スマートシティを形だけ造ったとしても、その都市に包摂がなければ、多様な人々の間でコミュニケーションと共有、協業と融合が活発に行われることはなく、持続可能な技術革新は行われず、都市は衰退していくだろう。

また違う側面からみると、包摂都市の価値もスマートシティと結合する時、最も効果的に具現化することができる。人工知能、IOT、ビッグデータ技術の融合を通して、都市の多様なデータをリアルタイムで蓄積、分析し、最適化する技術を適用するスマートシティは、先端技術を開発・活用し、導入する費用を抑えることで、社会的脆弱階層にまで、技術の恩恵を広範囲に広げられる可能性を示している。

このようにスマート包摂都市というのは、スマートシティと包摂都市の単純な組み合わせではない。現代の都市が具現化しなければならない価値と、それを行うための方法が何かを、都市行政の第一線で、考え実践し、導き出した結論である。よって、この概念は、今、この瞬間も進化している。また誰か1人だけの概念ではなく、30万城東区民が、ともに考案し、作っている都市ビジョンである。

適正技術、オンギヌリソからスマートシムト（休憩所）まで

包摂都市の価値として持続可能な技術革新が起こるスマートシティ、先端技術として社会的脆弱階層を含んだすべての人が、技術の恩恵を受けることができる包摂都市、これが、スマート包摂都市の2つの核心となる命題である。そうであるならば、このような都市はどういった方法論を通して、実現されるのだろうか？　まず、スマート包摂都市は、先端技術を無条件的に集積し

ようとする観点と態度を徹底的に目指している。すべての市民が自由に活用し、彼らの生活を改善させることができる先端技術をオーダーメイド型で適用、普及することがスマート包摂都市である。

私たちは、こういった技術を適正技術と呼んでいる。本来、適正技術(Appropriate Technology)は、発展途上国が、都市インフラ改善などに応用させる低廉な技術という意味として使われている。しかし、概念というものは、時代的な条件と状況によって、際限なく進化する。スマート包摂都市における適正技術は、私たち都市の現実に合った再概念化し、広範囲での活用性と時宜を考慮するオーダーメイド集積技術を意味している。

城東区の事例を通して、その意味を明確にするとすれば、テントから始まった生活密着型政策が、スマートシムトへ発展させたことを挙げる事ができる。それは、とりわけ暑かった2017年夏、横断歩道にて顔をしかめながら、本やうちわで日よけをしている区民たちを見ながら、大型パラソルを設置してはどうだろうか、と考えた。すぐに実践し、城東区のあちこちの横断歩道に‘暑さをしのぐテント’を設置した。またその延長線に、冬には、バス停に寒さをしのぐテントを設置し、‘オンギヌリソ’という名前を付けた。これらについての城東区民の反響は予想以上であり、全国の自治体へと広まっていった。

先日、城東区は区内の10か所のバス停に、スマートシムトを作った。シムトには、暑さや寒さを防ぐ冷暖房と、公共WIFI、携帯電話無線充電器、椅子と机が配置された。また、新型コロナウィルス拡散防止のため、入り口にて、サーモグラフィにより体温をチェックし、異常がなければ、ドアが開く自動ドアとUV空気清浄機も設置した。バスの到着状況を動画で見せる電子看板、非常ベル、知能型監視カメラなど最先端機能をもつ、レベルの高いサービスを提供している。今回も多くの城東区民からお褒めの言葉をいただいたのはもちろん、BBC、the Guardian、CNNなど海外メディアからも注目を集めた。

故意ではなかったが、城東区の名前を世界へ広めることになり、前述したように、始まりは、猛暑と極寒の状況におかれている住民たちのために設置した大型パラソルとテントであった。つまり、スマートシムトが出てきたのは、そこへ適用された先端技術ではなく、市民の生活に密着し、市民が抱える不便さを敏感にキャッチし、解決策を探そうとした城東区の積極行政哲学であり、その意思である。

城東区役所のホームページ、ブログには、スマートシムトを利用してみた区民からの感想をみることができる。その中で、最も印象的だったものを紹介すると、‘私が住んでいる家よりも、ずっといい‘‘午前0時以降は運営していないけど、24時間運営してほしい‘といったものであった。すべて若者たちが残していったコメントである。お褒めの言葉もありがたかったが、勉強漬けの日々を送り休む暇もない若者の現実を感じ、不安になった。

しかし、城東区はこういった問題を解決する生活密着型政策を、既に3年前より推進してきた。2017年12月オープンした城東区チェクマルである。城東区役所1階ロビーはとても広い。しかし、これまでは活用されてこなかった。ある日、コエックスビョルマダン図書館を見て、区役所ロビーをこのようなブックカフェに、リモデリングしたらいいかもしれない、と考えた。そうして作られた城東区チェクマルは、平常時には、区民たちが休憩し読書をする空間として使われ、試験期間には、学生たちが試験勉強をする空間へと活用され、熱帯夜には、暑さをしのぐ休憩所として開放され、区民たちが涼しく夏の夜を過ごせる場所として運営されている。これ以降にも、城東区が管理する公共施設、遊休スペースをチェクマルにリモデリングしているが、これもやはり多くの区民たちから反響を呼んでいる。

暑さをしのぐテントと、オンギヌリソが、スマートシムトとして発展したように、城東チェクマルにも、様々なスマート技術が運用されることになるだろう。これからも、城東区は、いつでも、区民が抱えている不便さを敏感にキャッチすることに勤しみ、区民たちの生活に目を配り、スマートな解決策を積極的に打ち出していく。適正技術を通した生活密着型政策の絶え間ない推進、これがスマート包摂都市を作っていく城東区の方法論である。

（松下茉那訳）

コラム④

(生命力溢れる都市を作るための文化メディエーター養成提案)
都市再生のメディエーター

イム・ドンウク
(韓国外国語大学校)

社会セクターごとに他の都市再生に焦点をあてる

急速な産業化、現代化、国際化を作ってきたグローバル成長の時期が終わりを迎えている。台湾、香港、韓国、日本など東アジアの都市では、インフラの機能が低下しているか、動きが止まっている。代案として、登場したものは、'都市再生'である。下降曲線を描きながら、衰退していく都市に活力を与え、再び人々の住処として、変貌させる作業である。特に、韓国は、2017 年の新政権発足と共に、来年に 10 兆ウォンずつ、計 50 兆ウォンの国家予算を投入し、全国で都市再生事業を進めている。都市を活性化させることは、経済的に活力を吹き込み、住民に希望を与える作業だからだ。

しかし、現実の風景は、思わしくない。住民、公務員、建設会社、市民団体など、事業と関連するいくつかの主体たちが、それぞれ望むものが違うため、しばしば意見の衝突が起こる。社会セクターによって、都市再生についての焦点が違うことが原因である。

一般的に社会を構成する主体たちは部門(sector)によって、3 つに分ける。第 1 セクターは、'官' といい公共部門であり、政府や自治チ体など公的な業務を遂行する主体を指す。第 2 セクターは、'民' または '私' といい、民間部門として、企業や市場など、私的な利益を指向する主体を指す。第 3 セクターは、非政府及び非営利部門として、歴史の中で '市民社会' と呼ばれる自発的で有機的な主体を指す。

第 2 セクターに属する個人、または民間の次元では、規模と費用により、都市再生事業を推進することは、簡単ではない。特に、都市の特定区域全体の古いインフラから再整備する場合には、天文学的な費用が発生する。結局、第 1 セクターに属する中央政府または地方政府が主導し、特定区域と都市全体へ変化を与えるしかない。彼らの立場は、市民の見方とは異なる。結局、第 3 セクターである市民団体が、仲裁を進める形式で都市再生は社会セクターが絡んだ複雑な様相に変わる。

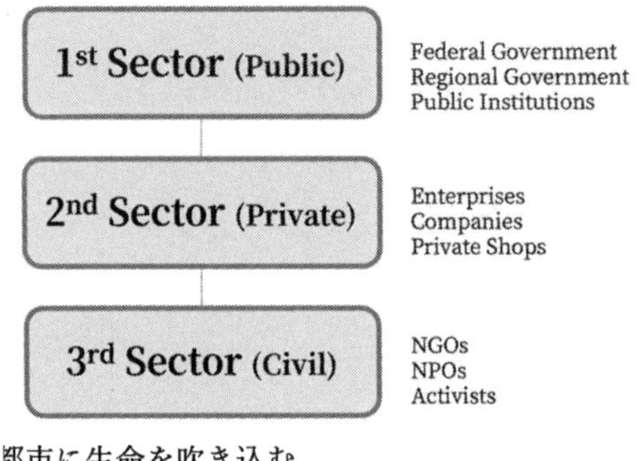

都市に生命を吹き込む

ガバナンスの方式で都市に生命を吹き込む

近代と現代に至るまで大部分の国家は、垂直的な社会体制であった。第1セクターである‘官’が政策を立案し、第2セクターである‘民’に強要し、指示に反した場合には、制裁を加える方式で国家が運営していた。“国家が政策を作れば（上有政策）、民間は対策を作る（下有對策）”は、中国の格言からも窺える。このような垂直的な体制を‘統治（government）’という。都市が建設され、発展してきた過程も、第1セクターがインフラを構築後、第2セクターが、建物を建てて活動をする統治の方式で進行した。

しかし、現代社会が複雑化になりながら、一つの解決方法では処理が難しく、官と民、どちらも完全に責任を負うことができない状況が起きた。第1セクターと第2セクターの後ずさりにより、コミュニケーションが滞ったり、放置したりし、市民は、疎外された。こういった時に必要なのは、第3セクターの役割である。‘市民社会’部門は、‘官’のように硬直した態度をもつこともなく、‘民’のように利益によって価値観が変わることもない。こういった既存の垂直的統治体制が、水平的な構造にかわることを‘ガバナンス（governance）’という。

都市再生において、3つのセクターが、それぞれ追求し目指すところが異なるため、一つの事業の中に溶け込ませることは容易ではない。この時は都市再生の根本的な目標を確認しなければならない。都市を再生（regenerate）させる事業は、都市に活力を与えるため複雑な構造を再整備する作業である。そのため、都市再生の目標は、都市を‘掃除’することではなく、都市へ‘生命’を吹き込ませることだ。生命体の特徴を定義するときは、現在の状態を持続させようとする恒常性（homeostasis）が挙げられることがある。都市に新しい生命を吹き込もうとすると、機械のようにきれいな方式で部品を取り替えて完全に新しい方式で作動させるのではなく、全体の有機的な生態系を考慮しながら改善に努めなければならない。

経済においても、類似の主張が提起されている。よく言われる大企業中心のすっきりとした資本主義は、外部の脅威と内部の危機などの変化に対処する能力に劣る。カール・シュラム (Carl Schramm) 前カウフマン財団理事長は、「多くの中小企業が絡み合っており‘混乱した資本主義 (messy capitalism)’を目指してこそ健康な経済が維持される」と主張していた。第1セクターと第2セクターは、すっきりしたものを好む。しかし、都市居住者の生活をのぞき見れば、小さな亀裂の間に、多くの形態の生活が存在する。これらを、きれいに掃除するという強圧的で垂直的な都市再生政策は軋轢と対立を引き起こし、結局は、高い社会的コストを招く。水平的なガバナンスの態度が、求められる理由である。

都市再生事業における第3セクターの役割

都市再生事業のビジョンを提示し、業績を宣伝する広報を見ると、華やかできれいな結果が強調される。都市自体が力を発揮することが難しく、人為的に生命の力を吹き込もうとすることが都市再生である。しかし、脆弱な子どもの身体機能が低下する状況と、有機体的メカニズムが壊れたことには目を向けず、温かいお風呂に入れ、きれいな服を着せて望む外見だけに重点を置くなら、それは望ましい政策と言えるのだろうか。

第3セクターの市民社会が見えない役割を担っていることにより、生命力を高めることが望ましい。身体の外と内を結びつける呼吸器または体内の老廃物を取り除き、外へ排出する循環系のように、一見騒然としていても健康な状態を維持するのに欠かせない任務を、第3セクターの活動家たちへ付与することだ。重大で厳しい任務を与えられるだけに、彼らを養成する過程にも特殊な教育プログラムを適用する必要がある。

韓国の学生たちは、高校と大学に通いながら、第1、2セクターへ就職するという夢を持つ場合が多い。そして卒業後、社会へはじめの一歩を踏み出しながら、不条理と不合理な状況を経験し、目撃しながら衝撃を受けることがある。この過程において使命感と正義感が高まり、第三セクターに方向転換することが頻繁にある。しかし、ショック療法により第3セクターの活動家が誕生する必要はない。生物の時間に生命体のメカニズムについて学んだように、市民の一人として社会の内部を見てみる教育を学校でも受けなくてはいけない。正規教育 (formal education) としての教養科目としても可能であり学校外で行われる非形式教育（informal education）を拡大する方法もある。

第1セクターと第2セクター、製作者と消費者、恩恵者と恩恵者、統治者と有権者などは、対立的で垂直的な関係である。第3セクターは、これを対話と疎通基盤の協力的で水平的な関係へ転換させる役割を担う。このように複数の主体間を連結し、仲裁し促進する媒介専門人材を‘メディエーター（mediator）’といい、このような行為を‘メディエーション（mediation）’という。‘真ん中に立つ、半分に分ける、両側を連結する’という意味をもつラテン語の‘mediare’から派生した英語表現である。

メディエーションとは、様々な行為を含んでいる。しばしば、軋轢を仲裁したり、コミュニケーションを促進したりすることのみを指すが、実際には結縁、仲裁、連携、争議調停、促進、斡旋、連結、仲介、介入、緩衝、和解、問題解決、伝承もすべてメディエーション行為に含まれる。文化芸術分野のメディエーターは、創作・生産主体、消費・享受主体、支援・立案主体などに分かれた社会内の文化芸術の主体間の軋轢と衝突を減らし、コミュニケーションと協業を増やすことができる。多面的で柔軟な役割を担うメディエーターが多くなるほど、社会体制は有機的で円滑な姿に変わり、都市再生においても、媒介活動家が多くなり、慌ただしいほど都市の生命力が高まる。韓国では、中央官庁と自治体にて‘都市再生コーディネーター’を要請するプログラムを活発に運営している。

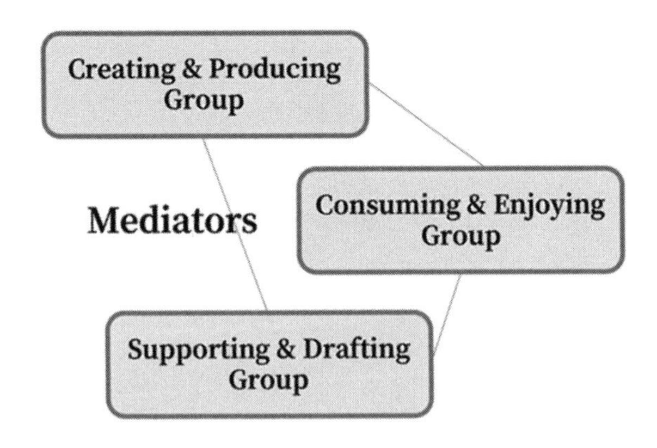

文化芸術を活用する都市再生にも媒介者は必須

最近では、都市再生の効果を高めるため文化芸術を導入することもある。単純に都市の機能的インフラだけを入れ替えるのではなく、文化コンテンツ、純粋芸術、公演芸術等を導入し、外部の人たちの関心を引き、感性的な次元から都市のイメージを、様変わりさせる効果をもつ。芸術家という存在は、第1、2、3セクターを行き来しながら、どこにも属さない独特な立場を持つため、彼らに役割を与えることで、既存の硬直した行政体系を柔軟に変えることができる。

笑い話として“芸術家と話が通じる公務員はいない”と言う。芸術家たちは、一般人と生活の方式が異なり、予測と統制が容易でない。限定された範囲を超える芸術家の長所に、費用を支払う企業がどれだけあるのか。一人で悩み実験する芸術家たちの個人主義を理解する市民活動家は、またどれくらいいるだろうか。結局、芸術家をはじめとする、都市内の主体を仲裁し緩衝させる受動的な役割だけでなく、連携させ、促進させる能動的な役割をすべて担う媒介者が必要である。したがって、有能なメディエーターを養成するためには、学校にて、体験と討論を通じて柔軟性を育て、経験を積む教育を提供しなければならない。

既存の都市再生組織にも、メディエーターは存在した。しかし、自治体の担当部署や地域別支援センターたちは、彼ら自身の立場を表し、相手を説得させる消極的なコミュニケーションの態度を見せることが多かった。例えるならば、胴体はそのままにして、メディエーターという非常に小さな触手だけを伸ばし、組織外の状況を偵察させたのである。メディエーターたちは、触手ではなく、胴体でなければならない。機関や企業に従属した存在ではなく、独立的に考え活動し、創意的に解決策を見出していかなければならない。胴体と触手を区別せず、都市内の主体のネットワークに溶け込まなければならないだろう。自主的なメディエーターが多いほど、外見は慌ただしくみえるが、生命力を高めるのに役立つ。

文化メディエーションを通した都市再生専門人材の養成

文化芸術が、脚光を浴びる今日、メディエーションの様々な形態と方式の中で‘文化メディエーション(cultural mediation)’が注目されている。ヨーロッパでは高級文化を社会に広め、大衆の文化的力量を育てる下向き式文化政策の一環として活性化された。高級文化は事前知識の教育を受けず、気軽に楽しむことが容易ではないからだ。これを「文化民主化」(democratizationofculture)という。草創期の文化メディエーションは、トップダウン(top-down)方式の文化民主化を目指す文化芸術教育と大差はなかった。

反面、大衆文化が活性化するにつれ、大衆自らの表現方式を認めたり、大衆が作り出した新しい芸術ジャンルが主流にまで拡散したりすることも発生する。上昇式の文化活動を「文化民主主義」(cultural democracy)という。大衆文化の人気が高級文化市場を上回る現代には、ボトムアップ(bottom-up)方式の文化民主主義を目指す、文化芸術コンテンツが拡散する傾向にある。市民たちが直接絵を描き、音楽を演奏して公演を行う生活芸術活動がこれに属する。

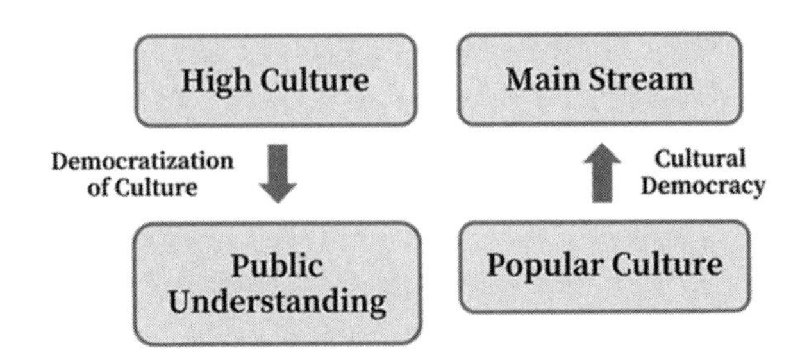

文化メディエーションを活用した都市再生専門人材養成事例として、韓国外国語大学が注目に値する。2002年に大学院に文化コンテンツ学科を作り、2017年には学部に文化芸術経営の副専攻を新設した。これら大学院生及び学部生は文化コンテンツ企画者、文化芸術メディエーター、都市再生の専門人材になるための訓練を受ける。韓国外国語大学は、ソウル市が運営する都市再生総括支援センターとMOUを締結し、都市再生に文化芸術を結びつける実験を行っている。特に、'文化芸術メディエーション概論'、'文化メディエーションとローカルガバナンス'、'包容都市と文化芸術コンテンツ'、'都市文化資源と祝祭コンテンツ'、'都市再生と地域コミュニティ'などの科目を通して未来の活動家としての力量を育てることに集中している。

メディエーターとして活動することは、容易なことではない。互いに異なる指向点を持つ各社会セクターの主体を連結させなければならず、葛藤と軋轢が生じた時には積極的に仲裁に乗り出さなければならない。そのためには業務能力の他に忍耐力、包容力、柔軟性も備えなければならない。しかし、よく訓練されたメディエーターが発揮できる力は大きい。第一セクターの明確性、第二セクターの積極性、第三セクターの包容性を一つにまとめ、都市における活力やコミュニケーションを増やすことに貢献できる。

これまでは、主に社会問題の解決のために活動してきたメディエーターの範囲を、今後は都市再生分野へと積極的に拡大する。正義感と使命感で昼夜を問わず努力する第3セクター活動家が増えるほど、そして、文化芸術を通じて大衆と各セクターをつなぐ文化メディエーターが増えるほど、都市の生命力は大きくなる。

（松下茉那訳）

コラム⑤

敦義洞（ドニ・ドン）チョッパン密集地域の実験と挑戦

松下茉那
（神戸大学）

1. はじめに

韓国にあるチョッパンとは、いわゆる簡易宿泊所のことである。日本の簡易宿泊所は、旅館業法にて定められている施設であることに対し、韓国のチョッパンは、定義できる法制度がなく、認可されていない施設となっている。一般的に、チョッパンの広さは、約1坪であり、大人一人がぎりぎり横になることが出来る程度である。浴室やトイレ、台所などは併設されておらず、近年は、建物の老朽化も進み、劣悪な居住環境となっている。チョッパンの特徴としては、以下の2つが挙げられる。1つ目は、保証金が不要な場合が多いことである。韓国では、一般的に、賃貸住宅へ入居する際に、保証金が必要となってくるが、それを不要とするチョッパンが多い。2つ目は、家賃の支払い方法である。月払いだけでなく、日払いや週払いも可能である。つまり、チョッパンであれば、手元にまとまったお金がなくとも、すぐに生活するための場所を確保できる。こういった側面から、チョッパンは、人々が路上生活にならないための最後の砦ともいわれている。

2. 敦義洞チョッパン密集地域

ソウルの5大チョッパン密集地域（昌信洞，南大門，東子洞，永登浦，敦義洞）の1つである敦義洞は、ソウル市鍾路区にある。鍾路区は、政府機関や、歴史的建造物があり、夜は繁華街として栄える賑やかなエリアである。しかし、鍾路3街駅から10分程歩き、一歩奥の路地に入ると、そこには、チョッパン密集地域が広がっている。

1950年代、敦義洞は、売春業を営む女性たちが多く居住していた。1950年代半ばより、仕事を求め地方からソウルへきた若者が急増し、この地へ流れ着いた。そのため、ここに日雇い労働者の寄せ場が形成されるようになる。同時に、彼らが寝泊りするための場所や、食堂が多く作られ、賑わいを見せた。この現象は、1950年代末まで続いたという。しかし、1968年、第14代ソウル市長金玄玉の施策により、この地域の売春業に対する大規模な取り締まり

写真1 一歩奥の道を入ると狭い路地が続いている敦義洞チョッパン密集地域

が実施された。これにより、ここにいた女性たちは、ほかの地域に散らばることを余儀なくされた。彼女たちが居住していた建物の貸主たちは、その後、ここを簡易宿泊所とし始めた。その頃、韓国は高度経済成長期であったため、寄せ場もさらに巨大化した。それにより、簡易宿泊所の部屋を細分化し、より多くの人が居住できるように改造していった。これが、敦義洞チョッパン密集地域の成り立ちである。さらに、居住者数を増加させたのは、1997年末に起きたIMF経済危機である。この時期、路上生活者が急増するとともに、チョッパンに居住する人も増加した。ピーク時には、約800世帯が住んでいたといわれている。

現在では、日雇いの仕事も減少し、国民基礎生活保障制度など、行政による福祉政策が拡充されたことにより、居住者数は減少した。2019年時点、居住者数は約570名、そのうち半数は、国民基礎生活保障の受給者である。高齢化も進んでおり、約3割の住民が65歳以上である。そして、9割が単身世帯であり、1割は、家族や友人と住んでいる。男女比は、9：1となっており、圧倒的に男性が多い。

3. 敦義洞住民協同会

ここからは、敦義洞住民協同会について紹介する。この組織には、敦義洞のチョッパン居住者のうち5分の1の住民が、会員として参加している。韓国住民運動情報教育院という民間団体から全面的な支援を受け、活動している。活動内容としては、主に、共済会活動とボランティア活動である。共済会活動では、会員が出資金を出し、協同会の活動資金としたり、個人に少額貸し付けを行ったりしている。出資額の累積は、2020年2月時点で、約800万ウォンである。ボランティア活動は、主に昼食の提供(炊き出し)である。毎日、約70人分を提供している。ほかにも、協同会で小さな畑を所有しており、キムチを作り住民へ配ったり、石鹸を作り販売した売り上げを活動資金に充てたりしている。さらに、他の地域の住民組織とも交流の機会を設け、住民組織に関するイベントにも参加し、積極的に外部と交流を行っている。

この協同会には、社会福祉士でもあるチェさんが、コーディネーター役として参加している。筆者が2020年2月に、協同会を訪問した際、チェさんは、「チョッパンに住む住民は、貸主に対して高額な家賃を払いながら、賃借人としての待遇を受けておらず、適正な住居環境を要求することができない状況です。以前、貧しい住民に対して貸主や管理人からの搾取があるという報道がありましが、住民はそういった状況であっても、ここ以外に行くところがないのです。」と話した。

この背景には、チョッパン居住者、貸主、管理人の関係性が影響している。管理人とは、チョッパンに居住し、家賃の回収等を行う役割を担う人のことである。居住者が、貸主へ住居環境の改善を要求することが難しい理由は、貸主や管理人が、居住者の生活に良くも悪くも大きな影響を与えるからである。具体的には、居住者が、家賃を滞納した時、貸主は、退去を命じたり、支払い猶予を決定したりする。また、居住者が体調不良の時、病院に付き添ったり、福祉施設へ連絡したりするのも、貸主や管理人である。こういった背景をもとに、共同会の活動目的の1つには、住民自らが自身の尊厳を取り戻し、当たり前の権利を堂々と主張できるようにすることがある。その実現の一歩として、現在、住民同士が力を合わせて活動している。

4. チョッパン相談所

敦義洞には、2018年2月からソウル市より委託を受け、民間団体「在大韓救世軍維持財団法人」が運営しているチョッパン相談所がある。ここは、2019年4月に開設された洗濯室やシャワー室、休憩室を兼ね備えた地域住民が利用できる建物の中にある。チョッパン居住者の生活支援を目的としており、住民にとっても、他の福祉施設より身近であり、利用しやすい施設となっている。相談所の主な事業は、食糧支援、生活用品の支給、生活相談・行政サービス支援窓口(住民登録の復元や国民基礎生活保障受給への手続き)、保健医療支

図2 相談所から見える敦義洞チョッパン密集地域の風景

援、安全点検支援、居住移行支援、自活・就労支援などがある。相談所には、社会福祉士や看護師などの専門職のスタッフが常駐している。ソウル市から、チョッパン居住者生活安全支援金として、2020年度、約4億ウォンが承認されている。2019年度と2018年度は、約3億ウォンであった。

5. おわりに

ここまで、敦義洞チョッパン住民協同会を中心に、敦義洞チョッパン地域での取り組みについて紹介した。特に、敦義洞チョッパン住民協同会においては、住民自らの力で、地域をより良くしようと活動に取り組んでいる。一見、こうした経済的脆弱層地域は、行政や民間団体等からの支援を受動的に受けているとみられる傾向がある。しかし、この協同会では、外部からの支援に加えて、当事者である住民たちが活動資金を出し合い、活動している点が、これまでの団体との違いであった。しかし、課題も残されている。協同会のチェさんは、敦義洞チョッパン相談所について、「今の相談所の所長は、知り合いなので、親しくしているが、以前は、交流がなかった」と述べていた。この背景には、以前、チョッパン地域について、ソウル市と、協同会との間で意見の相違が生じたという経緯がある。担う役割に違いはあるが、協同会も、ソウル市もチョッパン相談所も、この地域のために動いている。相互に綿密な意思疎通を図り、各役割、機能を明確にし、活動することが実現できれば、一層の効果が期待できるのではないだろうか。

V 日 本

9章　SDGs達成のための自治体の役割　阿部昌樹

10章　大阪・東京大都市圏の分極化の動態と脆弱層に向けたサービスハブ地域の変容　水内俊雄・寺谷裕紀

11章　浅香・加島・矢田地区におけるまちづくりの新たな展開　矢野淳士

12章　インクルーシブな地域づくりの理論的課題と意義　志賀信夫

13章　移住者支援と災害福祉の可能性　全 泓奎

14章　コロナ禍によって見えた難民・移住者をめぐる課題　川本綾

【コラム】

①包摂型都市に向けた八尾市の外国人市民施策　網中孝幸

②泉北ニュータウンにおけるインクルーシブな地域づくり　古下政義

③大阪における出所者支援の現状と課題　掛川直之

④ベトナムにルーツを持つ子どもを対象としたルーツ語教室の実践　鄭栄鎭

⑤コロナ禍の東京に生きる居住困窮層への民間支援の現状と課題　杉野衣代
——外国人、DV被害者、母子世帯、ホームレス支援の現場から

⑥教育と福祉と地域——住之江区のこどもを支える取組みについて　松永貴美

9章　SDGs達成のための自治体の役割

阿部昌樹
（大阪市立大学）

1. SDGsの国内実施

1）SDGsとは何か

ニューヨークの国連本部で開催された「国連持続可能な開発サミット」において、「我々の世界を変革する――持続可能な開発のための2030アジェンダ（Transforming Our World: The 2030 Agenda for Sustainable Development）」と題する文書が、参加193か国の全会一致で採択されたのは、2015年9月27日のことであった。この「2030アジェンダ」には、「持続可能な開発目標（Sustainable Development Goals = SDGs）」として、貧困の撲滅、不平等の是正、気候変動対策等の、国際社会が2030年までに達成すべき17の目標が明示されるとともに、それらの目標を達成するために取り組むべき事項が、169のターゲットとして掲げられていた。

そもそもSDGsは、2000年9月8日に「国連ミレニアムサミット」において採択された「国連ミレニアム宣言」をもとに、それと1990年代の主要な国際会議で採択された国際開発目標とを統合するかたちでまとめられた「ミレニアム開発目標（Millennium Development Goals = MDGs）」の、後継目標として構想されたものであった。MDGsは、極度の貧困と飢餓の撲滅や乳幼児死亡率の削減など、国際社会が2015年までに達成すべき8つの目標を掲げ、その実現に向けての国連加盟各国の努力を求めるものであったが、その目標達成年とされていた2015年の到来を前に、ほぼ達成された目標と残された課題とを踏まえた、国際社会が追求すべき新たな目標の設定が国連主導で検討されるようになり、数次にわたる多面的な交渉を踏まえて確定したのがSDGsであった。

しかしながら、MDGsとSDGsの間には、大きな相違がある。その相違とは、MDGsが主として開発途上国が直面している諸問題に焦点を合わせ、それゆえに、開発途上国を問題解決主体として想定し、先進国には開発途上国を援助するという役割を割り当てていたのに対し、SDGsは、先進国もまた、よりよい国際社会を実現するために解決すべき、多くの問題を抱えた存在であるという認識を基盤としており、先進国には、開発途上国の援助とともに、自国内における問題の解決をも求めるものであることである。

こうしたMDGsとSDGsの相違ゆえに、SDGsの採択に賛成した先進諸国には、政府開発援助（ODA）や技術移転による開発途上国の問題解決への貢献を、MDGsの時代から継続することとともに、自国内における問題解決に向けての取り組みを展開していくことが、あわせて要請されることになる。日本はまさに、そうした開発途上国支援と国内実施との双方が求められる国のひとつである。

2）日本におけるSDGs国内実施の方向付け

日本におけるSDGsの国内実施は、内閣総理大臣を本部長、官房長官と外務大臣を副本部長、他のすべての国務大臣を構成員とする、「持続可能な開発目標（SDGs）推進本部」を中核組織として取り組まれることになった。そのSDGs推進本部の第2回会合において、「持続可能な開発目標（SDGs）実施指針」が決定された。2016年12月22日のことである。この「SDGs実施指針」には、「我々は、これまでと異なる決意を持って、国際協調主義の下、国際協力への取組を一層加速していくことに加え、国内における経済、社会、環境の分野での課題にも、またこれらの分野を横断する課題にも、国内問題として取組を強化するのみならず、国際社会全体の課題としても取り組む必要がある」という認識が示されるとともに、「持続可能で強靱、そして誰一人取り残さない、経済、社会、環境の統合的向上が実現された未来への先駆者を目指す」ことを、SDGs達成のための日本としての取り組みを統合するビジョンとすることが明示された。そして、そのうえで、「あらゆる人々の活躍の推進」や「健康・長寿の達成」等の8つの「優先課題」と、「普遍性」、「包摂性」、「参画型」、「統合性」、「透明性と説明責任」という5つの「実施のための主要原則」が掲げられた。また、「広範なステークホルダーによる社会貢献活動やその他のSDGs達成に向けた様々な活動とも緊密な連携を図る」ことが宣言された。そして、地方自治体も「緊密な連携」を図るべきステークホルダーとして位置づけられ、以下のような言及がなされた。

> SDGsを全国的に実施するためには、広く全国の地方自治体及びその地域で活動するステークホルダーによる積極的な取組を推進することが不可欠である。この観点から、各地方自治体に、各種計画や戦略、方針の策定や改訂に当たってはSDGsの要素を最大限反映することを奨励しつつ、関係府省庁の施策等も通じ、関係するステークホルダーとの連携の強化等、SDGs達成に向けた取組を促進する。

かくして、自治体のSDGs達成に向けた取り組みを国として促進することが、日本におけるSDGsの国内実施の方策のひとつとなったわけであるが、「SDGs実施指針」の決定以降の、国としての、自治体のSDGs達成に向けた取り組みを促進するための具体策は、それ自体として、そしてまた、「SDGs実施指針」が決定される以前の国の自治体に対する政策誘導と相俟って、SDGsを中核とする「2030アジェンダ」の基本理念に背馳した方向に自治体を誘導していく可能性を内在させているように思われる。本章は、そのことを確認したうえで、日本国内においてSDGsを達成するために自治体が果たすべき役割を、再考することを目的とするものである。

2. 自治体SDGs

1）地方創生政策および環境未来都市構想との接合

自治体のSDGs達成に向けた取り組みを促進するための国の政策誘導を方向付けたのは、2017年6月9日に開催されたSDGs推進本部の第3回会合における本部長である安倍晋三首相の発言と、同日に閣議決定された「まち・ひと・しごと創生基本方針2017」におけるSDGsの取り込みであった。

まず、SDGs推進本部の第3回会合において、安倍が、「地方でのSDGsの推進」は「地方創生の実現にも資するもの」であることから、「関係閣僚が連携して、SDGs達成に向けた地方の取組を促進する施策を検討・実施していくようお願い」すると述べた。そして、この発言と平仄を合わせるかのように、地方創生に向けての国の方針を示す政策文書である「まち・ひと・しごと創生基本方針2017」に、「地方公共団体における持続可能な開発目標(SDGs)の推進」という項目が設けられ、そこで、「『環境未来都市』構想の更なる発展に向けて、地方公共団体におけるSDGs達成に向けた取組を促進するための施策を検討し、方向性を取りまとめる」という方針が示されたのである。

「地方創生」とは、少子高齢化の進展に的確に対応し、人口の減少に歯止めをかけるとともに、東京圏への人口の過度の集中を是正し、全国のあらゆる地域において住みよい環境を確保して、将来にわたって活力ある日本社会を維持していくことを目的とした政策パッケージであり、2014年9月3日に発足した第2次安倍改造内閣に地方創生担当大臣が設けられて以降、国の重点政策のひとつとして取り組まれていた。その主眼は、東京圏以外の地方都市における雇用の創出とそれに資するような産業の振興に置かれていた。

また、「『環境未来都市』構想」とは、限られた数の都市を「環境未来都市」として選定し、それらの都市において環境保全や超高齢化対応等に向けた先駆的な取り組みを促すことによって、他の都市においても参照可能な成功事例を創出し、それを多くの都市に普及させることによって、各地において経済成長や雇用創出を促進し、究極的には、全国規模での持続可能な経済社会の発展の実現に貢献することを目指した政策である。2011年12月に、富山市や柏市等の10自治体と大船渡市、陸前高田市および住田町の広域連携の計11地域が「環境未来都市」に選定されていた。この「『環境未来都市』構想」と「地方創生」政策とを結びつけ、そこにSDGsを接合させたのが「まち・ひと・しごと創生基本方針2017」であり、そうした連接に先取り的に言及したのが、SDGs推進本部の第3回会合における安倍首相の発言であったと言うことができる。

そして、「地方創生」政策、「『環境未来都市』構想」およびSDGsは相互に密接に関連しているという、この認識を踏まえて、「自治体SDGsの推進のための有識者検討会」が組織され、そこで、自治体レベルにおけるSDGs達成のための取り組みを推進するために、国として実施すべき施策が検討されることになったのである。

2）SDGs未来都市および自治体SDGsモデル事業の制度化

この「自治体SDGsの推進のための有識者検討会」が2017年11月29日に公表した「『地方創生に向けた自治体SDGs推進のあり方』コンセプト取りまとめ」においては、全国の自治体のそれぞれの、様々なステークホルダーと連携したSDGs達成に向けた取り組みの総体に「自治体SDGs」という名称が付されるとともに、そうした意味での「自治体SDGs」を推進していくためには、「各自治体が自身の固有の条件を踏まえて、独創性のある政策目標を打ち出すことが求められる」ことから、国としては、「各自治体が独自性のあるSDGs推進のプログラムを提案し、取り組めるような環境を整える必要がある」という認識が示された。そして、自治体に独創性を発揮させる方策として、自治体からの事業提案を審査したうえで、モデル自治体を選定し、それらの自治体の先導的な取り組みを国として支援し、成功した取り組みを他の自治体にも普及させることによって、自治体総体としての政策水準を向上させていくという「『環境未来都市』構想」のスキームが活用可能であるとして、「自治体SDGsの推進に資する情報の収集・整理を詳細に行った上で、選定基準を作成して公募を実施し、地方創生に資するSDGsの優れた取組を提案する都市・地域を、『SDGs未来都市（仮称）』として選定すること」や、選定された「各『SDGs未来都市（仮称）』に対してSDGsの理解促進、普及啓発のための事業の展開を促し」、「これに対して財政面での支援を行う」こと等が、国としての取り組みとして提案されたのである。

「『地方創生に向けた自治体SDGs推進のあり方』コンセプト取りまとめ」においてはまた、自治体がSDGs達成のための取り組みを展開していくに際しては、「まず地域の実態を正確に把握し、2030年のあるべき姿を描くことが必要である」と述べられるとともに、国連持続可能な開発サミットにおいて採択された

「2030アジェンダ」に示された目標すべての達成を目指し、ターゲットすべてに取り組むことは困難であることから、「ビジョン策定に当たっては、2030アジェンダやその中核としての17のゴール、169のターゲット、約230の指標などを参考にし、自治体として優先的に取り上げるゴール、ターゲットを選定し、それに基づいて政策目標を作るべきである」という提言がなされていた。

こうした「自治体SDGsの推進のための有識者検討会」の提言を踏まえて、2017年12月22日に閣議決定された「まち・ひと・しごと創生総合戦略2017改訂版」には、「地方創生に資する地方公共団体によるSDGsの達成に向けた取組を公募し、優れた取組を提案する都市・地域を選定する」とともに「SDGsの理念に沿った統合的取組により、経済・社会・環境の三側面における新しい価値創出を通して持続可能な開発を実現するポテンシャルが高い先導的な提案については、モデル事業として選定して資金的に支援する」という記述が盛り込まれた。このうち、前者の「優れた取組を提案する都市・地域を選定する」施策が「SDGs未来都市」として、また後者の「資金的に支援する」施策が「自治体SDGsモデル事業」として、いずれも地方創生政策を所管する内閣府によって制度化され、地方創生政策の一環として実施されることになったのである。

そして、「SDGs未来都市」には、2018年度に29自治体、2019年度に31自治体、2020年度に33自治体が選定され、それらの自治体がSDGsの達成のために実施する事業のうちから、いずれの年度にも10事業が、「自治体SDGsモデル事業」の助成対象に選ばれている。

3. SDGs未来都市

1）優先目標の設定傾向

「SDGs未来都市」の公募に自治体が応じる際には、「SDGs未来都市等提案書」に「2030年のあるべき姿の実現に向けて、SDGsの17のゴール、169のターゲットから優先的に取り上げるものを選択、記載し、その理由を記載すること」が求められている。「経済」、「社会」、「環境」のそれぞれに関して、「優先的に取り上げるもの」を選択することが求められているので、少なくとも3つの目標とターゲットが選択されることになるが、4つ以上を選択している自治体が大多数である[1]。このように目標とターゲットを選択することを求めたのは、「自治体SDGsの推進のための有識者検討会」の「自治体として優先的に取り上げるゴール、ターゲットを選定し、それに基づいて政策目標を作るべきである」という提言を踏まえてのことであろう。

そこで、「2030アジェンダ」に示された17の目標のそれぞれが、これまでに「SDGs未来都市」に選定された93自治体のうちのいくつに「優先的に取り上げるもの」として選択されているかを集計すると、**表9-1**のようになる。

最も多くの自治体に選択されているのは、「包摂的かつ持続可能な経済成長及びすべての人々の完全かつ生産的な雇用と働きがいのある人間らしい雇用(ディーセント・ワーク)を促進する」という目標8であり、「包摂的で安全かつ強靭(レジリエント)で持続可能な都市及び人間居住を実現する」という目標11と、「強靭(レジリエント)なインフラ構築、包摂的かつ持続可能な産業化の促進及びイノベーションの推進を図る」という目標9が、それに続いている[2]。

それに対して、「あらゆる場所のあらゆる形態の貧困を終わらせる」という目標1や、「持続可能な開発のための平和で包摂的な社会を促進し、すべての人々に司法へのアクセスを提供し、あらゆるレベルにおいて効果的で説明責任のある包摂的な制度を構築する」という目標16を選択した自治体は、「SDGs未来都市」に選定された93自治体のうちの2割未満にとどまっている。「飢餓を終わらせ、食料安全保障及び栄養改善を実現し、持続可能な農業を促進する」という目標2、「すべての人々の水と衛生の利用可能性と持続可能な管理を確保する」という目標6、「各国内及び各国間の不平等を是正する」という目標10も、あまり多くの自治体に選択されてはいない。

全体的な傾向として、産業振興、経済発展、雇用創出、インフラ整備等の、地域をより豊かにするような政策に関連した目標が好んで選択され、貧困や不平等の解消に関連した目標は忌避されているという印象を受ける[3]。

2) ターゲットの選択傾向

同様の傾向は、ターゲットの選択にもあらわれている。「2030アジェンダ」

表 9-1　SDGs 未来都市の優先的に取り上げる目標の選択状況

目標	目標内容	選択自治体数				%
		2018年度	2019年度	2020年度	合計	
1	あらゆる場所のあらゆる形態の貧困を終わらせる	5	3	6	14	15.1%
2	飢餓を終わらせ、食料安全保障及び栄養改善を実現し、持続可能な農業を促進する	5	6	10	21	22.6%
3	あらゆる年齢のすべての人々の健康的な生活を確保し、福祉を促進する	17	9	19	45	48.4%
4	すべての人々への包摂的かつ公正な質の高い教育を提供し、生涯学習の機会を促進する	17	21	24	62	66.7%
5	ジェンダー平等を達成し、すべての女性及び女児の能力強化を行う	7	10	14	31	33.3%
6	すべての人々の水と衛生の利用可能性と持続可能な管理を確保する	4	9	9	22	23.7%
7	すべての人々の、安価かつ信頼できる持続可能な近代的エネルギーへのアクセスを確保する	20	18	22	60	64.5%
8	包摂的かつ持続可能な経済成長及びすべての人々の完全かつ生産的な雇用と働きがいのある人間らしい雇用（ディーセント・ワーク）を促進する	28	29	31	88	94.6%
9	強靱（レジリエント）なインフラ構築、包摂的かつ持続可能な産業化の促進及びイノベーションの推進を図る	21	24	32	77	82.8%
10	各国内及び各国間の不平等を是正する	6	8	10	24	25.8%
11	包摂的で安全かつ強靱（レジリエント）で持続可能な都市及び人間居住を実現する	27	23	31	81	87.1%
12	持続可能な生産消費形態を確保する	19	20	26	65	69.9%
13	気候変動及びその影響を軽減するための緊急対策を講じる	19	12	24	55	59.1%
14	持続可能な開発のために海洋・海洋資源を保全し、持続可能な形で利用する	6	14	16	36	38.7%
15	陸域生態系の保護、回復、持続可能な利用の推進、持続可能な森林の経営、砂漠化への対処、ならびに土地の劣化の阻止・回復及び生物多様性の損失を阻止する	15	15	15	45	48.4%
16	持続可能な開発のための平和で包摂的な社会を促進し、すべての人々に司法へのアクセスを提供し、あらゆるレベルにおいて効果的で説明責任のある包摂的な制度を構築する	3	5	6	14	15.1%
17	持続可能な開発のための実施手段を強化し、グローバル・パートナーシップを活性化する	17	17	20	54	58.1%

に示された169のターゲットのうちで、これまでに「SDGs未来都市」に選定された93自治体のうちの3分の1以上に「優先的に取り上げるもの」として選択されているものは、**表 9-2** に示した13ターゲットであるが、それらのうちの4つが、経済成長や雇用創出に関連した目標8の下に置かれたものである。また、それに加えて、持続可能な地域形成に関連した目標11の下に置かれたターゲットと、持続可能な生産と消費に関連した目標12の下に置かれたターゲッ

表 9-2　SDGs 未来都市の優先的に取り上げるターゲットの選択状況

ターゲット	ターゲット内容	選択自治体数	%
8.3	生産活動や適切な雇用創出、起業、創造性及びイノベーションを支援する開発重視型の政策を促進するとともに、金融サービスへのアクセス改善などを通じて中小零細企業の設立や成長を奨励する。	54	58.1%
7.2	2030 年までに、世界のエネルギーミックスにおける再生可能エネルギーの割合を大幅に拡大させる。	52	55.9%
17.17	さまざまなパートナーシップの経験や資源戦略を基にした、効果的な公的、官民、市民社会のパートナーシップを奨励・推進する。	52	55.9%
8.9	2030 年までに、雇用創出、地方の文化振興・産品販促につながる持続可能な観光業を促進するための政策を立案し実施する。	43	46.2%
11.3	2030 年までに、包摂的かつ持続可能な都市化を促進し、すべての国々の参加型、包摂的かつ持続可能な人間居住計画・管理の能力を強化する。	43	46.2%
4.7	2030 年までに、持続可能な開発のための教育及び持続可能なライフスタイル、人権、男女の平等、平和及び非暴力的文化の推進、グローバル・シチズンシップ、文化多様性と文化の持続可能な開発への貢献の理解の教育を通して、全ての学習者が、持続可能な開発を促進するために必要な知識及び技能を習得できるようにする。	38	40.9%
12.5	2030 年までに、廃棄物の発生防止、削減、再生利用及び再利用により、廃棄物の発生を大幅に削減する。	36	38.7%
12.8	2030 年までに、人々があらゆる場所において、持続可能な開発及び自然と調和したライフスタイルに関する情報と意識を持つようにする。	34	36.6%
13.1	すべての国々において、気候関連災害や自然災害に対する強靭性（レジリエンス）及び適応力を強化する。	34	36.6%
8.5	2030 年までに、若者や障害者を含むすべての男性及び女性の、完全かつ生産的な雇用及び働きがいのある人間らしい仕事、ならびに同一労働同一賃金を達成する。	33	35.5%
9.4	2030 年までに、資源利用効率の向上とクリーン技術及び環境に配慮した技術・産業プロセスの導入拡大を通じたインフラ改良や産業改善により、持続可能性を向上させる。すべての国々は各国の能力に応じた取組を行う。	33	35.5%
8.2	高付加価値セクターや労働集約型セクターに重点を置くことなどにより、多様化、技術向上及びイノベーションを通じた高いレベルの経済生産性を達成する。	32	34.4%
11.2	2030 年までに、脆弱な立場にある人々、女性、子ども、障害者及び高齢者のニーズに特に配慮し、公共交通機関の拡大などを通じた交通の安全性改善により、すべての人々に、安全かつ安価で容易に利用できる、持続可能な輸送システムへのアクセスを提供する。	32	34.4%

トが、それぞれ 2 つずつ、「SDGs 未来都市」に選定された 93 自治体の 3 分の 1 以上に、「優先的に取り上げるもの」として選択されている。

これに対して、子どもの貧困が全国各地で問題となっているにもかかわらず、「2030 年までに、飢餓を撲滅し、すべての人々、特に貧困層及び幼児を含む脆弱な立場にある人々が一年中安全かつ栄養のある食料を十分得られるようにする」というターゲット 2.1 を選択した自治体は、「SDGs 未来都市」に選定された 93 自治体のうちでは、つくば市、春日部市、鶴岡市の 3 市のみであり、しかも、このうち子供の食生活の貧困を解消することを意図してこのターゲットを選択しているのは、つくば市と鶴岡市のみである[4]。また、「2030 年までに、各国定義によるあらゆる次元の貧困状態にある、すべての年齢の男性、女性、子どもの割合を半減させる」というターゲット 1.2 を選択した自治体は、93 自治体中の 11 パーセント弱にあたる 10 自治体にとどまっている。貧困や不平等の解消に関連したターゲットのうちで、最も多くの自治体によって選択されているのは、「2030 年までに、年齢、性別、障害、人種、民族、出自、宗教、あるいは経済的地位その他の状況に関わりなく、すべての人々のエンパワーメント及び社会的、経済的及び政治的な包含を促進する」というターゲット 10.2 であり、24 自治体がこのターゲットを選択しているが、その数は、「生産活動や適切な雇用創出、起業、創造性及びイノベーションを支援する開発重視型の政策を促進するとともに、金融サービスへのアクセス改善などを通じて中小零細企業の設立や成長を奨励する」というターゲット 8.3 を選択した自治体の数の半数に満たない。

ターゲットの選択も、「SDGs 未来都市」に選定された自治体の多くは、貧困や不平等の解消よりもむしろ、産業振興、経済発展、雇用創出、インフラ整備等を優先させるというスタンスで行っていると言うことができるように思われる。

4. 地域振興への傾斜

1）なぜ自治体は地域振興へと傾斜するのか

「SDGs 未来都市」に選定された自治体では、地域において SDGs を達成するために優先的に取り組むべきものとして、貧困や不平等の解消に関連した目標やターゲットよりも、地域振興に関連した目標やターゲットを選択する傾向が顕著であるのは、2 つの要因が相乗的に作用した、その結果であると推測される。

ひとつは、人や企業には移動の自由が法的に保障されており、それゆえ、自治体は、人や企業の転入や転出を実効的に規制することができないという、制度的制約である。そうした制度的制約は、自治体が貧困や不平等の解消を目的とした政策の実施に取り組むことを、抑制する方向に作用すると想定される。

もしもある自治体が、貧困や不平等の解消を目的とした政策の実施に、他の自治体よりも積極的に取り組んだならば、そうした政策の受益者となり得る貧困や不平等な処遇に苦しむ者を、他の自治体の区域から招き寄せる一方で、自らが納める税金が、自らのためではなく、貧困や不平等な処遇に苦しむ者のために使用されることを嫌悪する高額所得者や高収益企業の、他の自治体の区域への転出を促進する可能性が高い。そして、その結果、貧困や不平等の解消を目的とした政策の実施に要する財政支出が漸増する一方で、税収は漸減する可能性が高い。そうした可能性が現実化し、継続したならば、自治体財政は悪化の一途をたどり、いずれは財政破綻に行き着くことになりかねない。そうであるがゆえに、自治体は、健全な財政運営を重視する限り、貧困や不平等の解消を目的とした政策の実施には慎重とならざるを得ないのである[5]。

もうひとつは、国の政策誘導から自治体が読み取ったメッセージである。「SDGs 未来都市」の選定事業が、「環境未来都市」の選定事業の後継事業的な意味合いを付与され、地方創生政策の一環として実施されることになったことは、自治体には、「2030 アジェンダ」に示された目標やターゲットのうちで地域振興に関連したものを、「優先的に取り上げるもの」として選択することが期待されているというメッセージとして作用した可能性が高い。多くの自治体は、「SDGs 未来都市」の選定事業に込められたそうした国の意図を忖度したうえで、それに合致するように「SDGs 未来都市等提案書」を作成したのではないかと考えられるのである。もちろん、そうした内容の提案書を作成することは、自治体にとって不都合なことではなかった。人や企業の転入出を実効的に規制できない自治体は、その区域内に暮らす住民やそこで操業する企業の担税力を高めるような政策や、担税力の高い人や企業の区域内への転入を促すような政策に、熱心に取り組まざるを得ない。それはすなわち、産業振興、経済発展、雇用創出、インフラ整備等の地域振興政策に他ならない。

すなわち、制度的制約の下で自治体として注力せざるを得ない政策と、国が自治体に対して「SDGs 未来都市」として取り組むことを期待しているはずであると自治体が忖度した政策とが、いずれも地域振興政策であったことが、「SDGs 未来都市」に選定された自治体の多くにおいて、貧困や不平等の解消に関連した目標やターゲットよりも、地域振興に関連した目標やターゲットが、優先的に取り組むべきものとして選択されるという結果につながったと想定されるのである。

なお、自治体が国の意図を読み誤ったということはないと言ってよいであろう。2017年6月9日に開催されたSDGs推進本部の第3回会合において、安部首相が「地方でのSDGsの推進」は「地方創生の実現にも資するもの」であると発言して以来、自治体レベルにおけるSDGs達成に向けての取り組みを、地域振興を重視する方向に誘導していきたいという国の政策的意図に揺らぎはない。「SDGs未来都市」に選定された自治体の多くは、そうした国の政策的意図を正確に把握したうえで、それに同調したのである。

2）地域振興への傾斜の問題性

こうして顕現した自治体のSDGs達成に向けての取り組みの地域振興への傾斜は、是認しうるものなのであろうか。

「2030アジェンダ」には、SDGs達成に向けての取り組みを展開していくにあたって、それぞれの国が自国の現状、能力、発展段階、政策、優先課題等を考慮に入れることは認めるものの、しかし、17の目標と169のターゲットは「統合され不可分のもの（integrated and indivisible）」として扱われなければならないという趣旨の記述がある。この記述を真摯に受け止めるならば、そしてまた、自治体の活動は、その総体としては、SDGsのすべてに関連していることを踏まえるならば、優先的に取り上げる目標やターゲットを設定するという発想そのものが、「2030アジェンダ」の策定意図に背く可能性を内在させていると考えざるを得ないのではないであろうか。もちろん、ある目標やターゲットを優先的に取り上げはするが、他の目標やターゲットを蔑ろにするわけではないということであれば[6]、問題ないであろう。しかしながら、ある目標やターゲットを優先的に取り上げるということが、その目標やターゲットを効果的かつ効率的に達成するためであれば、他の目標やターゲットの達成可能性を低減させるような施策を推進することも厭わないという発想を含意しているとしたならば、それは明らかに、「2030アジェンダ」の策定意図からの逸脱であろう。地域に新たな産業が勃興し、新たな雇用が創出されるのであれば、その結果、住民相互間の経済格差が拡大してもかまわないという発想は、「2030アジェンダ」と相容れるものではないのである[7]。

また、「2030アジェンダ」には、「誰ひとり取り残さない（no one will be left behind）」という理念が掲げられていることも、看過してはならない。自治体が、地域振興に熱心に取り組む一方で、その地域振興政策の果実をほとんど享受できない住民の存在に気づかないとしたならば、あるいは、気づいていながら何の対応も採らないとしたならば、それもまた、「2030アジェンダ」とは矛盾したスタンスであると見なさざるを得ないであろう。

もちろん、国として、あるいは自治体として、SDGsや「2030アジェンダ」を総体として受容することを拒み、17の目標と169のターゲットのうちのいくつかを、摘まみ食い的に取り上げ、それらのみを追求するという政策的スタンスを採ることも、考えられないわけではない。しかしながら、日本は「国連持続可能な開発サミット」において「2030アジェンダ」の採択に賛成しているのであり、それは、SDGsや「2030アジェンダ」を総体として受容することを宣明しているということに他ならない。また、「SDGs未来都市」に選定された自治体を含む多くの自治体が、SDGsそれ自体にコミットすることを表明している。そうした事実を踏まえるならば、国にしても自治体にしても、SDGsを摘まみ食いすることは、道義的に許されないと考えなければならないであろう。「SDGs未来都市」の選定事業には、そうした許容されざる方向へと向かう可能性が胚胎しているように思われる。

5. 2030年に向けて

以上の考察を前提とするならば、SDGsの達成目標年である2030年までに国および自治体がなすべきこととして、まず重要なのは、17の目標と169のターゲットは「統合され不可分のもの」として扱われるべきものであることを再確認することであろう。そして、そのうえで、特定の目標やターゲットを優先的に取り上げるとするならば、その選択は、2030年におけるSDGsのバランスのとれた達成を目指して、現時点において達成度が低い目標やターゲットの達成に優先的に取り組むという方向でなされるべきであろう[8]。

国レベルでは、「ジェンダー平等を達成し、すべての女性及び女児のエンパワーメントを行う」という目標8の達成の程度が、日本は他の先進国と比較して低いことが、繰り返し指摘されている。そのことを踏まえるならば、ジェンダー平等の達成は、SDGsの達成のために、国として優先的に取り組むべき課題であるということになるはずである。

自治体レベルにおいても、同様の発想が求められる。すなわち、それぞれの自治体が、国際水準に照らし合わせて、あるいは、国内の他の自治体と比較して、達成の程度が低い目標やターゲットは何であるかを見極めたうえで、それに優先的に取り組むべきであろう。

そうした方向を指向したものとして、大阪府が2020年3月に公表した「Osaka SDGsビジョン」は注目に値する。この「ビジョン」の作成に当たって、大阪府は、持続可能な開発ソリューション・ネットワーク（Sustainable Development Solutions Network）とベルテルスマン財団（Bertelsmann Stiftung）が公表している世界各国のSDGs達成状況に関するレポートや、建築環境・省エネルギー機構が作成した「自治体SDGs指標リスト」等を参考に、日本および大阪府の現状を分析したうえで、「強みを伸ばしていく」とともに「弱みを克服していく」という観点から「重点ゴール」すなわち大阪府として優先的に取り組むべき目標の選択を試みている。そして、「弱みを克服していく」という観点からは、「あらゆる年齢のすべての人々の健康的な生活を確保し、福祉を促進する」という目標3が「重点ゴール」に選ばれ、それと関連づけるかたちで、「あらゆる場所のあらゆる形態の貧困を終わらせる」という目標1、「すべての人々への包摂的かつ公正な質の高い教育を提供し、生涯学習の機会を促進する」という目標4、「持続可能な生産消費形態を確保する」という目標12の達成にも積極的に取り組んでいくことが示されている。また、「強みを伸ばしていく」という観点からは、「包摂的で安全かつ強靱（レジリエント）で持続可能な都市及び人間居住を実現する」という目標11が「重点ゴール」に選ばれ、この目標の達成に、大阪の、産業、雇用、イノベーション等に関連した都市としての強みを活かすやり方で取り組んでいくことが宣言されている。選択された「重点ゴール」をどのような施策によって達成していくのかは今後に残された課題であるが、利用可能なデータに基づいて大阪府の現状をある程度まで客観的に把握したうえで、「強みを伸ばしていく」ことだけではなく、「弱みを克服していく」ことも重視して、優先的に取り組むべき目標を選択したことは、SDGsのバランスのとれた達成を目指す試みとして、評価されるべきであろう[9]。

なお、自治体がSDGsのバランスのとれた達成を目指していくためには、そうした取り組みに対する国の支援が必要であることを、最後に指摘しておきたい。とりわけ重要なのは、人や企業には移動の自由が法的に保障されており、それゆえ、自治体は、人や企業の転入や転出を実効的に規制することはできないという既述の制度的制約が、自治体の選択に及ぼす影響を緩和するような支援である。すなわち、国には、「2030アジェンダ」において「最も脆弱な人々（the most vulnerable）」として言及されているような住民を主たる受益者として想定した、貧困や不平等の解消を目的とした政策の実施に積極的に取り組もうとする自治体の、そうした施策の実施こそを、重点的に支援していくことが求められるのである[10]。

注

1　これまでに「SDGs未来都市」に選定された93の自治体全体では、平均すると、ひとつの自治体あたり8つ以上の目標と14以上のターゲットが選択されている。

2　本章におけるSDGsの各目標やターゲット、そしてそれらを含む「2030アジェンダ」の日本語訳は、外務省が作成し、公表している「仮訳」（https://www.mofa.go.jp/mofaj/gaiko/oda/sdgs/pdf/000101402.pdf）に従っている。

3　同様の指摘として、城山（2019）。城山英明は、2018年度に「SDGs未来都市」に選定された29自治体が「SDGs未来都市等提案書」に優先的に取り上げる目標として掲げているものを概観したうえで、「健康と福祉、エネルギー、働き甲斐と経済成長、気候変動等の分野を対象とするものが多く、ジェンダー平等、平和と公正、貧困、海洋等を対象とするものは少ない」と指摘している（城山, 2019: 60）。

4　つくば市は、「こどもの貧困を重点課題とし、こどもの学習支援をとおして貧困の連鎖を断ち切る」ことを、鶴岡市は、「安全で安心な給食を提供することにより……給食を通じた食環境の充実と健全な成長」を図ることを、SDGsを達成するために優先的に取り組むべき事項と位置づけている。これに対して、春日部市がターゲット2.1を選択しているのは、高齢者の食生活を向上させるための施策の充実を意図してのことである。

5　こうした認識は、Peterson（1981）における「都市の限界（city limits）」についての指摘や、Peterson & Rom（1990）における「福祉の磁石（welfare magnet）」についての検討を踏まえたものである。

6　村上周三の「一つの自治体が17のゴール／169のターゲットすべてに取り組むことはありえないことであると考えておいて良い」という指摘（村上, 2018: 21）は、このような意味のものとして理解すべきであろう。

7　蟹江憲史の、「SDGsの目標は全体として一つのものと考え、全ての目標・ターゲットの観点から活動を検証すべき」であるにもかかわらず、自治体のなかには、「自らが重要視する目標以外の目標の視点から見たときには、むしろ目標達成に足を引っ張るような活動をしていたとしても、SDGsに貢献している、と言っているものもある」という指摘（蟹江, 2018: 14）を参照。

8　高須幸雄の、「『誰も取り残されない社会』を目指すためには、最も遅れているところに手を伸ばす立場から発想した方がよいのではないか」という提案（高須, 2019: 65）を参照。

9　大阪府が「Osaka SDGsビジョン」の作成に当たって試みた、公表されているデータを活用して地域の現状を自己分析したうえで、それを踏まえて優先的に取り組むべき目標を設定するという方法は、他の自治体においてもSDGs達成のために利用可能な汎用性があると評価され、国のSDGs推進本部によって、第3回ジャパンSDGsアワードの授賞対象に選ばれている。

10　稲葉美由紀の、SDGsは「すべての国と人々を対象とし、インクルーシブな社会をめざしている」のであるから、「とくに脆弱な立場にある人々が社会的に参加していくこと、政策の中心に組み込まれること、社会に包摂されることが不可欠」であり、「格差に真剣に向き合い、是正するための包摂の視点と社会的合意が必要である」という指摘（稲葉, 2019: 93）の重要性を確認しておく必要があろう。

参考文献

稲葉美由紀、2019、「福祉社会とまちづくり」田中治彦・枝廣淳子・久保田崇編『SDGsとまちづくり』学文社、90-109頁.

蟹江憲史、2018、「自治体×SDGsの可能性」『ガバナンス』208号14-16頁.

城山英明、2019、「SDGs未来都市の系譜と今後の課題」『都市問題』110巻7号51-61頁.

高須幸雄、2019、「日本における貧困・格差・孤立を考える」『都市問題』110巻7号62-71頁.

村上周三、2018、「自治体はどうSDGsを進めるべきか」『ガバナンス』208号20-22頁.

Peterson, Paul E., 1981, *City Limits,* University of Chicago Press.

Peterson, Paul E., & Mark C. Rom, 1990, *Welfare Magnets: A New Case for a National Standard,* Brookings Institution.

ミニコラム　**安倍晋三と SDGs**

安倍晋三は、2017年6月9日に開催されたSDGs推進本部第3回会合における本部長としての発言の冒頭で、以下のように述べている。

> 持続可能な開発目標、すなわちSDGsは、先進国、途上国すべてが責任を持つ重要な取り組みです。日本は人間の安全保障の考え方に立ち、誰一人置き去りにすることなく、一人ひとりが持てる能力を発揮できる社会の実現に向けて、リーダーシップを発揮してまいります。

「人間の安全保障」とは、国家ではなく人間一人ひとりに焦点を合わせ、その生存、生活、および尊厳に脅威をもたらすような状況を改善していくことこそが、今日の国際社会において求められている「安全保障」であるという考え方である。そうした考え方に基づいて「誰一人置き去りにすることなく、一人ひとりが持てる能力を発揮できる社会」を実現していくことは、まさにSDGsの理念にかなった取り組みである。

それでは、SDGs推進本部第3回会合において示された安倍のこの決意は、どの程度実現されたのであろうか。

安倍が首相退任の意向を公表した2020年8月28日以降、彼の首相在任中の業績を振り返る特集が多くのメディアで組まれているが、未だ評価は定まっていないように思われる。SDGs推進本部第3回会合における決意の実現の程度に関しても、どのような指標を用いてそれを測定するかによって、評価は大きく異なってくるはずである。確定的な評価がなされるには、まだまだ多くの時間が必要であろう。

しかしながら、この決意表明に示されている「誰一人置き去りにしない社会」、「一人ひとりが持てる能力を発揮できる社会」といった理念が、その実現の程度はともかくとして、首相の交代によって放棄されてよい、一過性のものでないことは確かである。日本がSDGsの実現にコミットし続ける以上は、これらの理念の重要性を繰り返し再確認する必要がある。また、それとともに、これらの理念がどの程度実現されているのかを、適切な指標を用いて定期的に計測していく必要があるし、実現の程度が低い水準にとどまっているとしたならば、どこに問題があるのかを精確に把握したうえで、改善策を講じていく必要がある。

そこで重要となるのは、「一人ひとりが持てる能力を発揮できる社会」とは、社会にとって有用な能力を有していない者は、冷遇されてもかまわない社会ではないということである。社会にとって有用な能力を有している者が、その能力を存分に発揮できる機会を与えられるとともに、そうした能力を有していない者にも「居場所」や「出番」が与えられ、誰もが生きる喜びを実感できるような社会こそが目指されなければならないのである。

10章　大阪・東京大都市圏の分極化の動態と脆弱層に向けたサービスハブ地域の変容

水内俊雄・寺谷裕紀
（大阪市立大学）

1. 東アジアホームレス調査へのサービスハブ地域概念の導入

社会的脆弱層が集中し、またそうした人々への支援サービスも集中するエリアをサービスハブ地域と定義されたのは、1990年代初頭のアメリカのホームレス問題が大変深刻化したときであり、ロサンゼルスでの経験から学術的に編み出されたといえる（Dear and Wolch, 1997）。この概念は、東アジア先進諸地域における脱ホームレス支援の調査を2001年から始めた時には気づいていなかったが、その対象地域によく当てはまるものであった。特にサービスハブ地域の局地性という観点において、対象4地域は社会的脆弱層を受け入れる狭小な集合住宅からなる特定の空間セッティングを有していたことが、東アジアでの概念の妥当性を表すものであった。

日本においては簡易宿所、ソウルにおいてはチョッパン、考試院コシウォン、台北においては雅房ミャオハン、套房タオハン、香港においては、ベッドスペース、ケージハウス、コフィンハウスなどがその空間セッティングである。ハウジングセーフティネットが特定の空間セッティングを有し、場所的に集中し、いわゆる「貧困地域」「問題地域」として、特別な存在と見なされがちであった。ただし都市空間的な構造との関係は、後述するがもう少し説明を要する。労働市場的には剰余労働力という位置づけの中、景気の調整弁的役割を果たしつつ、単身の日雇い労働者が集中し、社会階層の階梯構造の下層を占める中で、社会的蔑視やスティグマ、地域差別の集中するところとなった。同時にその不安定労働を逆手に、東アジアの急速な発展を支える労働力のプールは、建造環境の生産や都市の消費やサービス産業を支える一大労働市場であったのである。

こうしたそれぞれの国家・地域の発展に不可欠であったこうした労働市場を有する都市内地域に痛撃を与えたのが、1998年の国際通貨危機であった。問題はホームレスの顕現化という形で社会に大きく認識されることになった。われわれの東アジアホームレス調査は2001年から始まったが、それぞれの都市において政策が動き始め、行政の不得意分野を大きく補う形で、NGOを始めとする事態の対処に先行していた民間諸団体が関わることになった。中でも特徴的であったのは、単身労働者の仕事を失ったときのハウジングと家政サービスを補う中間施設を支援の拠点としたことである。いわゆるサービスハブ地域の最も重要な機能を担うことになる。中間施設を介した居住福祉の作動であり、住宅扶助に代表される公的扶助を利用しつつ、いわゆる「福祉包摂」が効き始めたのである。

もともと不安定労働ではあるが、日雇い労働市場を背景にし、特定の空間セッティングで密度濃く居住する地域であった。この場所で稼ぎを得てトランポリンのようにはねて、安定した就労に結び付けてゆく人もいれば、不安定な就労のもとでサバイバルする人もいる、新たな剰余労働力の受け皿にもなる、という新陳代謝、広い意味での包容力のある、働くことで自立を獲得するいわゆる「経済包摂」が効く空間でもあった。国際金融危機後のこれらのサービスハブ地域は、より福祉包摂を強めた日本と台湾と、経済包摂の機能をまだまだ発揮する香港、そしてその中間で社会的ビジネスをより強化して経済包摂の機能を政策化した韓国の事例に分かれたと言える。

これを図式的に示したのが**図10-1**である。もともと定義上は「最後のセーフティネット」を意識して案出されたサービスハブ概念であるが、欧州での経済包摂的側面も踏まえ、新たに日本語では「基底のセーフティネット」と称することにした。その基底のセーフティネットのあり方をサービスハブ概念を用いて類型化したものである。一番左図は、サービスハブ地域の古典的事例ともいうべき、日本の簡易宿所街、ソウルのチョッパン集中地域、台湾の雅

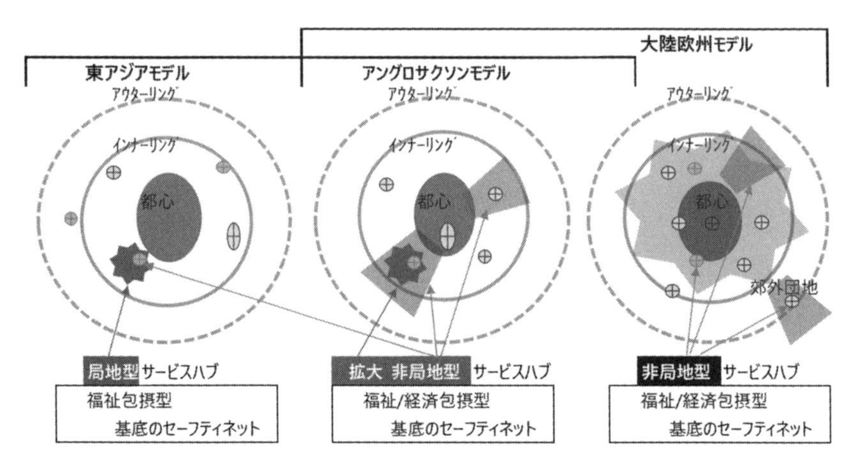

図 10-1　都市空間構造からみたサービスハブの局地性、非局地性と脆弱層への基底のセーフティネットの構成に関する 3 類型

房集中地域であり、2000 年代に入り急速に福祉包摂のドライブが作動するようになったと言える。一方真ん中のモデルでは、エリア的にはより広くなり、典型的には韓国のヨンドンポやデリムドン、カリボンドン、香港のシャムシュイポやクントンなどはその代表的な事例となろう。ヨンドンポを除き、移民や大陸からの労働力の流入の受け皿をなし、国内労働市場だけに完結しないダイナミズムを有しているため、経済包摂がより優越する地域となっている。また日本においても特に東京では、新宿から池袋にかけてのエリアがそうした場となっている。

この図 10-1 はサービスハブ地域と社会包摂の関係をモデル化したものであるが、動態的には、古典的局地型サービスハブモデルから、より広範な地域をカバーする拡大局地型サービスハブモデルに展開することを描いている。社会的マイノリティやエスニシティといった代表的な社会的脆弱層は、欧州ではより広範に展開する。特に大陸欧州での福祉国家のもとで、サービスハブが政策ターゲットとして、行政域を背景にしながら明確に規定されている非局地型モデルを、右側に配置している。

今世紀の変わり目に東アジアにおいては、局地型モデルのサービスハブ地域の機能が、ホームレス支援をきっかけに更新されたが、その後20年、局地型モデルは非局地型に遷移してゆく傾向にある。このもつ意味と、非局地型モデルが本当に有効に働でいるのか、次章で日本を事例に検証してみたい。

2. 局地型モデルから非局地型モデルへ

図10-2は日本のサービスハブ地域を念頭にしながら、「最後のセーフティネット」から「基底のセーフティネットに遷移するそのプロセスと中身を描いたものである。2000年代に本格的にホームレス支援は始まるが、いちばん左下の局地型サービスハブ地域においては、ホームレス激増時、当初は生活保護もうまく適用されず、残余福祉的なホームレス支援が働き始めたといってよい。寄せ場、簡易宿所街で集中的に働き始め、日雇い労働の後退に伴う経済包摂機能の弱化を、ホームレス支援による居住福祉包摂により、サービスハブ地域的機能をいかんなく発揮されたと言える。

このホームレス支援の居住福祉的特徴には、アウトリーチ、アセスメント、中間施設、就労自立、アパート自立、アフターケアという一連の流れがあった。2009年の年初の派遣村から反貧困の流れで、派遣の社員寮で実質経済包摂されていた部分が破綻したときに、ホームレス支援をより一般化する、生活困

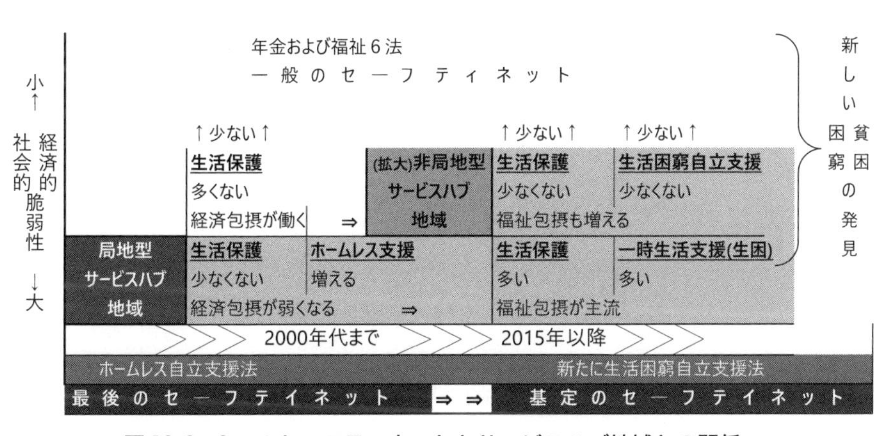

図10-2　2つのセーフティネットとサービスハブ地域との関係

窮者自立支援の仕組みが構想された。局地型サービスハブモデルを基礎にしつつ、ホームレス支援の流れを伴走型支援と名付け、新制度のひとつの根幹に位置づけた。

相対的に脆弱な地域をターゲットに、制度としては全国一律に広げることになった。これにより、生活保護やホームレス支援では発見できなかったような、あるいは出て来なかったような新しい貧困や困窮のSOSに、生活困窮（以降、生困と略記）セーフティネットが機能し始めることになったのである。

従来のホームレス支援は、一時生活支援と名を変え、従前のサービスハブ地域は、生活保護と重なり合い、福祉包摂の機能がさらに強くなったと言える。派遣寮などによる経済包摂機能も、仕事とハウジングのセットが失職により崩れた時に、路上ではなく生困へと派遣寮の業者のほうも生困をし始めるなど、福祉包摂にスイッチされる回路も登場した。また福祉包摂においても、生活保護を利用した無料低額宿泊所の多用が一般的となり、その立地も分散型であったために、非局地型の特徴が強まったと言えよう。こうした状況を、図10-2の右側に記しているように「基底のセーフティネット」と呼び、左側で最後のセーフティネットが、局地型サービスハブ地域のみで機能していた状況に比して、より多重で地理的にも広がりを有する拡大非局地的サービスハブが登場した。この2層が、基底のセーフティネットを構成することになった。図10-1の真ん中の段階に相当する。

3. 生活困窮と生活保護の相関からみた基底のセーフティネットの実状

執筆時（2020年8月末）において、コロナ禍はホームレス状況とは距離のある低収入にある人にも襲い掛かり、今のところ給付金や貸付金などにより、家を失う事態は避けられている。その意味では生困のシステムはフル稼働したと言える。こうした給付が切れる年明けには、今度は生保に殺到するシナリオも予測される。こうした2枚のセーフティネットとしての生保と生困の関係を見たのが**図10-3**である。使用統計は厚労省の次の（）内サイトを利用している（www.mhlw.go.jp/content/000542747.pdf）。

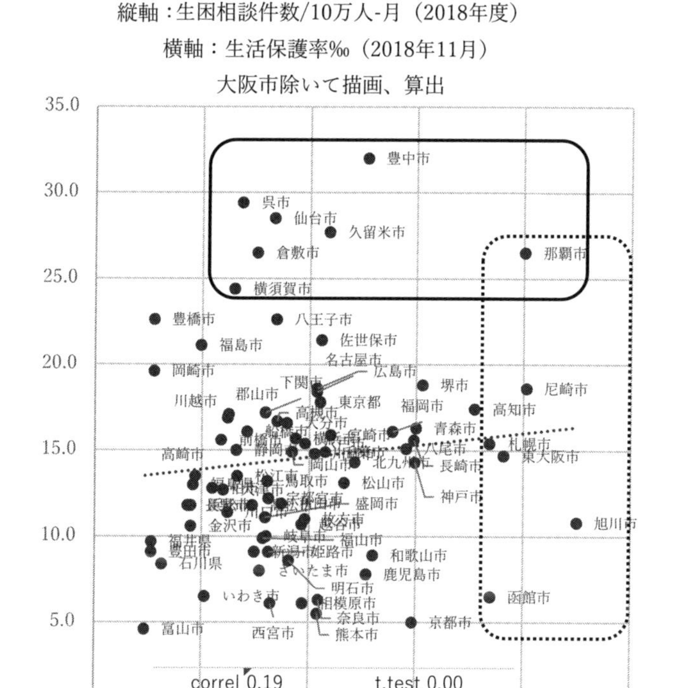

図 10–3　指定都市、中核市、都道府県を母数にした生保と生困の相関

コロナ禍以前の2018年度の全国の指定都市20、中核市55とそれ以外のエリアの自治体分をまとめて47都道府県の計、122地方政府の生保と生困の相関を見たものである。大阪市を除いているのは、生保は51.3‰であるが、生困のほうは56.2と、特に生困が極めて大きいので、相関係数も図3では、0.19であるが、大阪市を入れると0.34となる。これは局地型サービスハブにおける支援数が極めて大きいことの反映で、その実状については後述するが、ここでは、大阪市を省いて傾向を記述する。

数字上では、ゆるい正の相関がt検定でも有意で認められる。しかしグラフの散布はかなりばらけており、特に注目すべきは、回帰直線の上方に位置する太実線で囲った生保が必ずしも高くない都市において生困の利用が多いという事実に注目したい。貧困という軸では必ずしもキャッチできない新たな困窮をつかみとっていると、あるいは掘り起こしていると考えてよいであろう。個々には触れないが太実線囲みの都市は、それぞれ積極的な生困活動を行っている有名どころの自治体が含まれている。一方、太破線で囲った生保が高い都市について、生困の利用数に大きな差異が見られる。生保の柔軟運用で生困の利用層を取り込んでいる場合もありながら、困窮層を掘り起こせていない可能性も高いと考えられる。困窮の実状は、生困が動き出すことにより、支援側、自治体や福祉業界、NPOの力量や熱意、首長の意思、などに左右されながら、掘り起こされ、説明できるといっても過言ではない。社会経済的変数の地理的要因による説明力は低下しているといえる。

4. 大阪と東京における生保と生困の相関からみたサービスハブ地域の実状

東アジアのホームレス支援を担うNGO研究に転回する中で、サービスハブ地域概念に行き当たったが、その発想を支えたのが、典型的サービスハブ地域である大阪の釜ヶ崎と東京の山谷であった。細かい地理的単位での分析はコラムを参照していただくとして、大阪の24区、東京の23区での生保と生困の分析を通じて、2つの局地的サービスハブ地域の意味合いを考えてみたい。双方の区の規模が大きく異なるので単純な比較に無理がある。もちろんその相違を大阪都構想はなくそうとしているが、そのことも意識しつつ、まずは生保と生困の相関の度合いを両都市でみてみたい。なお23区の生保については、https://www.fukushihoken.metro.tokyo.lg.jp/smph/kiban/chosa_tokei/geppo/2018/april/april1.html、大阪市の生保については、https://www.city.osaka.lg.jp/shimin/page/0000441439.htmlから得ており、生困については、各自治体に問い合わせたり、個々の区で発行されている統計より入手している。

図10-4は東京23区、**図10-5**は大阪24区の両変数の相関を見たものである。驚くべきことに、東京においては相関が見いだせず、大阪ではかなり強く見いだせるという対照的な結果となったことである。図10-5では、生保と生困の相関が0.71（1%で有意）と大変高い。西成区がこの傾向を強く引っ張ってい

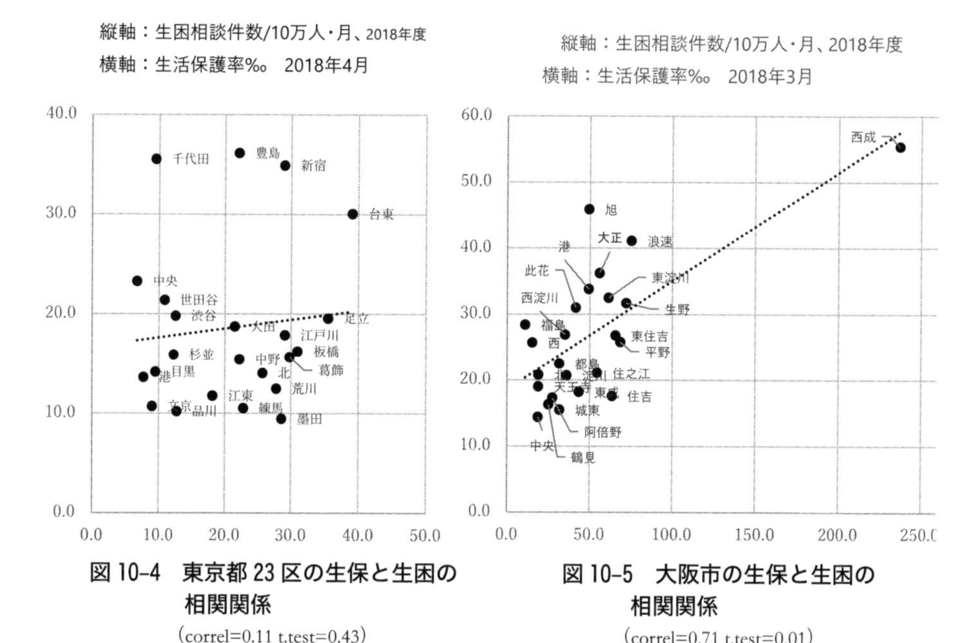

図 10–4　東京都 23 区の生保と生困の相関関係
（correl=0.11 t.test=0.43）

図 10–5　大阪市の生保と生困の相関関係
（correl=0.71 t.test=0.01）

るので、西成区を外しても相関係数は、0.50 で有意となり、これも相当高い相関を示している。個別の区を見ても、太線で囲っているが、生保の受給率が伝統的に高い区において、生困も多いという結果になっている。生困の成果として厚労省の基準は 26.0 以上であり、これをかなり上回っている区も多いことは、全区で窓口を設けていること、また区の規模もそれほど大きくないので、窓口の分布がそこそこ密なことが功を奏しているといえる。また西成区の突出は、釜ヶ崎／あいりん地域のサービスハブ地域の影響力の大きさを伺えよう。

一方図 10-4 の東京の場合は、相関係数は、0.11 で t 検定の結果から相関は認められない。山谷というサービスハブ地域の影響は、大阪の釜ヶ崎ほど大きくはなく、それは所在する台東区の位置を散布図で西成区の位置と比べてみれば明らかになる。むしろ新宿や豊島、千代田における生困の多さが、相関がみられない要因となっている。いわゆる山谷の局地型サービスハブの存在の大きさから、拡大局地型サービスハブとしての新宿や豊島のあり方が注目され、基底のセーフティネットの中心的担い手になっていることを示唆しているといえる。詳しくは刊行予定の英語書籍の担当章に掲載している、From Confinement to Dispersion: Geographies of Tokyo's Housing Safety Net from the Perspective of Homeless Policies を参照していただきたい。

コラムでも指摘しているが、伝統的に生活保護率や失業率の分布が貧困地域の摘出において従来から利用されてきた。また脆弱層ということで、高齢単身世帯やブルーカラー率などよく用いられてきた。大阪ではこの古典的とも言える相関は、少なくとも現代においても反映していると言えるが、東京となると、新宿、豊島を代表するエリアが必ずしもそうした古典的相関を有していない。このことはホームレス支援のシェルター利用にあたる緊急一時生活支援事業の利用数と生活保護の相関をみた**図 10-6** でも明らかにされよう。相関自体は大変高いのであるが、新宿や豊島、渋谷や千代田でシェルター利用層が多くなり、生活保護率の高い荒川、北、江戸川、墨田などでの利用層が少なくなるという新しい困窮の地理が出現してきたといえよう。

一方同じ相関を大阪市でみると、**図 10-7** のようにシェルター利用にあたる一時生活支援事業では、釜ヶ崎 / あいりん地域の影響が大きすぎて、その近辺の阿倍野や天王寺にあふれ出ている状況が、古典的な貧困の地理を大きく乱しているといえよう。釜ヶ崎以外の西成区のシェルター利用数は少なく、あいりん地域のシェルター専用窓口でいかに多くの利用者数をこなしているかが見てとれる。これは東京とは異なる基底のセーフティネットの広がりにおいて、釜ヶ崎に代表される局地型サービスハブの強さを今後、もう一つのセーフティネットへの移行の中で、どのようにその局地性を生かすのか、開放していくのかが問われている、大阪問題ともいえる。そのことが西成特区構想を生んでいる背景となっているといえる。すなわち、この局地性をさらに強化するのか、釜ヶ崎システムを、横展開し、一定程度のエリアを基にしたサービスハブ地域を考えてゆくのか、という今後のシナリオの描き方である。

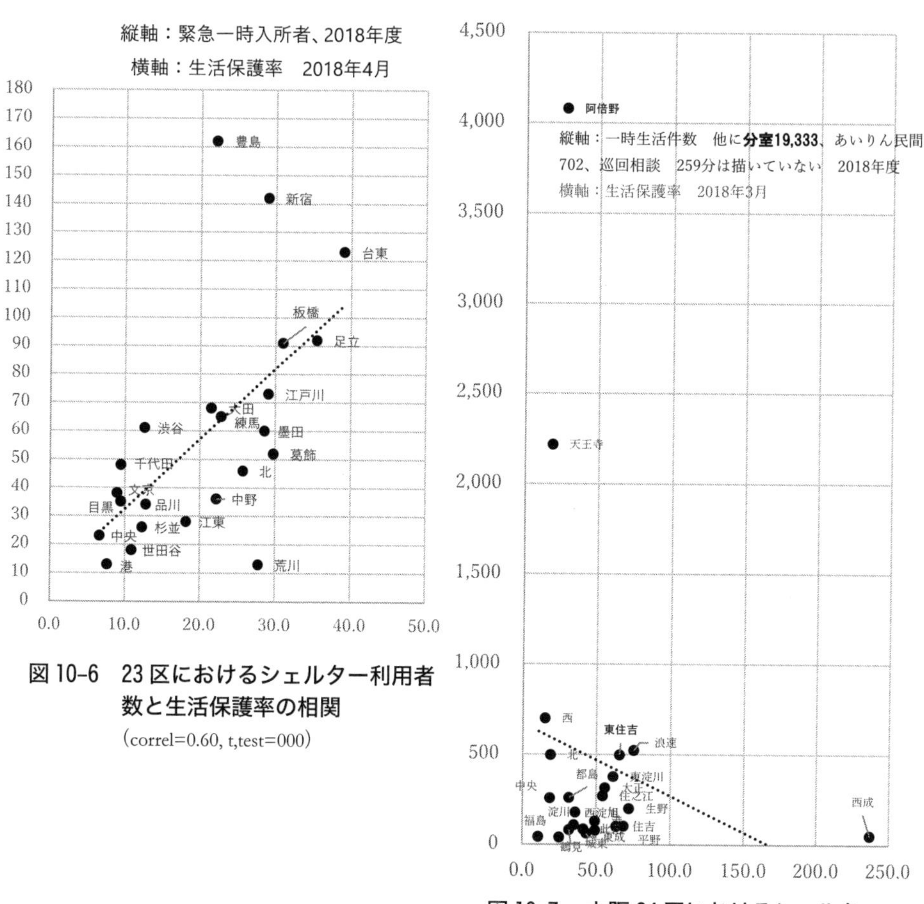

図 10-6　23区におけるシェルター利用者数と生活保護率の相関
(correl=0.60, t,test=000)

図 10-7　大阪24区におけるシェルター利用者数と生活保護率の相関
(correl=-0.20, t,test=003)

5. 拡大局地型サービスハブ地域の担い手の分析から

では、その拡大局地型から非局地型のサービスハブ地域を論じるにあたって、全国の生活困窮者自立支援事業をとりあげ、基礎自治体域という行政域を拡大されたサービスハブ地域とみなすことにより、支援のサービスハブの現況を概観してみる。

表 10-1 は各基礎自治体の採用事業数を都市圏ごとに集計し、その割合を示

表 10-1　都市圏別にみた生活困窮者自立支援事業の採用事業数の現況　2018 年

都市圏	対象自治体数	採用事業数				
		5	4	3	2	1
首都圏	116	22%	23%	23%	**27%**	6%
京阪神都市圏	60	**40%**	28%	27%	10%	0%
名古屋圏	29	14%	3%	**31%**	21%	**31%**
札幌都市圏	8	13%	25%	**38%**	13%	13%
仙台都市圏	6	0%	**33%**	17%	**33%**	17%
静岡・浜松都市圏	12	8%	**42%**	25%	25%	0%
新潟都市圏	7	14%	**43%**	14%	29%	0%
岡山都市圏	14	14%	14%	**36%**	29%	14%
広島都市圏	20	15%	5%	**35%**	20%	25%
北九州・福岡都市圏	13	8%	23%	**31%**	**31%**	8%
熊本都市圏	4	**100%**	0%	0%	0%	0%
金沢・富山	12	0%	25%	**42%**	17%	17%
那覇都市圏	5	0%	20%	**80%**	0%	0%
全国	306	21%	22%	**28%**	21%	9%

表 10-1、2 は 厚生労働省 生活困窮者自立支援制度 自治体の支援実績等 各事業の実施状況・委託先一覧（令和元年 7 月時点）、および都市雇用圏：CSIS・東京大学空間情報科学研究センター 都市雇用圏 UEA Urban Employment Area http://www.csis.u-tokyo.ac.jp/UEA/（2020 年 9 月 3 日）を参考に作成

したものである。なお、ここでの都市圏とは、三大都市圏である首都圏・名古屋大都市圏・京阪神大都市圏については都市雇用圏（10%通勤圏）を、その他の都市圏については広域行政圏か中枢都市圏のいずれかを採用した。

三大都市圏に着目すると、首都圏では採用事業数が 2 から 5 の自治体の割合に顕著な差が見られず、名古屋大都市圏では採用事業数 3 以下の自治体が約 8 割見られる一方で、京阪神大都市圏においては採用事業数 4 以上の自治体が約 7 割に上っており、生活困窮者支援に力が入れられていることが窺える。

地方の都市圏について着目すべきは、対象の自治体数こそ少ないものの、熊本都市圏では対象自治体全 4 市において採用事業数が 5 となっていることである。県庁の意志が早い時点でトップダウンで見られたことの反映かと思われる。それ以外においては、仙台都市圏を除いて、すべての事業を行う自治体が 1 割強、そして 4 事業を行っている割合の高いのが、仙台、静岡・浜松、

新潟となっている。その次に札幌、北九州・福岡都市圏が2割台で続く。総じて、2～3というところでの事業数のところが、半数から3分の2を占めている。金沢・富山と那覇では3つ及びそれ以下というところで、事業が展開されている。大都市圏と呼ばれるエリアにおいても全事業をまだ採用に至ってない現況である。

次に、これは都市圏別、事業別の委託先類型別割合を示した**表10-2**を見てみよう。厚生労働省のホームページに公開されている「各事業の実施状況・委託先一覧（令和元年7月時点）」より、各事業の委託先の区分をもとに、算出した。全国的な傾向としては、自立相談支援事業や家計改善事業の委託先としては社会福祉協議会が多く採用されており、結果として社団法人・財団法人、NPO法人、生協等協同組合・その他を合わせたサードセクター割合は低めの値となっている。

就労準備支援事業には、社会福祉協議会や社協を除く社会福祉法人、NPO、民間企業も参入しており、地域によってかなり状況が異なっている。全国的に見るとNPOによって実施されることが多く、自治体の直営で実施されることは少ないと言える。

子どもの学習・生活支援事業は、全国的に見ても、大都市圏においても民間企業かNPOに委託されることが極めて多いが、一部の地方では直営や社団法人・財団法人によって実施されることもある。

一時生活支援事業は、大都市圏と地方都市圏ではかなり状況が異なる。また、大都市圏の中でも、首都圏では社協以外の社会福祉法人への委託が卓越しているが、京阪神・名古屋大都市圏ではほとんど直営で実施されている、という違いがある。両府主導の事業イニシアティブの効いていることが反映されている。この一方で、地方都市圏においてはNPOへの委託が多く、総じてサードセクター割合がかなり高くなっている。

続いて、委託先団体に着目し、それぞれの団体がどこで、どの規模の自治体で、どの事業を受託しているかを明らかにしたのが**表10-3**である。前出の厚生労働省のホームページに公開されている「各事業の実施状況・委託先一覧（令和元年7月時点）」において、5件以上、業務を受託しているものを抜粋した

表 10-2　生活困窮者自立支援 5 事業の都市圏別実施団体の割合

事業名	都市圏名	自治体数	直営	社会福祉法人（社協）以外	社会福祉協議会	サードセクター※	株式会社
自立相談	首都圏	137	26%	9%	26%	33%	6%
	京阪神	192	8%	8%	47%	31%	5%
	名古屋	28	39%	0%	57%	4%	0%
	札幌	11	9%	9%	36%	27%	18%
	仙台	6	33%	0%	17%	50%	0%
	新潟	7	1%	0%	43%	29%	0%
	静岡・浜松	16	6%	6%	63%	25%	0%
	岡山	15	47%	7%	47%	0%	0%
	広島	21	38%	0%	57%	0%	5%
	北九州・福	22	23%	23%	18%	23%	14%
	熊本	4	0%	0%	100%	0%	0%
	金沢＋富山	11	18%	0%	82%	0%	0%
	那覇	5	20%	0%	60%	20%	0%
	総計	511	19%	8%	42%	26%	5%
就労準備	首都圏	137	1%	14%	9%	59%	17%
	京阪神	192	8%	17%	18%	41%	16%
	名古屋	28	22%	0%	44%	33%	0%
	札幌	11	0%	33%	0%	50%	17%
	仙台	6	0%	100%	0%	0%	0%
	新潟	7	11%	0%	33%	56%	0%
	静岡・浜松	16	17%	50%	0%	17%	17%
	岡山	15	0%	0%	0%	100%	0%
	広島	21	0%	0%	33%	0%	50%
	北九州・福岡	22	0%	25%	0%	25%	50%
	熊本	4	0%	33%	0%	50%	17%
	金沢＋富山	11	10%	30%	30%	20%	10%
	那覇	5	0%	0%	0%	100%	0%
	総計	511	6%	17%	15%	46%	16%
一時生活支援	首都圏	137	9%	52%	5%	34%	0%
	京阪神	192	76%	7%	0%	17%	0%
	名古屋	28	50%	13%	0%	25%	13%
	札幌	11	0%	17%	0%	83%	0%
	仙台	6	0%	25%	0%	75%	0%
	新潟	7	0%	0%	0%	100%	0%
	静岡・浜松	16	20%	0%	0%	80%	0%
	岡山	15	0%	14%	14%	71%	0%
	広島	21	7%	4%	0%	81%	7%
	北九州・福岡	22	0%	25%	0%	75%	0%
	熊本	4	0%	75%	0%	0%	25%
	金沢＋富山	11	0%	0%	0%	100%	0%
	那覇	5	20%	0%	60%	20%	0%
	総計	511	32%	21%	3%	41%	2%
子ども学習・生活	首都圏	137	6%	4%	11%	53%	26%
	京阪神	192	13%	4%	10%	51%	23%
	名古屋	28	4%	4%	11%	56%	26%
	札幌	11	17%	17%	0%	50%	17%
	仙台	6	0%	0%	0%	80%	20%
	新潟	7	60%	0%	40%	0%	0%
	静岡・浜松	16	6%	11%	6%	56%	22%
	岡山	15	0%	0%	17%	50%	33%
	広島	21	8%	8%	25%	58%	0%
	北九州・福岡	22	56%	0%	0%	33%	11%
	熊本	4	0%	43%	0%	43%	14%
	金沢＋富山	11	29%	0%	29%	43%	0%
	那覇	5	75%	0%	0%	25%	0%
	総計	511	11%	5%	11%	51%	22%
家計改善	首都圏	137	15%	11%	27%	48%	0%
	京阪神	192	14%	7%	63%	12%	5%
	名古屋	28	20%	10%	60%	10%	0%
	札幌	11	33%	33%	33%	0%	0%
	仙台	6	0%	0%	100%	0%	0%
	新潟	7	20%	0%	60%	20%	0%
	静岡・浜松	16	0%	11%	89%	0%	0%
	岡山	15	20%	20%	60%	0%	0%
	広島	21	0%	0%	100%	0%	0%
	北九州・福岡	22	0%	47%	0%	27%	27%
	熊本	4	0%	0%	25%	75%	0%
	金沢＋富山	11	0%	0%	100%	0%	0%
	那覇	5	0%	0%	100%	0%	0%
	総計	511	12%	12%	47%	26%	3%

※サードセクター：社団法人・財団法人、NPO 法人、生協等協同組合、その他

後、グループ分けを行い、まず、自立相談支援事業、続いて一時生活支援事業、就労準備支援事業、子どもの学習・生活支援事業、家計改善事業の順にそれぞれ受託数が多いものから並べている。

自立相談支援事業を最も受託しているのは、全国各地の社会福祉協議会であり、その数は圧倒的である。大きく水をあけられる形になるが、各地の社会福祉士会、ワーカーズコープ・労協という順で受託団体が続く。社会福祉

表 10-3　生活困窮者自立支援事業の 5 つ以上の受託団体のリスト

（自立相談事業受託件数の多い順に並べている）

団体名	都道府県数	県	区	指定都市	中核市	その他の都市	町村	自立相談	一時生活	就労準備	子ども	家計	総計
社会福祉協議会　（全国 47 都道府県）	47	32	(※1) 31	13	37	436	27	**602**	51	151	131	350	1285
社会福祉士会系　（大阪、埼玉、佐賀、広島、東京）	5	2	1	2	5	29	4	**37**	7	3	2	4	53
ワーカーズコープ、労協　※2 （北海道、青森、宮城、山形、茨城、栃木、群馬、千葉、東京、神奈川、新潟、長野、静岡、愛知、滋賀、京都、兵庫、鳥取、岡山、山口、福岡、長崎、大分、宮崎、鹿児島）	25	15	1	4	10	56	8	**22**	6	61	32	13	134
グリーンコープ（兵庫、岡山、山口、福岡、佐賀、長崎、大分、鹿児島）	9			4	3	33		**13**	15	4	2	44	78
中高年事業団やまて企業組合系（東京、神奈川）	2		12	2	1	10		**12**	4	20	7	16	59
労働者福祉協議会系（新潟、徳島、愛媛、沖縄）	4	4			2	16		**11**	17	10	3	5	46
有限責任事業組合大阪職業教育協働機構（大阪）	1	1		1		12		**11**		11			22
パソナ系（埼玉、東京、神奈川、大阪、兵庫、奈良、岡山、福岡）	8		3	4	4	4		**9**		10	1		20
神戸の冬を支える会（兵庫）	1	1		1	1	11		**8**	14				22
POPOLO（静岡）	1					12		**8**	12				20
コミュニティワーク研究実践センター（北海道）	1	1		1		7		**8**	2	2			12
アソウ・ヒューマニー系　（大阪、広島、福岡、長崎、大分）	5			3	5	5		**6**		7		5	18
生活クラブ系（千葉、東京、神奈川）	3	2		1	2	3		**5**		4	1	6	16
日高コンソーシアム（北海道）	1	1						**5**					5
インクルージョンセンター東京オレンヂ（東京）	1	1	2			3		**4**	2	3	2	1	12
パーソナルサポートセンター（宮城）	1	1		1		2		**4**	1	3	2		10
新栄会（東京）	1		5			1		**3**	5	2		2	12
パーソルテンプスタッフ（栃木、埼玉、東京、神奈川、大阪、奈良）	6	1	1	2	1	12		**3**		17		2	22
キャリアバンク（北海道、岩手）	2	1		1		1		**3**		2		1	6
フードバンク山梨（山梨）	1					4		**2**	4		1		7
釧路社会的企業創造協議会（北海道）	1	1				1		**2**	2	1			5
青少年就労支援ネットワーク静岡（静岡）	1	1				4		**2**	1	3	2	1	9
みなと寮（大阪、京都）	2			2		1		**2**	1	1		1	5
東海道シグマ（静岡）	1			1		4		**2**		5	3		10
マインズ（兵庫）	1				2	1		**2**		3		2	7
友愛の里（山形）	1	1				1		**2**		2	2		6
東京リーガルマインド（東京、京都、大阪、兵庫、愛媛）	5		2	2	2			**2**		2	2		6
ヒューマンワークアソシエーション（大阪）	1			1		2		**2**		2	1	1	6
ワークフェア（北海道）	1	1				1		**1**	1	1	2		5
よりそい支援かごしま（鹿児島）	1	1						**1**	1	1	1	1	5
南恵会（鹿児島）	1	1						**1**	1	1	1	1	5
聖隷福祉事業団（静岡、鹿児島）	2			1		1		**1**	1	1	1	1	5
えぽっく（北海道）	1					1		**1**	1	1	1	1	5
菊愛会（熊本）	1	1				12		**1**		9	13		23
有隣協会（東京）	1		7						7				7
反貧困ネットワーク広島（広島）	1			1		1	4		6				6
小さな一歩・ネットワーク広島（広島）	1			1			4		5				5
風の家（広島）	1			1			4		5				5
東京援護協会（東京）	1		5						5				5
湘南ライフサポート・きずな（神奈川）	1	1				3			4		1	1	6
特別区人事・厚生事務組合（東京）	1		5						4		1		5
学校法人松本学園（熊本）	1	1				13				9	14		23
京都自立就労サポートセンター（京都）	1	1				6				7			7
長野県 NPO センター（長野）	1	1			1	4				6			6
南山城学園（京都）	1	1				4				5			5
天竜厚生会（静岡）	1	1		1		2				3	2		5
トライグループ（北海道、岩手、宮城、福島、茨城、栃木、群馬、埼玉、千葉、東京、神奈川、新潟、山梨、長野、愛知、三重、滋賀、京都、大阪、奈良、島根、岡山、広島、香川、愛媛、福岡、熊本）	28	12	7	10	10	35					76		76
彩の国子ども・若者支援ネットワーク（埼玉）	1				1	22					24		24
エデュケーショナルネットワーク（埼玉、千葉、東京、神奈川、兵庫）	5		4	1	1	5					11		11
公文式（沖縄）	1										9		9
教育支援協会（群馬、神奈川、愛知）	3	1		2	1	1					6		6
広島市母子寡婦福祉連合会（広島）	1			1			4				5		5
キッズドア（東京）	1		5								5		5
日本ファイナンシャルプランナーズ協会（秋田、埼玉、山梨、京都、大阪）	5				1	6						7	7

※1 大阪市 24 区分を含む　※2 企業組合労協センター事業団、企業組合労協センター船橋事業団、企業組合労協ながの分を含む

厚生労働省 生活困窮者自立支援制度 自治体の支援実績等 各事業の実施状況・委託先一覧（令和元年 7 月時点）より作成

協議会は47全都道府県で、いずれかの事業を受託しており、各事業においても、最も受託数が多くなっていることから、我が国の生活困窮者支援事業の中核をなしていると言えよう。ワーカーズコープ・労協は全事業の計受託数が134と社会福祉協議会に続いて多く、全国規模で生活困窮者支援事業の受け皿としての役割を担っており、就労準備支援事業の受託数は61件に上る。グリーンコープは2006年より実施してきた「生活再生事業」をモデルに、特に家計改善事業に強みを持ち、西日本、特に九州において各事業を多く受託している。地方労働者福祉協議会は、愛媛県労福協が愛媛県内全市の一時生活支援事業を受託しているが、新潟県や徳島県、ここには上がってこないものの、山口県山口市や千葉県野田市の受託状況から、特定の自治体で複数の事業を受託する傾向にあることも分かった。

その他、全国規模のネットワークを有し、自立相談支援事業の受託を行っているところはほぼ、人材派遣の大手民間企業である。まず人材派遣大手のパソナが東日本から西日本にかけて、大都市圏の指定都市や中核市で自立相談支援事業・就労準備支援事業を多く受託している。パーソルテンプスタッフはパソナと比較すると、ネットワークの範囲が狭く、受託している一般市町村の割合が高いが、受託事業では似たような傾向を示している。アソウ・ヒューマニーは、西日本の規模の比較的大きい都市を中心に、自立相談事業、就労準備支援事業・家計改善事業を受託している。また、資格取得支援予備校の運営等で知られる東京リーガルマインドが、東京及び京阪神圏と愛媛県において、自立支援事業、就労準備支援事業、子どもの学習・生活支援事業を受託している。

その他、全国規模のネットワークを有する委託先としては、子どもの学習・生活支援事業を受託しているところで、家庭教師や塾・予備校を多数運営することで著名なトライグループや教材販売で知られるエデュケーショナルネットワークの、2つの民間企業と、NPO法人の教育支援協会、家計改善支援事業を受託する日本ファイナンシャルプランナーズ協会が挙げられる。

表10-3で網掛けしている団体は一時生活支援事業を受託しており、主に大都市や災害の被災地に多いが、ホームレス支援から始まり、居住福祉支援

という形で、最後のセーフティネットを担ってきた。本稿で着目している基底のセーフティネットの代表事例であり、その支援の総合性から、関係地域の非局地型サービスハブ機能の中核を担ってきた。これらの団体は、広い全国規模のネットワークを有するわけではないが、都道府県や指定都市、中核市規模で活動するサードセクターや一部社会福祉法人である。この表は多くのことを物語ってくれるが、紙数の関係上、以下小括に簡単なまとめを記し、それ以上の考察については次稿に期したい。なお先行研究として参照すべきものとして三宅(2020)を挙げておく。

6. 小　括

この生活困窮者自立支援事業は、サービスハブ地域の広域的展開、非局地型サービスハブ地域の典型をなしていると見なせる。とはいえ、サービスハブ地域の概念は局地型でそもそも想定されたものであり、ここでの拡大解釈において、その作業が妥当性を有するのかは、今後の更なる検討を要する。本稿では取り急ぎ、さまざまなサービスハブ地域の描出を試みる中で、サービスハブ地域の密度、総量、支援の濃さ、ネットワーク、それに適した地理的範囲はどのようなものなのか、寄せ場型でないサービスハブ地域の検討のとっかかりとなった。非局地型サービスハブ地域の考え方は、生困というシステムにうまく取り込める、世界的に見ても重要な、先進的システムとなるかもしれない。サードセクターに位置する社会的企業等が、地域という広がりの指向と、対個人サービスの中で、地域の力として、どのように見せてゆくかが、大変重要なところとなろう。と同時に、東アジアのサービスハブ地域の今後、大陸欧州モデルとの架橋に、少々とも貢献すれば幸いである。

参考文献

Dear M and Wolch J., “The service hub concept in human services planning” (Progress in Planning 42: 173-271), 1997

三宅由香、生活困窮者自立支援制度における包括的支援体制に関する研究（Human Welfare、12-1、143-156）、2020

ミニコラム	脆弱性の地図への現れ方の大きな違いを大阪と東京で見る

図 1 と**図 2** は、2015 年国勢調査の 1km メッシュ統計を使った住民の脆弱性と関わりのある 4 つの変数を、大阪と東京とで比較したものである。東京は 23 区のみであるが、大阪市域は狭小なので、接続市も含めて図示している。

本論では、生活保護と生活困窮の相関、既存の貧困と新しい困窮の対比を試みた。その中で集中的局地的に既存の貧困が見られ支援の集積するサービスハブ地域として、大阪の釜ヶ崎、東京の山谷を取り上げた。図 1、2 では★がそれぞれ当該地となる。

釜ヶ崎は、高齢単身者が最も高率で、若年率にすると最も低いエリアとなっている。山谷については、どちらの指標もそれほど極端な値を取っていない。本論の分析でも指摘したが、いわゆるサービスハブ地域のオリジナルな受給層の減っていることが確認できる。

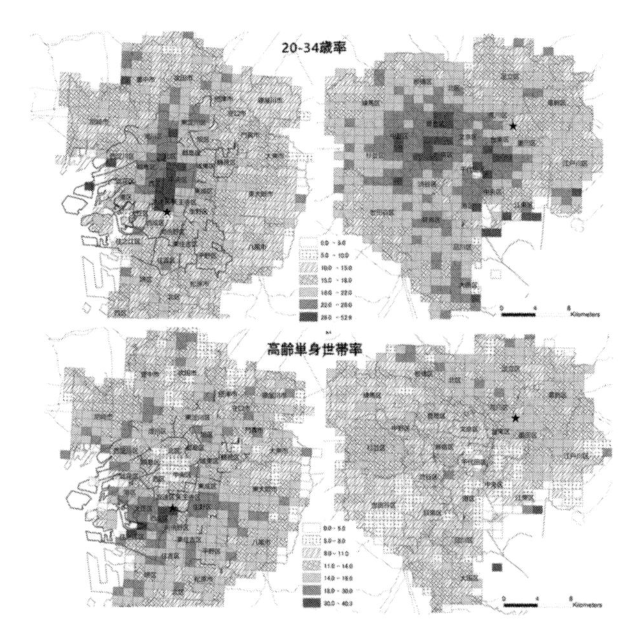

図 1　大阪市及びその接続都市と東京都 23 区の各種変数比較

東京都 23 区	20-34 歳比率 20.5%
	単身高齢者世帯率 11.2%
大阪市及びその接続都市	20-34 歳比率 16.8%（18.9%）
（　）内は大阪市の値	単身高齢者世帯率 13.8%（14.8%）

出典：2015 年国勢調査 1km メッシュより、朱澤川氏作成

一方、図2では、二つのサービスハブ地域において、釜ヶ崎は、完全失業率において、最も高率で、臨時雇用率でも高い値にあるエリアに位置する。一方で山谷はいずれに値においてもむしろ低い値のエリアの中で位置している。無回答が多いというデータの信ぴょう性の問題があるにしろ、東西の代表的なサービスハブ地域を取り巻く周辺の都市地域の状況は相当異なってきたと言えよう。

本論でも指摘したように新しい困窮の支援拠点が、西部の新宿や豊島で大きくなっていることを指摘した。この支援量の大きさは、脆弱性とは一義的に関係の小さい若年層の多い、都心より西部および西北部で見られるのである。こうした都市空間構造分析において、従来の相関では説明のつかない困窮事象が東京では発現していると言える。

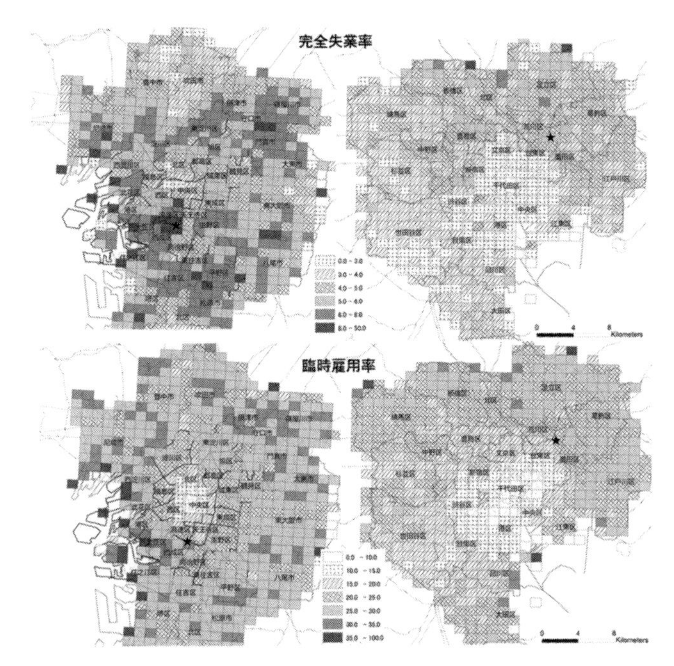

図2　大阪市及びその接続都市と東京都23区の各種変数比較

東京都23区	完全失業率 3.8%
	臨時雇用率 20.2%
大阪市及びその接続都市	完全失業率 5.4%（5.6%）
（　）内は大阪市の値	臨時雇用率 25.9%（23.8%）

出典：2015年国勢調査1kmメッシュより、朱澤川氏作成

2つのサービスハブ地域を中心に都市空間構造の中での位置づけを見てきた。いずれにしても大阪と東京の都市構造の違いは相当大きく、脆弱性の高さは大阪のほうがかなり深刻であると言わざるを得ない。言い換えればそのことが生活保護のみならず、生活困窮の支援においても、支援の体制が密度濃く、そして支援量も多く出ることになったといえる。その意味で困窮や貧困は地図上でも視覚的にとらえやすい。一方東京は、貧困や困窮が地図上では総体的に見えにくくなっているという、都市社会地理学的には扱いにくい都市となってきたと言えよう。

11章　浅香・加島・矢田地区における まちづくりの新たな展開

矢野淳士
（AKY インクルーシブコミュニティ研究所）

1.　浅香・加島・矢田地区におけるまちづくりの歴史

大阪市内の被差別部落である浅香・加島・矢田地区（以下、3 地区）では、部落解放運動を軸とした住民主体のまちづくりが展開されてきた。以下では、1969 年に制定された同和対策事業特別措置法をはじめとした一連の特別措置法（以下、特措法）が失効した 2002 年頃までの 3 地区それぞれのまちづくりの歴史について文献を基に整理する。

1）浅香地区のまちづくりの歴史

浅香地区では、先に部落解放運動が展開していた矢田地区や住吉地区の活動から学び、1965 年に部落解放同盟浅香支部が発足したことにより部落解放運動が始まった。まず、市営住宅建設を求める住宅要求者組合を中心とした住宅闘争を展開する一方で、子ども会、保育を守る会、高校友の会、青年部、婦人部といった支部組織が結成され、それらの活動拠点として解放会館（隣保館[1]）が 1972 年に開設された。この頃、地区内では運動を進める支部側と「寝た子を起こすな」という考えの町会派により地域住民は二分されていたが、1974 年に大阪市立大学の協力を得て実施された地区内全戸を対象とした生活実態調査が契機となり、町内統一の動きが加速することとなる。調査により差別に起因する劣悪な環境での生活実態が明らかとなり、その結果に基づき、総合計画（マスタープラン）が立てられ、地区全体の要求闘争主体として 1976 年に総合計画実行委員会が結成された。同年、委員会は大阪市を相手に18時間に及ぶ団体交渉を行い、大阪市は地下鉄車庫の全面撤去をはじめとした地域の要求[2]を全面的に認め、その後1980年代にかけて改良住宅、公衆浴場、共同作業場、解放塾(のちの青少年会館)等が次々に整備されていった。

1960年に大阪市により設置され、部落差別の象徴として地区内の北側を覆いつくしていた地下鉄車庫が大阪市との交渉により全面撤去が確認されたことを受け、1984年に周辺住民にも呼びかけ、第1回地区研究集会が開催され、約1千人が集まり、地下鉄車庫跡地の利用についての話し合いの機会がもたれた。その後、1987年の第3回地区研究集会では、「街づくりの4つの理念」(①にんげんのまち、②住民自治のまち、③水と緑のまち、④教育と文化のまち)が提案され、1988年に住吉区東部6連合町会(住民8万人)を中心に「地下鉄車庫跡地利用まちづくり推進協議会」が結成された。協議会において周辺住民とともに具体的な計画について協議し、1990年代には浅香中央グラウンド、浅香中央公園、我孫子南中学校、AOTS関西研修センター、特別養護老人ホームアップリケア、住吉区スポーツセンターといった施設整備が進められた。

また、このようなハード整備と並行して新たなまちづくりの担い手として、1997年にはビルメンテナンス事業による高齢者の仕事づくりを目的とするアサカ・パーソナル・リレーションズ株式会社(河川敷の不法投棄取り締まりを目的に1989年に設立された「浅香環境管理事務所」が1997年に増資し、名称変更)が設立された他、2002年には地域福祉を担う社会福祉法人熱と光(2010年に社会福祉法人あさか会と法人合併し、社会福祉法人あさか会に)が設立された。これらの2法人は今日までに事業を拡大し、地域における雇用創出機能や高齢・障がい・児童福祉サービスといった地域福祉機能を担い、特措法失効後のまちづくりを牽引している。

2) 加島地区のまちづくりの歴史

加島地区では、1923年に創立された西大阪水平社による香蓑小学校差別糾弾・同盟休校闘争をはじめとした差別糾弾闘争が部落解放運動の始まりとなった。その後、1953年に当時の東淀川区内の被差別部落3地区とともに東淀川同和事業促進協議会をつくり、地区内で共同浴場、保育所、診療所、青年会館、児童館といった施設整備が進められた。1957年には地区内に木造市営住宅が建設されたが、地区住民は不安定就労を理由にほとんどが入居できなかったことにより、住宅要求闘争が展開され、1961年に加島鉄筋公営住宅1号館が落成された。その後、住宅要求にとどまらず、生業資金獲得闘争、自動車免許取得等の活動も展開されることとなった。

1965年の同和対策審議会（以下、同対審）の答申[3]が出されたことが契機となり、部落解放同盟大阪府連合会の指導の下、同年加島支部が結成され、1969年の同和対策事業特別措置法の制定後には保育を守る会、教育を守る会、加島子ども会といった支部組織が結成されていった。1977年にはこれらの組織を結集して総合計画実行委員会を発足し、作成した要求書を基に対市交渉を重ねたが、総合計画は遅々として進まなかったため、翌年隣接する三津屋地域の住民も巻き込み第1回地区研究集会を開催した。1978年には、加島・三津屋地区住民の総意に基づいた3大要求[4]の実現のため、教育共闘会議、PTA、労働組合等と共同で市役所を包囲する闘争を展開し、青少年センター、加島中央公園の完成、小中学校の教育条件の改善につながった。

1988年には当時の国鉄（現JR）の片福連絡線（現東西線）「加島駅」構想に基づき、小学校区の全町会参加のもとに加島地区街づくり実行委員会が結成され、加島駅周辺約10ヘクタールの土地区画整理事業の実施過程において、加島支部はそれまでのまちづくりのノウハウを生かし、住民参加のまちづくりの中心的な役割を担った。

また、1970年頃から休眠状態となっていた財団法人加島保育園を1991年に社会福祉法人加島友愛会に転換したことが転機となり、加島・三津屋地域全体の「福祉のまちづくり」運動の一環として、知的障がい者通所施設「加島希望の家」（1991年）、在宅デイサービスステーション・特別養護老人ホーム「加寿苑」（1996年・2000年）、知的障がい者入所施設「アンダンテ加島」（2001年）が開所された。2004年にはNPO法人スイスイ・すていしょんが設立され、2008年からは老人福祉センターの管理を受託する等、加島友愛会とともに特措法失効後の新たなまちづくりの担い手となっている。

3) 矢田地区のまちづくりの歴史

矢田地区における部落解放運動の始まりは、1951年に発生した地域出身教師に対する結婚差別事件を契機とした識字活動、自動車免許取得運動の展開である。その後、1958年の住宅要求期成同盟による住宅要求闘争が契機となり、同年矢田支部が結成され、1959年の市営住宅建設につながった。

1965年に同対審答申が出されたことにより、特措法実現に向けた地区内の実態調査が行われ、その実態を踏まえた住宅、教育、仕事保障の要求闘争が進められていく中で、差別越境入学や劣悪な教育環境といった課題が浮き彫りになり、矢田は「教育のまち」を目指すという方針が打ち出された。こうした教育のまちづくりという目標のもと、1967年に矢田支部の主導により矢田同和教育推進協議会（以下、同推協）が設立されることとなる。1968年には同推協が中心となり、第1回地区研究集会が全国に先駆けて開催され、総合計画の策定と実現を進めることが合意された。同年、矢田支部、市教組東南支部、矢田小学校分会、矢田中学校分会による差別越境入学根絶運動の四者協議がきっかけとなり、矢田教育共闘会議が結成され、後に総合計画委員会の教育部門として5校の小・中学校建設、完全給食、同和教育推進校における30人学級、教職員の加配などを実現していった。

1968年には、教育・解放・住民自治のまちづくり構想が提唱されたことを受け、具体的なまちづくりを企画・立案する専門機関として総合計画委員会が設立され、総合計画策定を目的として1970年に住民主体による実態調査を実施した。その後、総合計画委員会は調査結果に基づき1969年の第1次試案から1977年の第8次試案までの総合計画を策定し、これらをベースに1970年代には市営住宅、解放会館、保育所、老人福祉センター、解放塾、資源再生共同作業場等、1980年～1990年代前半にかけては市営住宅の住戸改善（2戸1化）、道路整備、診療所増改築、矢田教育の森公園、青少年会館等の整備が進められた。また、1975年から教育委員会や矢田4連合町会と協議されていた旧矢田小学校の跡地約8,000㎡の利用については、これまでの同和対策事業による環境改善は障がい者や高齢者への配慮が不十分であったとの反省から、障害者会館（1993年）と特別養護老人ホーム「花嵐」（1995年）が開設されている。

「花嵐」の開設と同時に運営主体として設立された社会福祉法人ふれあい共生会はその後の福祉のまちづくりの担い手として、社会福祉協議会、矢田生活協同組合、矢田地区協、総合計画委員会と共に2000年に矢田福祉ゾーン計画を策定した。

特措法失効後、総合計画委員会は役目を終えて解散し、新たなまちづくりの担い手として2003年にNPO法人共生と自立のまちづくり・ふれあい、2004年に矢田中住宅地区改良まちづくり協議会が設立された。また、2006年には地域組織の合同事務所と新たなまちづくり拠点という2つの機能を有した「ゆうあいセンター」が財団法人結愛ネットワーク矢田により建設された。

以上のように3地区では、それぞれの地域的文脈の中で部落解放運動を軸としたまちづくりが展開されてきたが、2002年の特措法失効により一般施策に移行したことにより、まちづくりは新たな局面を迎えている。以下では、特措法失効後に3地区が共通して抱える地域課題とそれに対する各地区の取り組みについて紹介する。

2. 3地区に共通する課題

1）市営住宅における住民構成の変化

3地区では同和対策事業による住環境改善の一環として市営住宅が多く建設されてきた経緯があり、2015年時点の各地区の市営住宅入居率[5]は浅香71.5%、加島69.3%、矢田81.5%となっている。これはもともと劣悪な住環境の不良住宅密集地域であった3地区が運動のなかで市営住宅建設を要求し勝ち取ってきた結果であるが、1996年の公営住宅法改正から導入された応能応益家賃制度と2002年の特措法失効以降に市営住宅空き住戸の一般募集が開始されたことにより、市営住宅入居者の住民構成に偏りが生じている。つまり、子育て世帯をはじめとした比較的収入の高い世帯は家賃が跳ね上がったことにより、地区外へ転出し、逆に単身高齢者、障がい者世帯をはじめとした生活困窮世帯が空き住戸に転入してくるという構図により、3地区の市営住宅には生活状況が苦しい世帯が増加する傾向がみられる。2011年に浅香、加島地区の市営住宅入居者を対象に実施された実態調査[6]の結果によると、単身高齢者は浅香30.9%、加島30.0%となっており、2000年調査[7]の浅香17.0%、加島12.2%と比較するとほぼ倍増していることが分かる。世帯構成員に何らかの障がいをもった人がいる世帯についても、2011年には浅香22.6%、加島21.8%となっており、2000年調査の浅香13.7%、加島10.9%と比較するとほぼ倍増している。

2）地域交流拠点の喪失によるコミュニティの弱体化

浅香、加島、矢田地区を含む大阪市内の被差別部落12地区では、各地区ごとに人権文化センター（もと解放会館）、青少年会館、老人福祉センターの3館が同和対策事業の一環として整備されてきた。しかし、特措法失効後の大阪市による同和行政の見直しの中で、上記3館は2010年4月に統合されて市民交流センターと改称され、市内12地区で10館の市民交流センターが3館の機能を集約した施設として指定管理者制度により運営されることとなった。さらには、その市民交流センターも2013年に大阪市が策定した市政改革プランの中で財政面からの見直し対象となり、2016年3月に全10館が廃止となった。これまで3地区で多様な世代の地域住民の居場所として重要な役割を果たしてきた地域交流拠点が失われ、先述した市営住宅における住民構成の偏りの問題も加わり、住民同士のコミュニケーションの希薄化、住民の孤立化が深刻な状況となっている。2011年の実態調査では、「おしゃべりする」程度の近所付き合いが「ほぼない」か「全くない」という回答が浅香22.9%、加島10.9%ということから、地域とほぼ関わらずに孤立している住民が一定数存在することが明らかになっている。

3）未利用地の増加と民間開発

2002年の特措法失効後、先述した3館に加え、共同作業場、公衆浴場といった同和対策事業の一環でつくられてきた施設が廃止され、また市営住宅の建て替えによって余剰地が生まれる等により、未利用地や空き施設が地域の中に散在するという状況が3地区に共通してみられる。これらの一部は大阪市によりすでに民間業者に売却され、浅香、加島地区では建売の戸建住宅地が建設されるケースが多くなっている。戸建住宅を購入し転入してくるのは子育て世帯が多く、地区全体としては住民構成の偏りが是正されつつあるが、もともと地域で暮らしてきた市営住宅入居者と戸建住宅への新規転入層との間のコミュニティは分断状態にあり、今後いかに新規転入層を地域活動に巻き込みコミュニティ形成を図るかが大きな課題となっている。

一方、矢田地区では南部エリアに3館の跡地をはじめとした約3haの未利用地が集積していることから、東住吉区は当該エリアにおいて民間活力を生かした一体的かつ計画的な開発を行うことを目的として、2017年4月に「矢田南部地域まちづくりプロジェクトチーム」を設置した。同年5月から6月にかけてマーケットサウンディング調査を実施したところ、8事業者からの提案があり、一定の市場ニーズを確認したことを受け、東住吉区は2018年6月に「東住吉区矢田南部地域まちづくりビジョン」を策定し、2019年7月にはプロポーザル方式で開発事業予定者の公募を行った。公募の結果、1社がエントリーし計画提案審査を通過したが、その後提案者が辞退したため、2020年8月現在、開発事業予定者の選定には至っていない。

3. 3地区における新たなまちづくり

1）3地区共同のまちづくりに向けた取り組み

3地区は、先述した特措法失効後の各地区に共通する新たなまちづくり課題に対応するため、2010年から地域共同のまちづくりに向けて「4地区共同まちづくり研究会」[8]を大阪市立大学都市研究プラザと共同で開催してきた。まず、研究会は地域の現状を把握することを目的とした実態調査から活動を開始した。同研究会は調査結果から把握した単身高齢者の増加や地域拠点の喪失に対するアクションとして、2013年9月に浅香地区に「ふれあいカフェコスモス」をオープンした。これは、大阪市による市営住宅1階空き住戸を活用したコミュニティビジネスのプロポーザル事業に採択されて実現したものであるが、オープン以来高齢者の居場所や見守りの拠点として積極的な役割を果たしている。その後も同研究会は2014年から2015年にかけて韓国、台湾において同様の課題を抱えた地域を訪問し、現地で地域実践を展開している社会的企業をはじめとした団体を視察した他、逆に韓国、台湾からの学生を地域で受け入れ、東アジア各国・地域との連携による地域再生に向けた経験交流を行ってきた。これらの研究会活動を通して、3地区に共通する地域課題の解決を目的とした社会的企業を地区共同で立ち上げることが合意され、ACCA（コミュニティアクションのためのアジア連合）からの3万ドルの資金助成に加え、地区ごとに拠出金を出し合い、資本金に充てることにより、2016年11月2日に3地区まちづくり合同会社AKYインクルーシブコミュニティ研究所（以下、AKY研究所）が設立された。

AKY研究所は研究会の活動を引き継ぎ、大阪市立大学都市研究プラザとの共同研究の一環として、2017年度から定期的に「子どもの貧困対策セミナー」を開催し、3地区における子ども支援活動（子ども食堂・学習支援等）と連動させるかたちで、地域・小中学校・大学・行政といった立場を越えた子ども支援ネットワークの形成に取り組んでいる。また、印刷物のデザイン、印刷製本、テープ起こしといった業務を大学から請け負うことで、周辺地域でひきこもり状態にある方をはじめ様々な事情により在宅での仕事を希望される方の仕事づくりを目的とした在宅ワーク事業も開始している。2020年度はトヨタ財団の「しらべる」助成に採択されたことを受け、浅香地区の全世帯（約500世帯）を対象とした実態調査プロジェクトを社会福祉法人あさか会、浅香支部、町会等と共同で立ち上げ、2020年8月現在調査実施に向けて準備を進めている。前回2011年に研究会として実施した調査から約10年が経過し、地区内には戸建て住宅が増加することにより、住民構成も変化してきている。今回の調査を通して現在の地域課題を可視化し、共有することにより、課題解決に向けた具体的なアクションを起こすきっかけにすると同時に、調査プロセスに住民を巻き込むことで、コミュニティ再構築の契機にしたいと考えている。

2）3地区における新たな地域拠点の創出

2010年の3館統合と2016年の市民交流センター廃止後、3地区では地域が自前で地域拠点を創出し、そこでそれまで3館が担ってきた機能を代替するための多様な試みが行われている。

浅香地区では、先述した通り2013年に市営住宅の1階空き住戸にオープンした「ふれあいカフェコスモス」が地域の有償ボランティアによって運営されており、高齢者の居場所や見守りの拠点として機能している。日曜日を除く毎日10時〜15時までモーニング、ランチ、ドリンクを安価で提供している他、買い物支援として協力農家から提供してもらった野菜の店頭販売も行っている。また、2019年5月には民設民営のコミュニティ施設、浅香会館別館「ゆいま〜るの家」がオープンした。これは市民交流センター廃止後の地域活動の受け皿として、社会福祉法人あさか会が隣保事業の一環で建設したものである。学習支援、子ども食堂、百歳体操などの定期的な開催、地域住民のサークル活動への貸室の他、啓発事業としてあさか会が主催し、人権、福祉、まちづくりに関する講座を開催している。隣接する浅香会館の1階の支部事務所では、総合相談を実施しており、2つの施設で隣保事業を展開している。

一方、加島地区では、2007年に町会や加島支部をはじめとした地域組織の協力により地域拠点「コミュニティかしま」が建設され、各地域組織の事務所が入り、地域住民に対する生活相談も行っている。また、市民交流センター廃止後には、既存の地域資源である寺院や市営住宅集会所を地域拠点として地域活動を展開している。地区内の中心部に位置する正恩寺では、加島支部と護寺会が中心となり、あじさいコンサート(6月)、流しそうめん(8月)、月見コンサート(10月)、ボジョレーヌーボーを楽しむ会(11月)といった子どもから高齢者まで幅広い世代を対象としたイベントを季節ごとに開催し、市営住宅入居者と新規転入層のコミュニティ形成を図っている。市営住宅集会所では、NPO法人スイスイすていしょんが毎月子ども食堂を開催しており、毎回40〜50人の小中学生が参加し、子どもの居場所と同時に新規転入層の子育て世帯が地域とつながる機会にもなっている。

矢田地区では、2006年に新たなまちづくりの拠点としてオープンした「ゆうあいセンター」においてコミュニティカフェ、子ども食堂といった高齢者や子どもの居場所づくりや、総合相談が行われてきたが、新たな地域拠点も生まれつつある。一つは、社会福祉法人ふれあい共生会がもともと市営住宅付帯駐車場であった市有地を購入し、2020年3月にオープンした「花未来プラザ」である。1階には法人事務所、診療所（精神科を誘致予定）、地域交流スペース、2階、3階にはそれぞれ精神障がい者と認知症対応型の高齢者グループホームが入る複合福祉施設となっている。今後、地域交流スペースが地域活動の拠点として活用されることにより、地域に開かれた施設となることが期待される。さらに、築100年以上の古民家を再生し、新たな地域拠点を立ち上げるプロジェクトも進行中である。古民家は、地域で育ち医師となった方が自分を育ててくれた地域に恩返しがしたいという思いから、一般社団法人大阪市東住吉人権協会に寄贈したものである。今後は、この古民家の活用について住民ワークショップ等を開催しながら、どのようなソフトを入れるかをまち全体で議論し、地域ニーズに合った地域拠点を立ち上げていく予定である。

以上のように、3地区では、同和対策事業の終焉による施設と施策の廃止後、部落解放運動の中で立ち上げてきたNPOや社会福祉法人が中心となり、自前の地域拠点において様々な活動を展開している。これらの活動に新たな住民をいかに巻き込み、地域活動を担う人材を発掘、育成していくかが、今後の住民主体のまちづくりを進める上で重要となると考えている。

注

1　隣保館は社会福祉法第2条第3項11号に法的根拠を持つ社会福祉施設である。2002年8月29日付の厚生労働事務次官通知で定められた隣保館設置運営要綱では、その設置目的を「地域社会全体の中で福祉の向上や人権啓発の住民交流の拠点となる開かれたコミュニティーセンターとして、生活上の各種相談事業や人権課題の解決のための各種事業を総合的に行うもの」としており、設置運営主体については、「市町村が設置し、運営する」としている。また、隣保館が行う事業としては、①社会調査及び研究事業、②相談事業、③啓発・広報活動事業、④地域交流事業、⑤周辺地域巡回事業、⑥地域福祉事業という6つの基本事業の他、地域の実情に応じて実施する①隣保館デイサービス事業、②地域交流促進事業、③相談機能強化事業という3つの特別事業が定められている。

2　3大要求：地下鉄車庫の全面撤去と跡地を同和対策用地として利用、大和川護

岸改修と河川敷住民の住宅確保・河川敷公園建設、堤防上の旧集落に住宅改良法を適用した全面整備

緊急十項目要求：①浅香診療所建設、②改良住宅500戸建設、③自動車置場、④新中学校建設、⑤公衆浴場建設、⑥共同作業場建設、⑦身体障がい者施設の新設、⑧身体障がい者向け住宅の確保、⑨買い物センターの建設、⑩解放会館の増設

3　1960年に総理府の附属機関として設置された同和対策審議会が、内閣総理大臣から受けた「同和地区に関する社会的及び経済的諸問題を解決するための基本的方策」についての諮問に対して1965年に提出した答申。この答申を踏まえ1969年に制定された同和対策事業特別措置法により、全国の被差別部落で同和対策事業が進められていった。

4　3大要求:「部落解放の立場から中外炉あと地を確保し、利用計画を明らかにせよ」「小・中マスタープランの早期実現」「加島地区総合計画の早期実現」

5　2015年国勢調査の住宅種類別町丁目集計の「公営・都市再生機構・公社の借家」に入居する一般世帯数を全一般世帯数で除し算出した。ただし、実際には各地区で都市再生機構や公社が供給する住宅はごく少数なため、「市営住宅入居率」と考えても差し支えないと思われる。地区の範域に関しては、特措法が失効する以前の同和地区の範域内に一部でも含まれていた町丁目をまとめて集計しているため、実際には同和地区以外も含まれている。

6　矢田地区については、前年の2010年に大阪市立大学と矢田支部が共同調査を実施していたため、浅香と加島を対象に調査を実施した。調査結果は「4地区共同まちづくり研究会・4地区実態調査報告書」にまとめられている。

7　大阪府は2000年に府内同和地区を対象に「同和問題の解決に向けた実態調査等調査」を実施した。

8　発足当初は3地区に平野地区を加えた4地区で活動していた。

参考文献

4地区共同まちづくり研究会・大阪市立大学都市研究プラザ、2012、「4地区共同まちづくり研究会・4地区実態調査報告書」

大阪府、2001、「同和問題の解決に向けた実態等調査浅香地区分析報告書」

大阪府、2001、「同和問題の解決に向けた実態等調査加島地区分析報告書」

大阪府、2001、「同和問題の解決に向けた実態等調査矢田地区分析報告書」

部落解放浅香地区総合計画実行委員会、2002、「にんげんの街へ・浅香」

東住吉矢田中住宅地区改良まちづくり協議会、2006、「みんなのまち・矢田」

加島支部40周年記念事業実行委員会、2005、「輝く歴史を受け継いで」

ミニコラム	コロナ禍における子ども支援

浅香地区では、2020年2月29日から新型コロナウイルス感染拡大の影響で小中学校が休校になり、学校給食がなくなったことを受け、3月4日〜19日の毎日地域の子どもを対象に昼食提供を行った。また、緊急事態宣言発令後の4月23、24日には、子どものいる家庭60世帯を対象にフードバンクOSAKA等の支援団体から寄付してもらった食料を配布する取り組みを行い、同時に長い休校期間中の子どもの過ごし方を把握することを目的にアンケート調査を実施した。その結果からは、一人で昼食をとっている子どもが約1割いることや、昼食の内容がコンビニ、スーパーの弁当や惣菜等になりがちなために出費がかさみ、子どもの昼食を準備することに苦慮している家庭の存在が垣間見えた。この結果を受け、再び支援団体に食料提供をお願いし、5月22日にも子どものいる家庭60世帯に食料配布を行った。緊急事態宣言下でこのような子ども支援活動を実施したことにより、これまで地域活動への関わりが薄かった戸建住宅に住む子育て世帯に対して、定期的に開催している学習支援や子ども食堂についてアピールすることができたことは、今後のコミュニティ再構築に向けた一つの成果と考えている。

12章　インクルーシブな地域づくりの理論的課題と意義

志賀信夫
(県立広島大学)

1. はじめに

筆者は、2014年より、人口約6万人のとある地方都市において、住民主体の生活困窮者支援活動に研究者として携わってきた[1]。本稿は、地域の住民や実践者と問題意識を共有しながら獲得した経験的知見を批判的に再検討し、そこから得た理論的知見について論述を試みるものである。

筆者は、地域の実践活動に携わるなかで、「支援」が当事者の行動変容や認識変容によって既存の社会に再参入してもらうことに注力せざるを得ない傾向があることに気付き、これに違和感を覚えるようになってきた。これは筆者の個人的な感覚だけでなく、直接当事者とかかわっている支援者との意見交換のなかでたびたび共有された現実認識でもある。既存の社会が、非常に競争的で排他的であるような「排除型社会」である場合、このような社会への再参入を後押しするということは、さらなる競争の激化とより強力な排他性を助長してしまうのではないか。また、何よりも、それが当事者の「well-being(幸福)」につながるものではないのではないか。本稿はそうした問題意識から出発している。

もちろん、なかには当事者ではなく地域住民の行動様式や価値観を変容させ、より多様性を是認できるような地域づくりに注力している実践もないわけではない。だが、そうした先進的な事例は極めて例外的なものであり、これをもって一般のものとすることはできない。

筆者は、貧困問題は社会構造上の問題であるということをまずもって強調しておきたい。これは貧困問題が地域問題ではないという主張でもある。貧困問題が地域問題ではないということは、貧困問題解決に向けた取組みを地域における助け合い（互助）を基礎とした福祉で完結させるのは不可能であるということを意味している。

本稿の主旨は、諸個人を包摂する社会（包摂型社会）の実現に向けた地域実践には、社会問題を生み出す構造に対する批判的視点が必要である、というものである。本稿でわざわざこのような議論を展開するのは、地域の実践の多くに、社会問題を生み出す構造に対する批判的視点があまり見られないからである。なお、ここでいうところの社会問題を生み出す構造とは、資本主義社会における「資本 - 賃労働関係」の展開を指している。「資本 - 賃労働関係」とは単純化していえば、資本家階級と労働者階級のあいだの関係性のことである。

以上を踏まえ、本稿では以下のように議論を進めていく。

まず第2節では、貧困問題への対応を困難にさせる原因の1つである、貧困に対する価値観（自己責任論など）の問題について言及する。この価値観問題を生じさせているのは、資本の社会的力が相対的に強力な「資本-賃労働関係」にあるため、特定の地域だけでこれに対抗することは不可能である。

第3節では、貧困問題に対する生活保障を人間的な水準にまで向上させるためには、貧困問題だけでなく現役の雇用従事者の労働問題に対応することも重要であるということについて言及し、さらに貧困問題と労働問題を貫く「資本 - 賃労働関係」に着目する必要があるということを説明する。

第4節では、第2節と第3節の議論を踏まえつつ、貧困問題解決のためには「資本 - 賃労働関係」という社会関係そのものを見直す視点が必要ということの簡単な説明を行っていく。この「資本 - 賃労働関係」という社会関係そのものを見直すという視点は、経済成長と富の再分配の「両立」が達成可能であるという現実認識からの逸脱を意味している。

第5節では、貧困問題に対する地域の実践の意義について、本稿なりの整理を行う。

2. 貧困をめぐる価値観問題

1）貧困をめぐる価値観問題

人びとが貧困状態を余儀なくされる原因は、低所得、疾病、障害、失業、差別など、多く存在する。観念的には、原因がどのようなものであっても生活保障にかかわる制度・政策がしっかりとフォローできれば、人びとが貧困状態に陥ることをある程度防ぐことができる（ただし貧困の撲滅は不可能である）。だが、現実をみてみると、そうした制度・政策が十分に機能しているわけではない。最後のセーフティネットである生活保護制度の捕捉率についても、他の先進諸国の公的扶助制度と比較して非常に低い（金子, 2017: 288）。

それにもかかわらず、生活保護制度および制度利用者はバッシングされ、生活保護基準は引き下げられている[2]。バッシングの背景には、貧困者、生活保護制度および制度利用者に対する人びとの非常に厳しい価値観がある。そうした厳しい価値観は、社会的不利性や差別を助長し固定化している。

こうした厳しい価値観はどこで生産されるのか。これを分析していくと、資本主義における「資本 - 賃労働」という人びとの社会関係のなかで日々再生産されていることがわかる。特に日本では、資本家階級の社会的力が労働者階級の社会的力と比較してかなり強力なため、日本社会において一般化される支配的な価値観は資本家階級にとって有利なものとなっている[3]。資本家階級に有利な価値観とは、どのような価値観であるのか。それはひとことでいえば、資本増殖に貢献することが「良いこと」であり、そのようにできる人間こそが「強く」「自立的」で「素晴らしい」というものである。

このような価値観が一般化する過程においては、生活保障制度がある程度形式的に充実していても、例えば財政のひっ迫による予算制限という理由から、生活保障を「本当に必要とする人」を資本にとって有用な人びとという基準から選別するようになる可能性が高い。実際に、2020年のコロナ禍における医療のひっ迫状況から、高齢者ではなく若者を優先的に治療すべきであるという議論が一部に生じた。イタリアなどのように、そうした判断が実際に適用されたところもあった。

日本の現状は、長期的な経済の低成長による財政ひっ迫を理由とした人びとの消極的選別（あるいは序列化）傾向と、利潤最大化を旨とする企業活動が重要視されることによる人びとの積極的選別（あるいは序列化）傾向の両方によって、人間の価値を決定づける基準が強力に形成されてきている。要するに、「資本 - 賃労働関係」という社会関係において、資本の社会的力が相対的に強力であり続けているため、資本蓄積に既に貢献している人びと、あるいは将来そのような可能性のある人びと（特に優秀だと判断される子ども）こそが、この序列の高位に位置づけられ、そうでない人びとが低位に位置づけられているということである。こうした価値観は相対化できないほど人びとに内面化されている。

貧困をめぐる上記のような厳しい価値観に対して、「人権」「人間の尊厳」「権利と自由」を主張し対抗していくことは重要である。財政がひっ迫状況にあっても、あるいは人口に膾炙している価値観が一部の人びとの「人権」「人間の尊厳」「権利と自由」を軽視する傾向があるとしても、それでもすべての人びとの権利や自由を強調し続けることは重要である。もしそれがなければ、利潤最大化を旨とする資本は無制限的に人びとの生活を破壊しつくすからである。既に社会的不利性を余儀なくされてきた人びとや差別を被ってきた人びとはのなかには生活が破壊されている者も多い。

2)「資本 - 賃労働関係」のなかで再生産される価値観

筆者は、「人権」「人間の尊厳」「権利と自由」を主張していくことの重要性に加え、さらに「資本 - 賃労働関係」それ自体に対する批判的視点の重要性についても強調したい。この視点は、上記のような厳しい価値観を相対化していくために必要なものである。日本における大部分のインクルーシブな地域づくりの実践に欠けていると思われる決定的な視点がこれである。

人びとの価値観は、マルクスが『ドイツ・イデオロギー』において喝破したように「資本-賃労働関係」という社会関係のなかで再生産される。したがって、「人権」「人間の尊厳」「権利と自由」等に関する啓蒙活動を地域で行っていくことは先にも強調したように重要であるが、それだけでなく、権利や自由を軽視するような価値観を再生産する社会関係と構造にメスを入れていくこともまた非常に重要である。

筆者がこのように主張するのは、理論的な理由だけでなく、ある自治体の「子どもの貧困対策」に関する行政計画策定に携った際に直面したある経験とも関係している。この行政計画策定は、自治体職員、地域の実践家、研究者等、計20名あまりで共同的に行ったが、その議論の過程で次のような発言があった。「子どもの貧困対策は投資として考えるべきです。キャリア形成のチャンスとして考えてみてください。そうすれば、この地域にまたリターンがあると思います」。

なるほどそのような発言は、説得力のあるもので、税金を使用して行政計画を実行する際にも有効なエクスキューズとなるかもしれない。その場にいた会議メンバーの多くもそれに賛意を示した。

子どもの貧困問題は大人の貧困問題と直結しており、大人の貧困問題は雇用の劣化、差別、社会保障の抑制等を原因としている。したがって、子どもの貧困対策については、これらの諸問題に直接アプローチすることが理に適うものである。ただし、雇用の劣化、差別、社会保障の抑制は、これらを積極的にあるいは消極的に支持する価値観があり、その価値観は資本が相対的に強力な「資本 - 賃労働関係」において再生産されている。強調したいのは、インクルーシブな地域づくりを目標としている人びとでさえ、貧困問題に対するアプローチを見誤ることが少なからずあるということである。特に地方都市においては、財政ひっ迫状況はより深刻で、貧困対策を「投資」に置き換えるということについてはより一層支持を得やすい傾向がある。しかもそれは、人びとの「善意」を媒介にしており、批判もより困難となっている。

もちろん、これは「資本 - 賃労働関係」による社会関係を原因とした現象であるので、地方都市にのみならず、都市部においても生じている問題である。例えば、中川(2015)では貧困対策を「投資」だと位置づけることの重要性が強調され、渡辺(2018)では子どもの貧困対策を「福祉」ではなく「投資」であると強調し、日本財団子どもの貧困対策チーム編(2016)が試算した投資しなかった場合の経済的損失額を引用していることをみればそれが理解できよう。中川はジャーナリストであり、渡辺はNPO法人理事であって「資本-賃労働関係」の視点がないことに対する筆者からの批判はあまりにも酷であると思われるかもしれない。だが、日本の子どもの貧困研究を牽引してきた阿部(2014)についても、本人の若干の逡巡があるものの、やはり「子どもの貧困対策は『投資』なのである」(阿部, 2014: 96)と論じている。そもそも大人の貧困ではなく、子どもの貧困という問題設定自体が資本の社会的力が相対的に強力な「資本 - 賃労働関係」によって生産される価値観の1つの表現形態であるが、筆者がここで強調したいのは、各論者に対する単なる批判ではなく、資本に有利な価値観が、地域の実践家から研究者に至るまで社会の構成員全体に強力に内面化されているということである。

もちろん、こうした事態に対する危機感が表明されているものも一部にある。例えば、広瀬・桜井編(2020)は、「自立していることが当たり前」「強い個人であること」「他者に依存しないこと」が是とされる社会にたいする異議申し立てを行っている。「自立していることが当たり前」「強い個人であること」「他者に依存しないこと」という価値観は、筆者が論じている資本に有利な価値観、あるいは少なくともそうした価値観と正面からぶつかることのないものである。「強い個人 = 価値ある人間／弱い個人 = 価値のない人間」という人間の序列化は、雨宮(2020)が指摘するように相模原市障害者施設で起きた凄惨な事件とも直接的に関係していると思われる。

3. 失業および劣化した雇用と貧困問題

前節では、生活保障にかかわる制度・政策の充実が多くの人びとにとって必要であるにも関わらず、必ずしも積極的な支持を得られない原因の1つとなっている価値観の問題について言及したが、本節では、労働問題と貧困問題の関係性から貧困問題が地域問題ではなく社会構造上の問題であるということを説明していきたい。

貧困は多くの場合、経済的困窮のことを指示する。経済的困窮とは、人びとの消費生活の不可能性を意味する。消費生活は人間生活の全体ではないが、重要な側面である。この消費生活を不可能にしてしまう経済的困窮の原因の1つは、失業および劣化した雇用によるものである。

地域で生活する人びとの大部分は、雇用に従事しながら生計を立てている。しかし、この雇用が何らかの理由で突如なくなったり、徐々に劣化したりしていくことがある。そうなると、生活していくための所得が十分に得られなくなる。そうした状態を余儀なくされたとき、安心して利用できる生活保障制度があればなんとかなるかもしれない。しかし、現在の日本では、前節で説明した事情を背景にして、生活保障制度は十分に機能しているとはいえない。

そうなると、人びとは生活のために非人間的な労働でも受け入れざるを得なくなる。それだけでなく、非人間的な労働に従事している人びとが、生活保護制度をはじめとした福祉給付について人間的な水準であることを許容できなくなってくる。次いで人びとは、生活保障制度の利用者に対し「本当に働くことができないのか」という疑念を持つようになり、生活保障制度利用者に対する監視が始まることになる。既に日本では生活保護利用者に対する厳しい監視が近隣住民によってなされているという事例が多くあるし、なによりもそれが推奨されているところもある[4]。

これは、労働力に対する商品化圧力がより強力になってきているということを示している。労働力という商品は、その商品を所有する人間の存在と不可分であるので、その労働力商品が値踏みされるということはすなわち彼・彼女自身の生活の非人間化傾向への圧力となる。資本からみれば、その労働者は人間としてではなく労働力商品の運び手としてのみ有用なのであり、その運び手の人間的な生活に対する関心は基本的にない。したがって、労働力の脱商品化こそが労働者階級にとっては重要な目標であるはずなのだが、その脱商品化という目標は富の分配および再分配の充実、あるいは「資本 - 賃労働関係」の見直しによってしか達成することはできない。後述するが、筆者は後者の重要性を強調したい。

人間的な生活を可能とする水準の所得を伴う雇用の数が、それを求める人びとの数と同じかあるいはそれ以上に存在するというのは極めて特殊な社会状態である。例えば、高度経済成長期においては確かにそうした状況が現実的なものとして理解されることもあった。しかし、近年の日本は資本主義が成熟し経済の低成長状態が継続している。それは、マルクスが指摘した「利潤率の傾向的低下の法則」が貫徹しているものとみることができる。資本の利潤率が傾向的に低下しつつある社会においては、個別の資本（各々の経営者）も競争的な別の資本に駆逐されないための努力により一層注力する。個別の資本は経営の効率化を図るであろうが、この効率化にはコスト削減を徹底するということも含まれるであろう。したがって、その効率化は人件費についても影響が及ぶ。低成長状態であってもそうでなくても、資本は利潤の最大化を常に企図しているが、資本の利潤最大化という関心からみれば、労働者への富の分配および再分配は最少化すべき「コスト」なのである。

このような事情から失業や雇用の劣化が生じてきているが、こうした事情の原因は地域に端を発するものではない。これは「資本 - 賃労働関係」という普遍化された社会関係という社会構造上の問題である。したがって、地域の助け合いだけでは経済的困窮問題への対症療法も不十分であるだけでなく、根本原因についてアプローチすることはまず不可能である。そうであるならば、貧困問題に対応するためにどのようなアプローチが考えられるのだろうか。

4.「資本 - 賃労働関係」の再検討

宮田（2019）は、現代の日本では「利潤率の傾向的低下の法則」が貫徹していることを実証的に示しつつ、今後の展望をめぐる3つの方向性について類型化し、そのうちの第3のアイデアが重要であることを論理整合的かつ事実にそくして説明している。

宮田が説明する第1の方向性は、経済成長を何よりも重視するものである。第2の方向性は経済成長と国民生活の向上とのいわば「両立」を図ろうとするものである。第3の方向性は「資本の社会的制御」に基づいて「資本-賃労働関係」それ自体を見直していこうとするラディカルなものである。宮田は、近年においても第2の方向性を支持する者があとをたたないことを指摘しているが、貧困研究においても同様のことがいえる。それどころか、日本の近年の貧困研究においては資本と労働の関係について射程にいれて貧困対策の現状や展望について議論しているものはほとんどないといってよい（ただし、今野・藤田編（2019）や志賀・田中編（2020）などの例外は一部ある）。

もちろん、本稿で論じてきたような、自己責任論をはじめとする価値観や劣化した雇用および非人間的な労働などのワーキングプア問題への異議申し立ては貧困研究においても表明されている。しかし、そうした異議申し立てが単なる「願望の表明」にしかなっていないという現実を筆者は懸念している。多くの社会福祉学や貧困研究、先進的であるとされる諸実践は、ここで挙げた諸問題に対する異議申し立てをしながらも、そうした諸問題を生み出す「資本 - 賃労働関係」という社会関係に目を向けないために、社会関係それ自体を相対化するのではなく絶対化するような論理を追認するという誤りを犯してしまっていることが少なくない。

例えば、本稿第3節で言及したような貧困対策を投資に置き換えるような主張もそこに含まれるだろう。そうした主張が「善意」でなされているとしても、その「善意」が招く結果は労働者階級にとって破局的なものとなる。

5. インクルーシブな地域づくりの意義

これまで、貧困問題が地域問題ではなく社会構造上の問題であることを説明してきた。社会構造上の問題に対しては、社会横断的な対応が必要である。そうすると、地域の実践は貧困問題に対して無力なのか、という問いが当然生じてくるだろう。筆者によるこの問いに対する回答は、地域の実践は無力ではないが、そのようにいえるためには、地域実践の意義を再度捉えなおすことが必要であるというものである。

少なくとも、社会福祉を地域福祉に代替させていこうとする方向性に対して無批判である実践については、貧困の当事者にとっても労働者階級全体にとっても有害であると言わざるを得ない。既存の企業主義的国家によって称賛されるような実践モデルやそうしたモデルによって採用されているPDCAサイクルには注意が必要である。既存の自助・互助の推進政策のさなかにおける「成功モデル」「先進モデル」を目指すということは、ささいな取組みから脱し、ひたすらその取り組みを拡大することで公助を縮小、代替していき、なおかつ自助・互助推進と整合的な効果測定を受け入れるという側面が大いにある。

地域における実践が、労働者全体に対して有用なものであり、なによりも貧困の当事者にとってそうであるためには、少なくとも資本の論理に回収されないような視点が必要である。善意で目の前にいる当事者に対応するだけでは、その善意の実践が資本の論理に回収されてしまってもそれに気付くことができない。

ただし、「資本 - 賃労働」という社会関係において生じる諸問題は、様々な地域で現象するということは顧みられねばならない。「資本 - 賃労働」という関係性は資本主義社会における普遍的なものであるが、その普遍的な人びとの関係性のなかで生み出される諸問題は、具体的な地域で具体的な形をとって現れるのである。したがって、具体的な諸問題に対応するなかで「資本 - 賃労働」という社会関係の再検討の視点を持って他の地域の諸実践と連帯していくことが必要となってくる。

やや抽象的な議論が多くなってしまったが、これはすべての生活者の「権利」をめぐる闘争の古くて新しい形態であると筆者は考えている。「権利」とは、自由の法的表現あるいは法的形態であるとともに自由の共同的表現でもある。人間が「ヒト」としてのみならず「社会的人間」として（人間としての尊厳をもって）、みずからの生活と将来を形成（自己決定）できるためには、一定の自由が実質的に保障されている必要がある。例えば、生存権の例から考えてみればそれがよくわかる。生存の自由が単に存在するという場合、それは人間以外の動物にもその自由はある。しかし、人間は歴史のなかでこの自由を相互に認め合い、さらにそれが実現できるように具体的な保障を形成してきた。だからこそ、人間の生存の自由は共同的なものといえるのである。そして、その共同的に形成された自由を、遵守すべきルールとして法的形態をまとわせた。これが、共同的自由の法的形態が権利であるといえる理由である。

歴史的にみると、諸権利は政治的エリートによって与えられてきたのではなく、人びとが具体的な諸問題に対応するなかで要求し、獲得してきたものである。

地域のささいな取組みであっても、そうした取り組みが存在するということは、解決すべき自由抑圧、権利不全の問題がそこに存在するのだということが発見されているということに他ならない。地域の実践の意義は、その取組みをただひたすらに拡大し福祉の公的機能を代替することにあるのではなく、自由の抑圧状態の発見と告発にこそある。このことに鑑みるならば、地域における実践は、①権利侵害や権利不全の状況の発見、②権利の擁護(保障ではない)が主な守備範囲であり、そこに存在意義があるといえるだろう。権利擁護をおこなうという実践は、発見した貧困問題を再社会化していくということに他ならない。その過程で、生活保障の公的機能の充実だけでなく「コモン」[5]と呼ぶべき社会資源の形成がなされる可能性もある。

注

1 筆者は現場での当事者に対する直接的な支援にはほとんどかかわっていない。筆者の役割は現場で生じた事態や問題について共有したうえで分析し、その分析から得られた知見を現場に還元することである。

2 2013年からの生活保護基準引き下げに加え、2018年からさらに引き下げが実施されている。これらの引き下げに対し、全国の1000名をこえる生活保護利用者が違憲訴訟を起こした。この裁判は「いのちのとりで裁判」といわれている。詳細は、生活保護問題対策全国会議編(2018)を参照いただきたい。

3 マルクスによる次のような分析は現在でもなお通用するものである。「支配的な階級の思想が、どの時代においても、支配的な思想である。すなわち、社会の支配的な物資筒的威力である階級が、同時にその社会の支配的な精神的威力である。物質的生産のための手段をわがものとする階級は、そのことによって同時に、精神的生産のための手段をも意のままにするのであって、それゆえ同時に、精神的生産のための手段をもたない人びとの思想は、概してこの階級の支配下にある。支配的な思想とは、支配的な物質的諸関係の観念的な表現、つまり思想としてとらえられた支配的な物質的諸関係のことにほかならず、したがって、ある階級を支配階級たらしめるまさにその諸関係の観念的な表現、したがってその階級の支配の思想にほかならない」(Marx,1958=2008:40-41)。

4 例えば、兵庫県小野市の「小野市福祉給付適正化条例」(2013年3月に成立、同年4月に施行）がある。この条例は、「不正受給」の防止、遊戯・遊興・賭博等への出費の抑制を行おうとするものであり、制度利用者を監視対象とし自由を抑圧しようとするものである。

5 「コモン」とは、「民主的に共有されて管理される社会的富」のことである。詳細は、ガブリエル・ハート・斎藤（2019）第1部第3章を参照していただきたい。

参考文献

阿部彩、2014、『子どもの貧困Ⅱ─解決策を考える』、岩波書店。

雨宮処凛、2020、『相模原事件・裁判傍聴記　「役に立ちたい」と「障害者ヘイト」のあいだ』、太田出版。

金子充、2017、『入門　貧困論　ささえあう／たすけあう社会をつくるために』、明石書店。

今野晴貴・藤田孝典編著、2019、『闘わねば社会は壊れる　〈対決と創造〉の労働・福祉運動論』、岩波書店。

広瀬善徳・桜井啓太編著、2020、『自立へ追い立てられる社会』、インパクト出版会。

志賀信夫・田中聡子編著、2020、『福祉再考』、旬報社。

生活保護問題対策全国会議編、2018、『「生活保護法」から「生活保障法」へ』、明石書店。

中川雅之、2015、『ニッポンの貧困─必要なのは「慈善」より「投資」』、日経BP社。

日本財団子どもの貧困対策チーム編、2016、『徹底調査 子供の貧困が日本を滅ぼす 社会的損失40兆円の衝撃』、文藝春秋。

マルクス・ガブリエル／マイケル・ハート／ポール・メイソン／斎藤幸平、2019、『未来への大分岐　資本主義の終わりか、人間の終焉か？』、集英社。

宮田惟史、2019、「経済成長システムの停滞と転換─ポスト資本主義に向けて─」今野晴貴・藤田孝典編著『闘わねば社会は壊れる　〈対決と創造〉の労働・福祉運動論』、pp.174-201、岩波書店。

渡辺由美子、2018、『子どもの貧困─未来へつなぐためにできること』、水曜社。

Marx, K.,1958, *Karl Marx-Frdrich Engels Werke, Band 3*, Dietz Verlag, Berlin= 今村仁司・三島憲一・鈴木直・塚原史・麻生博之訳、2008、『マルクス・コレクションⅡ』、筑摩書房。

ミニコラム　**チャールズ・ブースの貧困調査と資本による統治**

貧困研究の古典としてしばしば参照されるのが、イギリスにおけるチャールズ・ブースの著作である。福祉関係の教科書にもチャールズ・ブースの貧困研究は必ずといっていいほど言及されている。教科書的な説明によれば、ブースの貧困研究によって、貧困の自己責任論が覆され、社会責任が問われるようになり、それが社会横断的な政策の発端となった。また、その貧困研究によって、歴史上はじめて、貧困問題が社会科学的に説明されたのだとされる。

ただし、ブースの貧困研究の方法が社会科学的であったとして、なおかつ科学の名のもとに「客観性」を担保できていたとしても、その「客観性」がすなわち「階級中立性」を意味するわけではないことには注意しておくべきである。ブースがやりたかったことは、「資本 - 賃労働関係」の維持であり、そのための方策を明らかにすることであった。というのも、ブースは資本家であり、当時頻発していた労働者階級による社会運動に危機を感じていた。そうした社会運動は、ブースにとっては「産業平和」を脅かすものであり、「産業の総帥」として「統治」せねばならないものと映ったのである。まさに「人格化した資本」の自己意識(階級意識)にそくして、ブースは貧困研究を遂行したのである。日本の貧困研究や貧困に対する取り組みの多くは、おそらく「階級」を意識していないか、仮に階級に関して何らかの思いをはせるとしても、それは自身の取組みにおける「階級性」ではなく「階級中立性」の強調に結び付けようとするものであろう。「階級」というと、特定の政治思想やイデオロギーと直結するものであると考える者が多いだろうからである。しかし、「階級」はイデオロギーや政治思想ではなく現実である。したがって、「階級」から目を逸らすことは、現実認識を誤らせるだけでなく、それを意識させないことを好む特定のイデオロギーに迎合してしまうという結果を招いてしまう。「階級」を意識しないことおよび「階級中立性」を主張することのいずれもが、資本家階級の企図に回収される余地を大いに残すものなのである。

貧困問題は資本に対する労働の関係性から生じるのであり、自然発生的なものではない。日本において、「階級性」は「総中流化」という幻想によって不可視化されてきた。「総中流化」幻想醸成の過程では、「階級対立・矛盾は解消され、経営者と雇用従事者は一丸となって経済成長を目指し、みんなで安定した生活を実現させることができる」ということがまことしやかに喧伝された。階級の現実を維持しながら階級をめぐる現実認識をさせないということは、イギリスにおいてはサッチャーやメージャーが試みたことでもある。これと似たことはBLM（Black Lives Matter）運動に対するALM（All Lives Matter）という言説にも見出される。ALMという言説は、黒人に対する人種差別という論点を曖昧化させる効果のあるものである。それが美しくもっともらしいことばであったとしても、注意を払っておく必要がある。

13章　移住者支援と災害福祉の可能性

全 泓奎
（大阪市立大学）

1. はじめに

コロナショックに襲われるまで、国内への人の移動は年々増加を極め、観光客のような一時滞在の通過客のみならず、身分や地位による中長期滞在者が約290万人以上に達し、「移民社会」が声高に語られるまでになっていた。その一方で、近年の日本列島は各種災害に見舞われることが多くなっている。こうした状況で移住者が被災を被るケースも増えており、移住者を災害に対する要援護者、つまり災害弱者として捉え対応することも喫緊の課題となっている。本稿では、国内の被災地域に対する実地調査からみえてきた現状と復興に向けた取り組みの紹介に加え、近隣国である台湾の被災地の事例についても紹介し、災害から復興に至るプロセスを「災害福祉」という文脈で検討し、移住者をはじめとする災害弱者との地域共生の仕組みを創り出すための新たなシステムとして、その可能性について検討する。

2. コロナ禍と不平等

本稿を執筆している今、世界は、2019年末に中国湖北省武漢から始まり、世界をパンデミックに陥れている新型コロナウィルス（COVID19）による感染症の影響下にある。既に多くの国々では都市封鎖を経験し、日本では都市封鎖までには至らなかったものの、「緊急事態宣言」が発出され「ソーシャルデイスタンス（社会的距離）」をとりながらの「自粛生活」が1か月余続いた。一方、東京や大阪をはじめとした一部の地域では感染者の発生が今もなお続き[1]、世界で23,311,719人（死者771,635を含む）にも及ぶ感染者が報告されている[2]。

コロナ禍の背景の一つには、人類の移動の爆発的な増加や行き過ぎた開発、環境破壊による地球温暖化等がある。それにより生息域が縮小した野生動物とヒトとの距離が縮まり、野生動物と共存していたウィルスが調和を乱され、行き場を求めてヒト社会に入り込んだ（山本、2011・2020）。パンデミックによる影響は甚大な経済社会的な被害をもたらしているが、その影響は、人種や経済格差による階層間の不平等により地域的にも不公平に振り分けられていることがアメリカの例から報告されている[3]。こうしたコロナショックをある種の「災害」とみなすのであれば[4]、それによって最も負の影響を受けているとされる人々への支援は、喫緊の課題として取り上げられる。災害やその後の復興にかかわる先行研究の多くは、自然災害によるインパクトは、個々人の脆弱さや置かれている状況の違いによって、不平等に振り分けられることを指摘している（clark et al., 1998）。また、被災前の社会的脆弱性（pre-existing social vulnerability）が、実際の復興支援プロセスにおいても不利に働くことも報告されている。1994年にアメリカのロスで起きたNorthridge地震後の米連邦支援プログラムの支援プロセスにおいても同様の問題点が指摘された（Kamel and Loukaitou-Sideris, 2004）。このように全ての災害による負の影響は、人種や階層、そしてシティズンシップの有無のように個々人が保有する社会的不利の度合いによって不公平に振り分けられることを鑑みると、災害と不平等との相関性への関心と共によりいっそうの弱者への配慮が求められる。

3. 災害弱者としての移住者を取り巻く動向

「移住者」とは、出身地を離れ、他の地域や国で生活する人びとを言う。その他に「移民」という言葉もしばしば使われるが、「人種」、「宗教」、「国籍」、「特定の社会的集団」、「政治的意見」を理由とする迫害のおそれにより、母国を離れて生活することを余儀なくされる「難民」もこれに含まれる。国際移住機関（IOM）の2018年版国際統計によれば、2015年現在、世界的に約2億4千4百万人の移民がいるとされる（International Organization for Migration, 2017）。資本のグローバルな移動が加速化するに伴って人口移動も増え、世界中に移民が広がる状況になっている。一方、日本は、長らく移民鎖国を貫いて来たが、既に国内に293万3,137人の外国籍の住民が生活している（法務省出入国在留管理庁、「令和元年年末現在における在留外国人数について」）[5]。その半分以上は、日本での在留期限が設けられていない、「永住者（特別永住者を含む）」、「定住者」、「日本人の配偶者等」、将来的に日本で住み続けるであろう人びとである。政府は、これまでに単純労働力の受入れを認めて来なかったものの、経済界からの強い要求に応じて、90年に新しい在留資格（「定住」）を新設し、いわゆる「ニッケイ」人が多く来日することとなった。しかし、これだけでは労働力人口が減少している日本のニーズには遥かに及ばず、経済界からのさらなる圧力を受け、参院選等を控える安倍政権は、2018年、「出入国管理及び難民認定法」を改定（平成30年法律第102号）し、新たな在留資格を2019年4月より施行させた。「特定技能1号」と「特定技能2号」である。これらによって、今後5年間で約34万人の外国人労働力の受け入れが見込まれていた[6]。特定技能1号の滞在期間は最長で通算5年、家族帯同は不可、特定技能2号は、家族帯同が認められ、更新が続く限り滞在期間を延長できる。またこの滞在期間は永住資格取得にかかわる生活年数にも反映される。しかし、これまでマスコミ等で指摘されてきたように、これらの人びとの生活基盤を支援するための施策は充分とはいえない。日本での生活に必要なものとして、まず、言語（日本語）の取得、そして居場所（住居）の確保を欠かすことはできない。不測の事態に備えるための医療相談等の支援も肝要である。家族を伴う場合は、子どもの教育にかかわる就学や進学支援も必要である。それに加え、近年は大規模災害に見舞われることも多く、外国籍住民や集住地域への支援課題に対する関心も高まっている。このような状況を受け、高齢者や障がい者のみならず、外国籍住民もまた、「災害弱者」、つまり「災害時要援護者」として捉えられるようになり、中央防災会議による「防災基本計画」（平成30年6月）のなかでも、在日・訪日外国人への課題が取り上げられるようになった。しかし災害時の救援活動ももちろんであるが、被災後の復興支援はさらに重要な課題であり、地域の隣人としてそのようなニーズにどのように応えていくのかを考えるのは、地域福祉や災害福祉の重要な務めであると思われる。本稿では、在日外国籍住民のみならず訪日外国人に対しても「災害時要援護者」として捉え対策を講じる必要があることから、各地における近年の災害状況に対する現地調査の結果から、その実態や関連した行政施策、支援実践にかかわる支援団体や当事者側の取り組みから得た知見を基に、災害福祉の課題を明らかにする。

具体的な事例の検討に入る前に、災害弱者として移住者が抱える問題点について見てみよう。

1）言語的なバリア

まずは言語の問題を挙げることができる。2011年の東日本大震災時にも、大津波が襲ってきた際に、「タカダイ」に逃げろという意味が分からなかったと証言した被災外国人がいた[7]。このように言葉の問題は、緊急対応や生活再建に至るまでに困難を極めることが報告されている。

2）ヴァルネラブルな家族や親族・コミュニティ参加へのバリア

地方部の農漁村地域の外国籍住民居住地は、都市部の集住型とは異なる散在型である場合が多く、技能実習生や、ブローカーを介した結婚移住者で構成されていることが多いため、コミュニティへの参加が困難な場合がある。また場合によっては、村社会としてのコミュニティの閉鎖性の所以に、すぐに逃げるのではないかという疑惑の目で見られたりもしており、それが災害などいざという時にはバリアとなることも推察できる[8]。

3）文化・制度的なバリア

昨今のコロナ禍の中、事業収入が前年同月対比50％以上減少した個人事業主や法人に最大200万円を給付する「持続化給付金」や、4月27日時点で住民基本台帳に登録されている全ての人に一律10万円を給付する「特別定額給付金」の支給関連の手続きの際にも露呈したように、日本は押印や煩雑な書類手続きなど行政手続きの電子化の遅れ等による問題が深刻である。とりわけこのような日本の文化や慣行、制度に不慣れな移住者にとっては、言葉の問題も加わり、こうした行政の縦割りや書類手続きは更なるバリアとして作用することもあり、喫緊の支援が必要な時に、「手続き難民」になりがちな傾向がある[9]。

4. 被災地の実地調査からみえるいくつかの知見

では、以下では、外国人の被災経験や、支援の課題を実地調査によって得られた知見に基づき災害福祉の課題と関連付けながら検討してみることにしたい。

1）熊本地震被災外国人への支援実践と災害福祉の課題

熊本では震災以前から、地元支援団体（「コムスタカ－外国人と共に生きる会」）による活動が活発に行われていたことも一役買い、被災時にも迅速な対応が可能になった。熊本県における移住者の特徴は結婚移住者が多く、外国人シングルマザーへの支援を行い相談や多文化理解に向けた講座を持続して実施するなど、日常生活における防災力の向上に尽力した。

2018 年 8 月、筆者は 2 年前に起きた熊本地震で被災外国人支援を行った、同会への訪問調査を行った。同会は、1985 年 9 月、熊本市中心部にあるカトリック手取教会を連絡先に、アジアから日本に働きに来ている女性の相談や支援を行う NGO「滞日アジア女性の問題を考える会」として発足した団体だ。その後、1993 年 4 月から現在の団体名に改称し、2013 年 3 月から連絡先を熊本市内に変更して現在に至っている。在住外国人のための無料の人権相談、生活自立支援、移住（労働）者問題等の講演会や映画上映会等の啓発活動、行政等に対する外国籍住民施策への提言、民事や刑事事件など外国人の訴訟の支援等、幅広い活動を行っている。

2016 年 4 月に起きた熊本地震では、14 日と 16 日に震度 7 の地震が 2 回発生し、その後も中小規模の余震が断続的に続き、震度 1 以上の地震回数は、4,296

回に達した。その結果、熊本県集約分（2017年6月22日現在）によると、地震による直接災害死50名、震災関連死179名、大雨による二次災害死5名の合計234名の死亡者、2,704名の震災関連負傷者を出した。また、仮設及びみなし仮設での孤独死が6名、被災した建物や住宅は19万2,904棟に上ることが報告された。

一方、熊本県内の在住外国人は、2015年12月末時点で、中長期滞在者が1万人を超え、熊本県人口178万人の0.6%を占めていた。その内、女性が6,827人（63%）、男性が3,940人（37%）と女性が多く、上位三つの在留資格が「永住者（2,859人）」、「日本人の配偶者等（762人）」、「定住者（291人）」となっており、結婚により移住した外国人女性が一定数いることが推察される。

このような外国籍住民にとって、日本の地震災害は初めての経験である場合も多く、生活面での不安に加え、心理的にも大きな困難を抱えることが予想される。実際に、災害当日は多くの外国籍住民が混乱に陥った。当時、熊本県では多言語情報などのサービスがなく行政の対応が遅れ、市内にある国際交流会館で多言語情報を流し始めたのは、発災から5日が過ぎた21日になってからだった。そのような状況のなかで、16日に市内の国際交流会館を開けたとき、多くの外国人が集まってきた。熊本では外国籍住民向けの指定避難所が設けられたという報道が流れていたが、実際にこの国際交流会館が避難所に指定されたのは18日になってからのことで、それまで独自で炊き出しを行っていた。その後も継続して国際交流会館で炊き出しが行われていた。家で孤立するのではなく、皆で集まってわいわいしながら過ごす方が安心感を得られるということで、外国籍住民が会館に集まり、日本人の被害者と共に過ごした。日本人が一緒にいてくれたことで、外国籍住民もより安心感が得られた。熊本県内には多くの外国籍住民、なかでも女性が多いが、コムスタカのスタッフは、やはり普段の生活スキルや生活力を高めていかないと、いくら防災や災害福祉といっても効果が得られないのではないか、ということを強調していた。

それに加え、今回の災害から見えてきた課題かと思われるが、災害時に生活保護を受けていた人が、震災があったにもかかわらず、どこからも何も連絡がなかったのがとても悲しかったという話をされていた。

2) 岡山県総社市における西日本豪雨災害と被災外国人への災害福祉の課題

2018年7月豪雨（西日本豪雨）により、岡山県総社市内では多大な被害が発生した。

同市による7月31日付総社市災害対策本部「緊急速報」の報告によると、活発な梅雨前線の影響で、7月5日から7日にかけて市内は大雨に見舞われ、5日午後3時39分に大雨警報、午後6時30分に洪水警報が、6日には土砂災害警戒警報が発令され、その後災害対策本部が設置された。そして、高梁川の水位が上昇し、7日午前0時30分に最高水位13.12mを観測した後は計測不能となるなど、緊迫した状況が続いた。6日には、日羽の国道180号が冠水したため封鎖に向かった作業員17人が、急激に水位が上昇した高梁川の濁流の中で孤立し、そのうち2人が飲み込まれて行方不明になった。下倉地区（草田）でも、農機具倉庫の様子を見に行った男性が、決壊した堤防から流れ込んだ濁流に流された。市内では計4人が尊い命を落としている。市内全域に避難指示が発令されている最中の6日午後11時35分ごろ、下原地区にあるアルミ工場の溶解炉が冠水したことにより爆発事故が発生し、民家や車庫が火災に見舞われたほか、爆風で多数の家屋や倉庫の窓ガラスが割れる被害が発生した。工場の火災はその後鎮圧されたが、地区一帯は、浸水被害と工場爆発の二重の被害を受けた。

発災後から、多数のボランティアによる復旧活動が始まった。7月8日は、twitterの呼びかけで集まった市内の中高校生ら約1千人が参加し、避難所に配布する食事の準備や土のう作り等を手伝った。7月14日から16日までの3連休にも市内外から多くのボランティアが集まり、復興活動を行った。

こうした水害に見舞われた総社市だったが、実は、災害復興に尽力されたもう一つの力があった。総社市には、三菱自動車を中心とした自動車部品工場が集積した地域があり、1990年の出入国管理及び難民認定法改正以降、南米系ニューカマーであるブラジル人、ペルー人をはじめとする多くの移住労働者が雇用されていた。しかし、2008年のリーマン・ショックによる経済危機でその多くが解雇される事態となり、対象となった外国籍住民への自立支援を行う目的で、市役所の人権・まちづくり課内に国際・交流推進係が新設された。その後、国際的医療・救援系NGOであるAMDAグループとの協定の締結、外国人集住都市会議への加盟など、積極的な多文化共生事業を推進してきた。2018年4月1日現在、総社市の外国人人口は1,178人で、総人口68,537人の1.72%を占めている。国籍別では、ベトナム（42.4%）、ブラジル（21.2%）、中国（14.2%）が多く、総計25カ国の外国籍住民が生活している。在留資格別に見ると、ブラジル人を中心とした南米出身者は「定住者」、「永住者」及びその配偶者、ベトナム人は「技能実習生」がほとんどである。総社市では、2009年10月から外国人窓口を設置し、通訳を1名ずつ（英語・ポルトガル語・スペイン語対応）配置し、2014年4月からは新たに1名（中国語通訳）を増員した。相談内容はコミュニケーション支援が最も多く、子どもの教育や医療、税金、ビザ、居住、生活保護に関連した相談も多く寄せられている。その他、日本語教育や就労支援事業、医療・防災支援事業を実施した。これにあたっては、ノウハウを持つAMDA国際医療情報センターの協力により、『総社市多言語医療ガイド』（5カ国語対応：英語、ポルトガル語、スペイン語、中国語、韓国語）を作成し、市内在住外国人全世帯及び市内全医療機関に配布した。その他、防災関連の特徴ある事業としては、市が実施した防災訓練に参加した外国籍住民に対し、AMDAグループの協力の下、「外国人向けの防災教室」を開催した。防災訓練では避難訓練と避難所体験訓練を行い、炊き出しの試食やAED使用法の研修を実施した。2013年度には、公設国際貢献大学校（新見市）等との連携による「外国人防災リーダー養成研修」を実施した。災害時の定住外国人への支援にかんして、被災者の心理的ストレスや支援者のセルフケアの方法について学び、非常食の体験、多言語防災カード（**写真13-1**参照）にかかわるワークショップを行い、普通救命講習、避難所模擬研修を受けた。こういった研修や過去の災害状況等を参考に、今後の対応について話し合うワークショップも実施した。このように積極的な外国籍住民への防災対応を進めることになった背景には、もう一人の主役が存在する。現在、市役所の職員として、市内在住外国人の相談役も勤めている譚俊偉さんである。譚さんは、

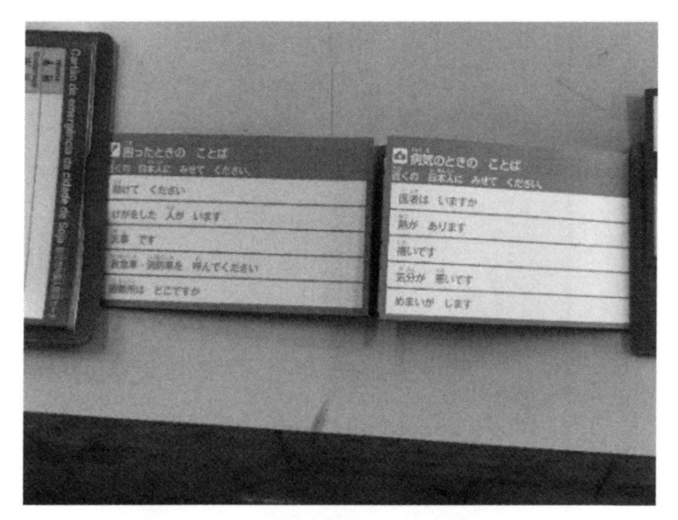

写真 13-1　総社市作製の多言語防災カード

ブラジル・サンパウロ生まれで1996年に来日し、2009年から総社市の職員として、外国籍住民の相談窓口や通訳などを務めている。譚さんを中心とする同郷コミュニティ組織の活動や、日々の相談対応等を通じ、日常的な関係作りを地道に実践してきたことが、今回のような非常時の災害対応にも有効に機能していたことはいうまでもない。

3)「福祉」を切り口とした東北型多文化共生

2011年の東日本大震災の大きな被災地となった、宮城・福島・岩手の東北三県には結婚移住者が多く、そのほとんどは点在していることが特徴である。

また、母国での生活困難や移住に至る経緯など、それぞれが抱える複雑な事情のため、連帯を避けて孤立する傾向も見られる。それに冒頭でも少しふれたように、日頃の家族関係や近隣関係によって多大なストレスを抱えていることも報告されている。

なおも日本語の習得や日本の文化・慣習への適応など、日常生活に不安を抱えている場合も多い。したがって東北三県では、新来定住者共通のニーズに対応するため、「福祉」を切り口に地域に出向いて必要な情報を「置き薬」の

写真 13-2　外国人県民のための防災ハンドブック

ように届ける活動方式を特徴とした「内なる国際化」という方向で多文化共生の事業展開を進めている。具体的には、日常生活の大きなストレス要因である「言葉」の問題の解消のため、各地に「日本語教室」を設置し、日常の関わりに加え、非常時には「セーフティネット」の役割を担うことを目指しており、2011 年の大震災に際してもそのような努力は功を奏した。

こうした努力もあって、新来定住者が自らの才能を活かすことで地域に必要な人材として定着していくことが少しずつではあるものの根付き始めている。近年は結婚移住者のみならず、技能実習生への働きかけによる地域共生のまちづくりや防災実践が地方再生の一戦略として各地で実践されている様子がうかがえるようになった。

5. おわりに：地域共生の仕組みを創り出す災害福祉の可能性

以上のような被災地での調査のなかから浮かび上がってきた課題は、日ごろ日常的な関係性を築いていくことの重要性や、災害時には移住者の生存権を保障するため、住宅や雇用、所得の確保を最優先にした復興策を推進することである。なおその際に、当事者の参加の機会の保障、復興プロセスにおいては経済的なアクション[10]をも視野に入れた、「災害福祉」の支援実践を模索していかないとならないということだった。

新型コロナウィルスによるパンデミック以前は、国内では、観光客（インバウンド）の増加が目立ち、訪日観光客に対する防災対策も大きな課題として取り上げられるようになっていた。例えば、函館市では外国人観光客への対応として「通訳消防団」を発足させたことが報じられている[11]。熊本では民間の支援団体から、日頃の外国籍住民の生活スキルを高めることへの重要性が指摘された。大きな豪雨災害にあった総社市でも、防災訓練等の実施や外国人の防災リーダーの育成に積極的に取り組んでいる。東北でも被災経験を活かして、福祉をキーワードとした外国人との共生に向けて大きな舵を切っている。これらは、災害時要援護者である移住者への支援に加え、相互の主体性を承認し合うことによって、より大きな防災課題に対等な立場で参加してもらうための、新たな災害福祉への旋回の可能性とも読み取ることができると言えるのではなかろうか。

西尾（2010）は、「『災害福祉』とは、災害を契機とした生活困難に直面する被災者とくに災害時要援護者の生命、尊厳を守るため、災害時要援護者のニーズをあらかじめ的確に把握し、災害からの救援・生活支援・生活再建に対し、効果的な援助を組織化する公私の援助活動」とする。つまり、防災から災害復興、まちづくりに至るすべてのプロセスを福祉の課題として捉え、移住者をはじめとする災害弱者との地域共生の仕組みを創り出すための新たなシステムとして、今後さらなる強化が求められるのである。

注

1　厚生労働省の発表では、緊急事態宣言解除から2か月となる8月24日現在国内感染者数は6万3,121人、亡くなった人の累計は1,196人と報じられている。「令和2年8月25日付厚生労働省報道発表資料」https://www.mhlw.go.jp/stf/newpage_13162.html（2020年8月25日閲覧）。

2　世界保健機関（WHO）のウェブサイト https://covid19.who.int/（8月25日閲覧）

3　「コロナ死者数、人種・民族に差：NY市長「不公平だ」」、朝日新聞、2020年4月9日付。また、Kim and Bostwick（2020）は、シカゴにおけるコロナ禍による黒人の死者の分析から、社会的なヴェルナビリティーと健康リスク要因が大いに関連していることを明らかにした。すなわちこれは、新型コロナウィルスによる影響が自然災害とは言え、コロナ以前より存在する人種的不平等や社会的排除による影響が最も大きいと言えることから、社会的に構築された問題である点に注目する必要があると述べている。また、本書の川本校にも大阪の事例が報告されているが、鳥居（2020）は、移住者が受けた影響について以下のような事例を報告している。2020年2月に中国人技能実習生が旧正月で一時帰国した後日本に帰国しようとしたが、事業主から一方的に「解雇」された事案、就職（「技術・人文知識・国際業務」）が決まり締結した労働契約に基づき日本にやってきたところ、到着した中部国際空港で、受け入れ企業から入管に「コロナで採用を取り消す」という連絡があったため入国を拒否され、やむなく空港で一夜を過ごし、自費で帰国してしまったベトナム人の事案の他、日系人の派遣切りの増加や留学生の労働問題が深刻化しつつあること、特に後者は、留学生であるがゆえに傷病手当（作業補償）も受けられず生活困窮状態にいる場合が多い点を指摘している（これには日本特有の留学生の事情が垣間見られる）。

4　石（2018）は、こうした感染症の流行も「自然災害」とし、1988年に国連とベルギー政府によって創設された「国際災害データベース（EM-DAT）」の中では、災害を「気象災害」、「地質災害」、「生物災害」の三つに分類しており、感染症は病虫害などと共に「生物災害」に含まれていると紹介している。一方、近年の災害の動向には東日本大震災がそうであったように、複合災害としての様相を強く帯びている。こうした特徴に照らし「危機管理学」等の分野では、アメリカ等で取り組まれている、あらゆる災害に対応する「オールハザード・アプローチ」という概念の重要性を指摘する。また、OECDにおいても、自然災害によって引き起こされた技術的な事故等のような、あらゆる災害に対応するための同様の取り組みや国際協力の重要性を指摘している（OCED, 2018）。

5　法務省出入国在留管理庁、「令和元年末現在における在留外国人数について（令和2年3月27日）」http://www.moj.go.jp/nyuukokukanri/kouhou/nyuukokukanri04_00003.html（2020年6月27日閲覧）。

6　「出入国在留管理庁」の発表によると、初年度に最大約4万7千人の受け入れを見込んでいたが、実際は3月末の時点で3987人と、当初想定の8%にとどまってしまい、海外の送り出し国の手続き整備などに時間がかかってしまったと説明している。さらに昨今は新型コロナウィルスの影響による企業の経営環境等の悪化もあり、今年度の受け入れが大きく伸びるか不透明であることも報じられている（「特定技能外国人、想定の8%　3月末3987人、ベトナム最多　入管庁」、朝日新聞2020年5月30日付）。

7 「日本語は独学で、日本に来る前から漢字を勉強していたので読むことはできましたが、会話ができるようになるまでは時間がかかりました。通常の生活でも、災害時でも、最も重要なのは言葉の問題だと思います。「タカダイに逃げてください」というアナウンスが流れましたが、「高台」の意味がわかりませんでした（Rさん、韓国籍、被災当時49歳、女）。」（全, 2015）より再引用。

8 「紹介で結婚する人は多いのですが、日本に来た当初は変な眼で見られたり、〔すぐに逃げるのではないか〕と周りから思われていたと思います（Oさん、被災当時45歳、女）。」（全, 2015）より再引用。

9 「10万円給付、こぼれる人たちは　外国人、申請に言葉の壁」、朝日新聞、2020年6月8日付。

10　ここで言う経済的アクションとは、あくまでもその主体が、被災地及び被災当事者であるという意味であることを強調したい。既に阪神・淡路大震災や東日本大震災に際しても、こうした被災地を対象とした「災害ビジネス」、もしくは「惨事便乗型資本主義（ショック・ドクトリン）」ともいうべき、復興予算の外部への持ち去りが指摘されてきた（岡田, 2013）。

11 「非常時、言葉の壁取り除く　函館、増える外国人観光客「通訳消防団」発足へ」朝日新聞2018年9月27日付。

参考文献

Clark George E. et al., 1998, Assessing the Vulnerability of Coastal Communities to Extreme Storms: The Case of Revere, Ma., *USA, in Mitigation and Adaptation Strategies for Global Change 3*, pp.59-82.

Kamel and Loukaitou-Sideris, 2004, Residential Assistance and Recovery Following the Northridge Earthquake, *Urban Studies*, Vol.41, No.3, pp.533-562.

Kim and Bostwick, 2020, Social Vulnerability and Racial Inequality

in COVID-19 Deaths in Chicago, Health Education & Behavior, pp. 1-5.

International Organization for Migration, 2017, *World Migration Report 2018*.

https://www.iom.int/sites/default/files/country/docs/china/r5_world_migration_report_2018_en.pdf#search=% 27World+Migration+Report+2018% 27

（2020年6月23日閲覧）

OECD, 2018, *Towards an All-Hazards Approach to Emergency Preparedness and Response : Lessons Learnt from Non-Nuclear Events*

石弘之、2018、『感染症の世界史』、角川ソフィア文庫

岡田知弘、2013、「災害と開発から見た東北史」、『「生存」の東北史:歴史から問う3・11』、大月書店

全 泓奎、2015、「多文化コミュニティワークによるコミュニティの再興」、『包摂

型社会：社会的排除アプローチとその実践』、法律文化社、pp.61-74.
鳥居一平、2020、『国家と移民：外国人労働者と日本の未来』、集英社新書
西尾祐吾・大塚保信・古川隆司編、2010、『災害福祉とは何か：生活支援体制の構築に向けて』、ミネルヴァ書房
山本太郎、2020、「パンデミック後の未来を選択する：ウィルスの目線からの考察」、『世界（7月号）』、pp.29-39
山本太郎、2011、『感染症と文明：共生への道』、岩波新書

ミニコラム　台湾花蓮県における復興施策と災害福祉の課題

2018年2月6日の深夜、台湾の花蓮県でマグニチュード6.0の地震により建物が崩壊し、17人が犠牲になった。花蓮は、観光地としてもよく知られている地域で、今回の地震による被害は、人命や建物等の損害に留まらず、花蓮県の大きな収入源である観光産業でも多大な被害を被ったのが特徴だといえる。実際に今回の地震による損失額は、日本円でいうと300億円にも上るといわれている。2019年4月にも同規模(M6.1)の地震があり、観光地に孤立した外国人観光客の救護が報道された[1]。

この地震による被災者には、義捐金等で集められた復興支援補助金から、24ヶ月間の家賃補助が受けられた。花蓮県の平均家賃を基準に、世帯員数で算定した金額を支給したとのことである。2018年11月に実施した花蓮県政府への調査では、県庁の担当職員に対応してもらい、被災者の住宅補助を中心に説明を受けた。日本でも東日本大震災をはじめ、住宅再建は大きな課題として取り上げられており、被災後の復興プロセスにおいて、居住再建は生活の立て直しのためにも第一のステップとなる。花蓮県政府は、住宅補助の対象者に対し、家賃補助と住宅再建補助を実施した。残念ながら、日本のような災害復興公営住宅の供給には消極的な印象だった。というのは、国や地域によっては、地方政府の財政負担能力の違いがあることや、とりわけ台湾では、日本の地方住宅公社のような住宅専門の機関がなく、居住者や住宅のハードの管理等の面でも対応が難しいことが、背景の一つにある。通常、台湾調査の際には、公的住宅政策や住宅管理等の実践にかかわる団体や機関を訪ねることが多くその時に日本の経験を聞かれることもよくある。居住福祉にかかわる施策や実践にかかわる経験の共有は、都市間交流においても重要な課題ではないかと考えている。

注

1 「一部で震度7を観測　外国人観光客も落石被害　台湾地震」毎日新聞 2019年4月19日付。

14章　コロナ禍によって見えた難民・移住者をめぐる課題

川本綾
（カトリック大阪大司教区社会活動センターシナピス）

1. 問題の所在

2019年末より、瞬く間に全世界を混乱と不安に陥らせた新型コロナウィルス感染症の拡大は、日本上陸より半年以上が過ぎた現在もなおとどまるところを知らず、終息の糸口さえ見出せない状況にある。政治的な解決が望めない中で、経済活動の停滞が家計をひっ迫し、コロナ禍により追い込まれていく人々の姿が浮き彫りになっている。コロナ禍による影響は国籍や世代を選ばないが、影響が不平等な形で現れることが明らかになっており、多数の感染者を出した米国では、テレワークができない職種に多く就き、日ごろから医療サービスへのアクセスが悪く栄養状態も悪い人々が暮らす貧困地域や、黒人やヒスパニックなどのマイノリティに感染者や死者数が集中しているという[1]。これは、コロナ禍の影響がコロナ以前の社会の不平等や差別の構造を顕在化するということを示すものでもあるが、筆者が勤務するカトリック大阪大司教区社会活動センターシナピス（以下シナピス）でも似たような現象が見られた。シナピスでは様々な理由で在留資格を持たない難民・移住者の支援をしているが、就労や、社会保険をはじめとする公的な制度へのアクセスが保障されていないこの人々は、コロナ禍の中で、感染しなくても「生きる」ことを脅かされた存在となった。

本章では、コロナ禍の不平等な現れ方の一つとして、コロナ禍が、在留資格を持たず、生存にかかわるあらゆる制度から排除された「仮放免」の人々に与えている影響を明らかにし、新型コロナの感染拡大をめぐる一連の過程を通して支援側に見えてきた課題について紹介したい。

2. カトリック教会と外国人支援

1）移住者の増加に対応するカトリック教会

カトリックはよく知られているように、ローマ教皇を頂点とする全世界的な宗教組織である。日本では北海道から沖縄まで16の教区に分けられ、各教区は司祭の中から選ばれる司教によって束ねられている。その教区の中に、主日のミサで信徒が集まる教会があり、小教区という単位で呼ばれている。経済のグローバル化によって世界中で人の移動が加速化する中、日本にも1970年代よりインドシナ難民や国際結婚移住女性が流入し、1990年代には、入管法改定により就労に制限のない定住者ビザを取得できるようになった日系人が各地に押し寄せることとなった。移住者の中にはカトリック信者も多く、所によっては日本人信徒より外国出身の信徒が多い教会も珍しくなくなった。

このような教会内での移住者の増加に対し、カトリック教会は移住者とともに歩む教会の在り方を模索してきた。たとえば、1984年には日本の司教団が、フィリピン司教団の要請により、滞日アジア人女性の人権擁護のため「滞日アジア女性と連帯する会」を設立し、1988年には「滞日外国人と連帯する会」に改称して全国に担当者を置いた。また、1992年には社会司教委員会がメッセージ「国籍を越えた神の国をめざして」を発表し、移住者をキリストにおける兄弟姉妹として迎え入れ、さまざまな違いと共存できる共同体を作り上げていく努力を呼び掛けている（谷, 2008:32-33）。2001年には従来の関連委員会を統合する形で「日本カトリック難民移住移動者委員会[2]」が発足した（谷, 2008:34）。現在はこの「日本カトリック難民移住移動者委員会」と、後述する「カリタスジャパン」が中心となり外国人支援を行っている。

カトリック教会の移住者に対する支援として知られているのが、インドシナ難民の受け入れである。1951年に教皇ピオ12世によって創設された「国際カリタス」の日本支部として1970年に設立した「カリタス・ジャパン（のちにカリタスジャパンに改称)」は、1975年に政府に先立って横浜港に着いたベトナム難民約50人の受け入れを開始し、これが、以後日本が1万人のインドシナ難民を受け入れる先駆的取り組みとなった[3]。また、リーマンショック後に失業した教区内の日系人に対し、生活支援や相談業務を行っていたカトリック浜松教会のケース(白波瀬・高橋, 2012)や、「非集住地」における日本社会と外国人信者を結ぶカトリック教会の役割、そして災害など有事の際には、カトリック教会が広域支援を可能とする組織としても機能することが明らかになっている(徳田, 2016: 33-80)。日本における「多文化共生」関連の取り組みにおいてカトリック教会をはじめとする宗教が果たしてきた役割は決して小さくない(高橋, 2015: 79)。

2) 大阪教区の難民・移住者支援とシナピス

次に大阪教区における移住者支援の経緯を見てみよう。筆者が所属するシナピスは、大阪教区の一部門である社会福音化部の事務局であり、教会内の社会活動を支えるネットワーク組織である。外国人支援はその中の難民移住移動者委員会が主に行っている。

大阪教区の難民・移住者支援は、教会の社会活動の流れの中でおよそ50年にわたって続けられてきた。『カトリック大阪大司教区再宣教150年記念誌 1868年-2018年』によると、その嚆矢となったのが、ライムンド・チネカ神父を中心に立ち上げられた「カリタス大阪」だった。貧しい人々や苦しんでいる人に寄り添うカリタス運動は、関西でも1975年のインドシナ難民受け入れの土台となった。また1970年代の釜ヶ崎の労働者との連帯、1980年の在日コリアンの「指紋押捺問題」へのエキュメニカルな取り組みなどを通し、大阪教区は「社会に開かれた教会」を目指していった。

そんな中、1995年の阪神・淡路大震災によって大阪教区は甚大な被害を受け、「いのちの尊厳を大切に」「谷間に置かれた人々とともに歩む教会」という方針の下、「新生計画」を打ち出し、組織改編を行った。このような流れのなかで、「人としての権利と尊厳を守る部門」として、これまでの様々な活動を統合する形で2003年にシナピスが発足している(再宣教150周年企画委員会記念誌編集チーム:

227-230)。シナピスの難民・移住者支援は、このように大阪教区の司祭や信徒がキリスト者として社会にかかわっていこうと積極的に向き合ってきた歴史の中に深く位置づけられる。

3. 難民・移住者とはだれか

1）日本で難民申請をするということ

次に、シナピスで支援をしている難民・移住者の概況を見てみよう。

よく知られているように日本の難民認定率は極端に低い。**図 14–1** では日本における難民申請者数の推移を表しているが、この 10 年で 1,388 人から 10,375 人と、およそ 7 倍に増えているのに、難民認定者数はこの 10 年でそれほど変わらず 2019 年は 44 人に過ぎない。人道上の理由で難民としては不認定でも在留特別許可が発行される「その他の庇護」を入れても 100 人に満たず、むしろ「その他の庇護」はこの 10 年で 2009 年の 501 人から 2019 年の 37 人と、13 分の 1 に激減しており、難民認定をめぐっては非常に厳しい対応がなされていることがわかる (**図 14–2**)。

ただ、難民申請が一回目、または一回目が不認定だった場合、一回目の結果に対する審査請求をしていたり、裁判をしたりする場合は、在留資格の如何にかかわらず、審査の上、日本で唯一の政府系難民支援団体である難民事

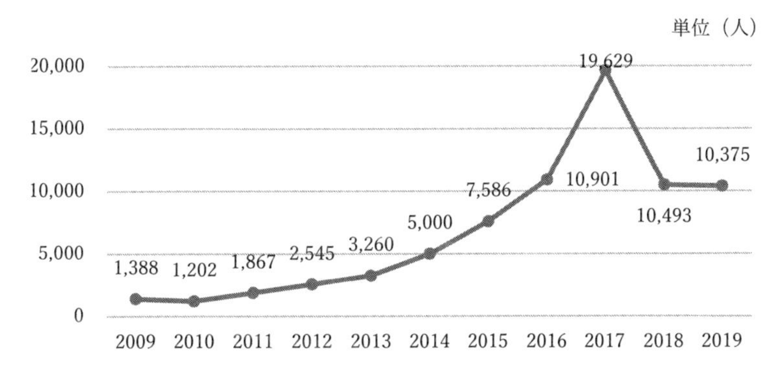

図 14–1　日本における難民申請者数の推移

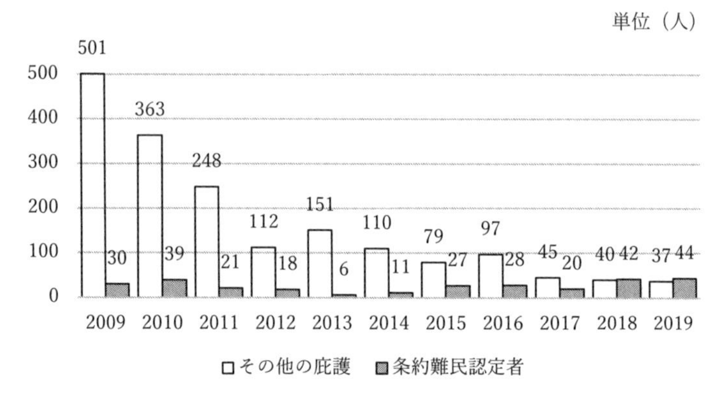

図 14-2　日本における難民庇護者数の推移

資料：図 14-1、図 14-2 ともに「我が国における難民庇護の状況等」より作図[4]

業本部から一日 1600 円（11 才以下は大人の半額）、単身の場合家賃 4 万円まで、そして医療実費の生活支援金（保護費）が出る。一方、保護費の制度をよく知らず、申請しないまま難民申請 1 回目が不認定となり、そのまま審査請求や裁判をせず 2 回目以降申請する人は保護費の対象にならないので、その人は難民であっても自力で生き延びるしかない。日本に逃げてきても難民として認められ、安定した生活を営むのは非常に困難である。在留資格との関係でいえば、難民申請中、就労が可能な在留資格を得ることもあるが、申請の段階で在留資格が切れていたり、難民認定の裁判中であっても在留資格の更新が不許可になった場合は、オーバーステイとなって、入管への収容へとつながる。

2）仮放免で生きるということ

法務省の 2019 年末時点の「在留外国人統計」によると、中長期で滞在している外国人がおよそ 262 万人いるが、この人々は、生活保護、児童手当、国民健康保険等、各種社会福祉制度が日本人同様に適用され、情報へのアクセスや申請などの手続きに課題があるにせよ、困ったら制度的な行政支援を受けられる。しかし、これらの制度的支援がのぞめず、就労も認められていない

図 14–3　退去強制令書による仮放免者数の推移

資料：法務省 HP 内「出入国管理統計」中、2006 年から 2018 年までの「地方出入国管理局・支局・収容所及び収容事由別新規仮放免人員」、「地方出入国管理局・支局・収容所及び収容事由別年末仮放免人員」をそれぞれ参照した[5]

のが、シナピスで多く支援している「仮放免」の人々である。

「仮放免」とは、そもそも在留資格を持っていなかったり、または有効な在留資格を持っていても期限が切れたため強制送還の対象となっている人々である。違反調査を経て退去強制令書が出ている人の入管[6]収容は「送還まで」となっていて上限がなく、長期収容につながることも多い。**図 14–3** は退去強制令書による仮放免者数を示したものであるが、2018 年の新規仮放免者数は 523 人と過去 12 年で最低であり、2018 年末の仮放免者数は 2,501 人と、10 年前の約 2 倍となっている。この中には、難民認定申請者や、日本に配偶者や子どもがいる人、また日本人との離婚を機に在留資格を失った人や、バブル期に在留資格を持たないまま働きに来て長年日本で働いてきたが摘発された人、在留資格のない両親のもとに日本で生まれた子どもたちなど、様々なケースが含まれている。在留資格がないというと、ともすると犯罪者のような扱いを受けがちだが、実際は、長年日本社会で私達の隣人として暮らしている生活者である場合が多い。近年は仮放免を認めない傾向が強かったが、入管内の深刻な人権侵害とともに長期収容に関する問題が各種メディアで報道されるようになり[7]、また密を避ける意味もあってか、緊急事態宣言あたりから一時的に仮放免が増えたこともあった。仮放免で収容から解かれることは当事者にとって大きな希望であることは間違いない。しかし、働いて生活を営むことも禁止され、風邪をひいても多額の医療費がかかるため受診をためらうなかで、感染への不安に怯え、たとえ運よく支援につながったとしてもいつ途絶えるかわからないという、不安定極まりない状況の中で生きることとなる。

4. コロナ禍とシナピスによる支援

1）シナピスによる支援

シナピスの難民・移住者部門では、難民・移住者に対し大きく分けて、①相談、②自助活動支援、③自立支援の3領域について支援活動を行っている。相談業務は、仮放免や在留資格の取得や更新、難民認定申請にかかわる手続きや、裁判支援、通訳・翻訳、行政機関などへの同行支援、フードバンクや寄付を通じた食糧支援、厚生労働省が生活困窮者のために行っている無料低額診療事業の紹介や医療機関との仲介、同行などの医療支援、シェルター運営など多岐にわたり、相談研修は年間のべ500件を超える。なかでも近年比重が大きくなっているのが仮放免で入管から出てきた人々に対する生活支援である。本国には身の危険があって帰れず、仕送りしてくれる家族や同郷のエスニック・コミュニティからの助けもなければ、自力で生活できないことが明らかであるため、支援を打ち切ることが難しい。シナピスの活動資金は、教会内外から寄付金に拠っているが、教会も高齢化が進み寄付金の額は年々減っているにもかかわらず、支援が必須、または支援を打ち切れない人々が増え続けるというジレンマを常に抱えている。

また、二つ目の自助活動支援と挙げられるのは、シナピス事務局内の一角に設けている「シナピス工房」である。この工房では、仮放免の人々が生活費を寄付金からもらうかわりに、ロザリオやアクセサリーなどの手工芸品を作り、お礼として配っている。手を動かして美しいものを創るのは、心身ともに不安な状態にある当事者たちの癒しにもなるため、事務所が開いている時間に合わせて、常時「場」を設けている。その他、教区内の小教区の清掃や教区事務所の雑務などを奉仕活動の一環として難民・移住者が任されることもある。

三つ目の自立支援は、主に住居探しである。シェルターはあくまでも緊急一時滞在場所であるため、ここに長期間住むわけにはいかず、落ち着いて住むことのできる家を探さなくてはならない。難民申請中で保護費を受給している場合は、上限はあるが家賃補助が出るので月々の支払はできるとしても、支給されない初期費用の捻出が本人にとっても支援者にとっても大きな負担となる。保護費もなく在留資格がない場合の住居探しは困難を極め、状況を理解してくれる民間の不動産会社を地道に探し続けるしかない。

これらのシナピスの難民・移住者支援は、スタッフがチームで行っているものの、1990年代からかかわっているベテランスタッフの長年の経験とネットワークの蓄積に裏付けられた手腕に頼るところが大きい。ただそのスタッフが時折「移住者は『相談』にくるのではなく『おまいり（おいのり）』に来るのだ」と述べるように、シナピスに支援を求めて訪ねてくる人々は、技術的な問題の解決だけを求めているのではなく、教会に救いや癒しを求めてやってきているという認識をスタッフ全員が持っている。そのため、具体的に困っていることが解消されてもされなくても、当事者の孤独や絶望が消えないかぎり支援を完全に打ち切ることはできなく、本人から要請がある限りは寄り添い続けるという意味で支援が長期化することも多い。

2）新型コロナウィルス感染症の発生と難民・移住者への影響

新型コロナウィルス感染症の流行はとどまるところを知らず、ついに4月7日に緊急事態宣言が発布された。大阪教区はその翌日から事務所を閉鎖し、5月25日に緊急事態解除宣言が出されるまでの2か月弱、スタッフも自宅待機が命じられ、テレワークが推奨された。各小教区の主日のミサも3月末から5月末まで中止となり、文字通り大阪教区内の教会の門が閉められた状態となった。シナピスの難民・移住者支援も事務所閉鎖とともに停止した。本人たちには閉鎖前に当座の生活費を渡したものの、緊急事態宣言が延長されるにつれて困窮を深めていった。そればかりではなく、事務所を閉めて間もない4

月半ば、難民申請者の一人が高熱を出し、咳が止まらないという連絡がスタッフのところに入った。

本人はまだ日本語がおぼつかなく、日本に家族もいないので、連絡を受けたスタッフが駆けつけてクリニックに連れて行ったが、コロナの疑いがあるということで、検査を受けられるまで自宅で待機することになった。本人の苦しさや不安はもとより、もし陽性だったら付き添ったスタッフ自身も、発熱する前まで一緒に過ごしていた他の難民・移住者たちも濃厚接触者となってしまう。少なくとも検査結果が出るまではみな自宅待機となるため、外に出られない陽性疑いの青年に自宅待機中の食糧や生活物資を届けることもできない。この時は他の教区職員が好意で食べ物を届けてくれたため事なきを得たが、青年は孤独と不安で追い詰められたのか、一時は心配する本国の家族との連絡も絶ったという。

新型コロナ感染症が今までの災害と違うのは、支援の手を含めた社会的な関係性が、感染予防という名目で断ち切られてしまったことである。頼るところがどこもなく、活動を停止した支援者・支援団体からの支援も断ち切られてしまったら、仮放免の人たちはたちまち孤立してしまう。数々の研究成果が示すように、教会が移住者の受け入れとなっていたり、多文化共生の担い手になっていることは間違いない。しかし、そのような民間の「善意」に甘んじて、行政が無策のまま仮放免の人々を就労の許可も出さないで社会に放り出した結果、少なくとも2,500人にものぼる人々が、生きるということすら保障されない状態に陥り、コロナ禍でその危険性が一層高まっていることが推測される。本国に帰れない事情があり、様々な理由で在留資格を失った人々は生きるに値しないのだろうか。新型コロナ感染症の拡大をめぐる一連の騒動では、普段より感じている矛盾や危険性が、より鮮明にかつ顕著な形で現れる結果となった。

3）ほしかったのはやりがいと社会参加

まだ緊急事態宣言発令中のゴールデンウィーク明けに、支援している難民・移住者の窮状を感じていたスタッフが臨時で事務所を開け、難民・移住者を集めてこの間届いた米などの支援物資や寄付金を分けた。久しぶりに顔を合わせた人々は総じて安堵したような表情を見せ、中には孤独と不安でいっぱいになっていたのか、スタッフの顔を見て泣き出したり、食べるものが底を尽き、数日間水しか飲んでいなかったという青年もいたという。

そんな中、京都の「社会福祉法人ミッションからしだね（以下からしだね）」より、医療用ガウンプロジェクトの誘いを受けた。これは「からしだね」が新型コロナ感染症によって困窮している人々への支援のために集めた寄付金を元手に始めたプロジェクトで、たとえばシナピスの難民・移住者が使い捨ての医療用防護ガウンを作ったら、その枚数に応じて「からしだね」から寄付をいただく。完成した医療用ガウンは、「からしだね」が医療用防護ガウン不足で困っている医療機関に寄贈するという仕組みである。難民・移住者は、通常寄付金による支援金を受け取り、その分、教会への奉仕活動を熱心に行うことで「お礼」をしているが、事務所閉鎖中は、教会や事務所の閉鎖でそれができないまま支援金だけをもらうというかたちになった。支援金を渡したスタッフによると、お金を渡すとき、奉仕活動もできないのにお金を受け取らざるを得ない状況に、複雑な表情を見せたという。お金だけを誰かから受け取り続けるというのは、人としての尊厳を傷つけるものであるとそのスタッフは述べていた。

5月中旬よりスタートしたガウン作りは、思っていた以上の効果をもたらした。筆者が緊急事態宣言解除後に事務所に出ると、みな生き生きとガウン作りにいそしんでいた。ガウンは家庭用のごみ袋2枚を綺麗にカットし、養生テープで貼り合わせるものだが、医療現場で使うものなのでテープにゴミが入ったり、ヨレや汚れがついたりしてしまったら廃棄するしかない。几帳面で真面目な青年をリーダーに指名し、チームで教えあいながらガウンを完成させていくようにしたところ、次第に各自が責任感をもって自主的に作業にあたるようになった。リーダーの青年は難民申請者で、入管に収容されている間に体を壊し、仮放免になってからも体調不良に悩まされていたが、ガウン作りを始めてから見る見るうちに元気を取り戻していった。ほかの人も同様で、当事者の人々が何より欲していたのは、やりがいと社会参加だったのだと今更ながら認識するにいたった。

5.　おわりに

これまで、カトリック教会の中で難民・移住者支援が行なわれてきた経緯と、今回のコロナ禍が難民・移住者の中でも種々の公的資源から排除されている仮放免の人々に与えた影響について見てきた。まだ現在進行中であるため、暫定的にではあるが次の課題が浮かび上がってきた。

一つ目は、民間任せになっている仮放免者の命の保障である。入管収容者が仮放免で出てくることは喜ばしいものの、就労を認めず、国民健康保険への加入も認めないという状況の中で生きていくのは非常に難しい。頼りの民間資金も豊富とは言えず、ほとんどが乏しい資金をやりくりしながら支援活動を行っている。シナピスもまた、寄付金で活動資金がまかなわれているため、今回のように集まる機会が減って寄付金が激減すると、渡せる支援金が少なくなり、たちまち当事者たちの生活に響く。少なくとも仮放免というかたちで社会で暮らすことを認めている以上、行政がこの人々の命を守るための最低限の保障をすることが必須である。

二つ目はゆるやかなネットワークの重要性である。シナピスは「シナピス工房」での活動を通して、当事者たちの居場所づくりをしているが、そのほかにも、ふらりと立ち寄る人々が何人もいる。具体的な支援はもう終了しており、用事はないはずなのに、スタッフや友人の移住者たちと世間話をして、いつのまにか帰っていく。各人の複雑な事情をみながなんとなく推し量ることができ、来るものを拒まず、去る者を追わないこのゆるやかな空間が、当事者の人々にとっては、気負わないで居続けることができる数少ない場所であり、日本社会との窓口にもなっているのではないかと思われる。実際にこの関係性は重要で、制度からこぼれた仮放免の人々の生活支援に乗り出した関連団体は、支援団体を通じてのみ当事者が支援金を申し込める仕組みをとっていたので、普段はかかわりがあまりなくても、シナピスにゆるやかにつながっていたことで支援にアクセスできた人々もいる。

三つめは、社会参加にかかわる課題である。仮放免の人々はどうしても「支援を受ける人」という役割に固定されがちであり、教会外で積極的な社会参加の機会に恵まれることも少ない。しかし、社会参加への意欲の高さは、今回の医療防護用ガウンの製作を通じても確認した。今後は、生活支援を行いながらも、当事者たちがやりがいを感じ、社会貢献を果たしていけるような仕組みづくりが必要であることがわかった。

最後は、当事者と支援者が共倒れにならない方法の模索である。たとえばシナピス事務局内でクラスターが発生した時、スタッフがまだ言葉がわからない難民・移住者の検査や治療に付き添うことも、他の支援要請に出向くこともできなくなり、支援が止まってしまう。まだ具体的な解決法を見いだせないでいるが、支援者が支援できなくなっても当事者が困らない体制を整えることが今後の大きな課題だといえよう。

注

1 「コロナ米国の格差浮き彫り」朝日新聞 2020 年 5 月 5 日朝刊

2 カトリックでは、外国出身者を「難民」、「移動者」、「移住者」と 3 つの領域に分けている。このうち難民は、難民条約で規定される人々であり、移動者とは、旅行者、サーカス団員、船員、パイロット、長距離運転手といった移動する人、また定住していない人のことを指し、日本では船員司牧、路上生活者の司牧という形でカトリック教会がかかわっている。移住者とは海外から移住してきた人で難民と移動者を除く人々である。教会法では 3 か月以上その地に住んでいる人たちは、その地域にある教会のメンバーとしてカウントされる（谷, 2008: 11-12）。本章では難民、移動者の定義はカトリックの定義に従っているが、移住者にかんしては日本生まれの子どもたちも含めている。

3 カリタスジャパン HP より（https://www.caritas.jp/history/, 2020.8.24 検索）

4 法務書 HP 内「我が国における難民庇護の状況等（2018 年）」（http://www.moj.go.jp/content/001317679.pdf、2020.8.24 検索）

5 法務省 HP 内『出入国管理統計（2006 年～ 2018 年）』（https://www.e-stat.go.jp/stat-search/files?page=1&layout=datalist&toukei=00250011&tstat=000001012480&cycle=7&year=20190&month=0&tclass1=000001012482,2012.8.24 検索）

6 この場合「入管」とは、外国人収容施設である東日本入管センター及び大村入管センター、そして収容施設を持つ出入国在留管理庁の地方支分部局である地方出入国在留管理局を指している。

7 2019 年 6 月に長崎県の大村入国管理センターでナイジェリア人が長期収容に反対するハンガーストライキで亡くなったことが各種メディアで報道された。その他にも、ひどい頭痛を訴えたにもかかわらず何日も放置され、クモ膜下出血で亡くなった事例や、長期収容からくる絶望で精神疾患を患い、入管の手に負えなくなって始めて放り出されるかのように仮放免が認められる事例など、日々の支援活動の中でにわかには信じがたい人権侵害に直面することが頻繁にある。

参考文献

カトリック大阪大司教区、2020、『カトリック大阪大司教区再宣教 150 年記念誌：1868 年－ 2018 年』

白波瀬達也・高橋典史、2012、「日本におけるカトリック教会とニューカマー―カトリック浜松教会における外国人支援を中心に」、三木英・櫻井義秀編著『日本に生きる移民たちの宗教生活―ニューカマーのもたらす宗教多元化』、ミネルヴァ書房、55-86

高橋典史、2015、「現代日本の『多文化共生』と宗教―今後に向けた研究動向の検討」、『東洋大学社会学部紀要』52 巻 2 号、73-85

谷大二ほか、2008、『移住者と共に生きる教会』、女子パウロ会

徳田剛、2016、「『非集住地域』における外国人支援セクターとしてのカトリック教会」、徳田剛ほか、『外国人住民の「非集住地域」の地域特性と生活課題―結節点としてのカトリック教会・日本語教室・民族学校の視点から』、創風社出版、33-80

ミニコラム　定住後の壁――言葉も文化もわかるけれど

シナピス事務所が再開してまもなく、ある移住女性から相談の電話がかかってきた。関西圏に住む東南アジア出身の女性で、日本人の夫と幼い子どもがいるが、DVに耐え切れず子どもを連れて友人のところに避難中だという。自分と子どもの特別定額給付金が世帯主である夫のところに入っていると思うが取り戻すことができるかという相談だった。彼女は日本人の配偶者等の在留資格を持っていたが、他の在留資格への変更を考えていたため、万が一でも在留資格が切れてしまわないよう手続きの順番を考え、避難先でも給付金を受け取ることが可能であることを話した。筆者も相談の途中まで外国出身者と気付かなかったぐらい日本語が流暢だったので、日本の状況もよく知っていて自力で情報を収集することも十分可能なのに、なぜ相談をしてきたのだろうと疑問に思いながら、自宅のある場所と、逃げている場所両方の市役所にまず電話で問合わせることを勧めた。しかしそれを伝えると電話の向こうで押し黙ってしまった。咄嗟に代わりに電話をかけようかと問うと、安堵したかのように、そうして欲しいと答えた。よく聞いてみると、今まで日本語で話していて外国人だとわかると途端に相手の態度が変わり、それまでとは違って馬鹿丁寧になったり、反対にぞんざいな扱いを受けたりすることがあるため、自分で電話をかけたくなかったという。結局、筆者が代わりに電話をかけ、話を聞いて段取りを伝えて無事に給付金を受け取ることができた。

また、このほかに、日本に長く住む移住者も、メールのやりとりなどのコミュニケーションで、明らかに日本人にはしないであろう作法を相手にとられることがあり、些細なことではあっても、いつまでも「外国人」の枠から抜けられないのかと壁を感じることがよくあると話してくれたことがある。もちろん外国人であることに対する配慮が必要なことも多く、特に来日間もない時はきめの細かい支援が欠かせない。しかし、定住歴の長い移住者が増え、言葉や文化の理解に全く問題がなくうまく適応しているかのように見えるのに、実は疎外感に傷つき孤独を深めていることもある。「外国人」という枠を設け、支援項目を揃えてよしとするのではなく、地域の中で共に生き、共に老いてゆく生活者としての共感や協働、そしてそれを支える仕組み作りが、定住の先に待っている私たちの社会の課題なのかもしれない。

コラム①

包摂型都市に向けた八尾市の外国人市民施策

網中孝幸
（八尾市）

1. はじめに

八尾市は、大阪府の東部に位置し、東には近畿管区気象台の高安レーダーが山頂にある生駒山系の高安山があり、南には奈良県を源流とする大和川が流れ、大阪の都市近郊にありながら四季折々の豊かな自然や歴史を感じることができるまちである。

また、八尾市は、豊かな製品開発力や高い技術力を持った中小企業が集積する「ものづくりのまち」であり、出荷額で全国トップシェアの伝統ある歯ブラシ生産をはじめ、金属製品や電子機器などの最先端技術に至るまで、日々の生活や暮らしの中で欠かせない様々な材料、部品、機械、製品などを生産している。

2. 八尾市の外国人市民の現状

少子高齢化が進む中、本市においても人口減少が続いており、八尾市では、2020年3月末現在の人口は265,908人であり、そのうち約3%にあたる7,908人が外国籍を有する市民で、人口減少の中において外国人市民は増加する傾向が見られる。国籍別では韓国・朝鮮籍が最も多く、次いでベトナム籍、中国籍となっており、例えば一部の住宅街に食品雑貨店やレストラン、カラオケといったベトナム関連の店が地域に溶け込むように普段の暮らしの中に見られる。

また、市内企業の外国人雇用状況としては、2019年度八尾市内労働事情調査の結果では、約11%の企業が外国人を雇用しており、国籍別では、ベトナム籍が約60%、中国籍が約22%となっており、この2か国で全体の8割を占めている。この外国人雇用の動きは、中小企業が多くある本市において、後継者難や担い手不足、2019年4月に施行された改正入管法などにより、今後、拡大していくことが予想される。

八尾市では2003年に「八尾市国際化施策推進基本指針」を策定し、その中では基本理念に「国籍、民族、文化などの違いを尊重し、互いから学びあいともに生活できる地域社会の創造」及び、3つの基本視点に「基本的人権の尊重」、「個々の文化を尊重し、学びあいながら共生できる社会づくり」、「外国人のエンパワーメントと社会参加」を引き継ぎながら、現在の社会状況や国の方針などを踏まえて、市民・外国人コミュニティ・行政の連携で多文化共生の取り組みを進めている。

3. これまでの外国人市民への主な取り組み

(1) 外国人市民相談事業

2008年度から外国人市民相談を行っており、ベトナム語週4日、中国語、韓国・朝鮮語を週1日で外国人市民の集住地域近辺のコミュニティセンター（公共施設）において対応している。また、実施形態は、八尾市内で外国人市民支援を行うNPOへの業務委託により実施しており、年々相談件数は増加し、1人で複数回の相談を受けることも多く、相談内容としては、日常生活の多岐に渡るが、中でも医療・保健に関する内容が多く、例年全件数の60%を超える状況となっている。

(2) 外国人市民会議

八尾市では、外国人市民にとって住みよいまちづくりを進めるために、外国人市民の意見を市政に反映させることを目的として「八尾市外国人市民会議」を2011年度から設置している。会議の委員は10名で、内訳は、学識経験者2名、公募市民4名、八尾市国際交流センター、八尾市外国人問題研究会（教育関係）、支援団体等で構成されている。

会議では、防災、子育て、まちづくりへの参画などのテーマに沿った意見交換や多文化共生推進計画への意見、多文化共生推進計画の進捗状況の確認、外国人市民の集住地域における多文化共生施策の検討を行い、意見書の提出や毎月発行の多言語情報誌の充実、相談窓口案内リーフレットの作成などにつながっている。

(3) 災害時多言語支援センターの設置

大地震などの大きな災害が発生した際に、外国人を支援していくための拠点として開設する機関であり、外国人の被災・避難状況を把握するとともに、必要な災害情報を多言語（やさしい日本語を含む）に翻訳して発信していくことが主な役割となる。運営は、市と公益財団法人八尾市国際交流センターが共同で担うこととし、2016年度に同センターと協定を締結している。

4. 外国人市民施策から包摂型都市へ

本市では既に外国人相談窓口を運営してきたところであるが、外国人の増加や相談ニーズの多様化に伴い、いくつかの課題が出てきている。一つは、ベトナム籍の市民の増加に伴い、相談件数も右肩上がりで増加し、現在、ベトナム語による相談件数は年間約800件となっており、ベトナム語による相談窓口は、ベトナム籍の市民の集住地域内に設置しているが、医療機関や行政機関への同行を伴う相談は、居住地域が分散化してきており、対応が広域化してきている。これに伴い、通訳者が市内各所へ移動する必要が生じるなど相談に要する時間が長くなり、すべての相談に対応することが難しくなっている。

また、中国語による相談窓口は、中国籍の市民には家族に日本語を話せる方が存在する場合が多いことなどから、週1日の対応としてきたが、核家族化やライフスタイル等の変化に伴い、中国語による相談ニーズは高まっている。

国は、中小企業等の人手不足の深刻化を踏まえ、一定の専門性・技能を有し即戦力となる外国人材に関し、2019年4月より、就労を目的とする新たな在留資格である「特定技能」を設け、これにあわせて、「在留外国人が生活・就労等に関する適切な情報に速やかに到達できるための情報提供・相談を行う一元的相談窓口の整備」を行う自治体を対象に「外国人受入環境整備交付金」により支援している。本市では、相談窓口の運営における課題の解決を図るとともに、外国人にとって、より利便性の高い相談窓口とするために、この交付金の活用により、外国人相談窓口の再整備を図ったところである。

今回の整備では、これまで外国人市民の集住地域を中心に2箇所で運営してきた相談窓口に加え、市の相談事業を束ねる「基幹窓口」を新たに整備することとした。既存の相談窓口は「サテライト窓口」と位置づけ、基幹窓口と連携することで、市全体としての相談体制の拡充、ノウハウの蓄積を図ることをめざしており、現在、英語、中国語、韓国・朝鮮語、ベトナム語、タイ語については、各相談窓口に配置された相談員が行い、それ以外の言語での相談は翻訳機を活用して行っている。

今後は、より多くの外国人市民に利用される相談窓口に向け、多言語情報誌などによる周知をはじめ、外国人市民にとっての主なコミュニケーションツールであるＳＮＳの活用や、外国人がいる企業や大学との連携による周知も行っていく。また、ニーズの高い医療・保健関係の相談対応についても、細やかな対応ができる取り組みを進める。

最後に、外国人市民への施策事業の充実は、誰一人取り残さない、SDGsの取り組みにも見られるような世界的な潮流の中、多様な主体やプレイヤーがそれぞれの強みを持ち寄るまちづくり、今後の包摂型都市づくりに向けての重要なアプローチの一つであると考えている。八尾市は、引き続き基礎自治体として外国人市民を含むすべての市民が、日常生活に必要な行政サービスを受け、まちづくりに関わることができるよう、新型コロナウイルス感染症対応をはじめとした時代のニーズを的確に捉えた新たな行政サービスのさらなる充実に努め、ちがいを豊かさにした、活力あふれるまち「八尾」へと、めざしていきたい。

コラム②

泉北ニュータウンにおけるインクルーシブな地域づくり

古下政義
（包摂都市ネットワーク・ジャパン）

泉北ニュータウンの経過

堺市南部の丘陵地を開発した泉北ニュータウンは、戦後復興から続く住宅不足と、臨海工業地帯開発に伴う労働者の住宅の受け皿に対応するため、1966年から大阪府が開発に着手した。開発面積は1,557ha、計画戸数5万3,000戸、計画人口は18万人で、大阪府北部でやや早期に開発がスタートした千里ニュータウン（計画人口15万人）と合わせて、西日本で最大規模のニュータウンである。

近隣住区論をはじめとした近代都市計画の考え方に基づき、小学校区を一つのコミュニティとしてとらえ、ニュータウンを構成する基礎単位として「住区」を形成することとしており、全部で16の住区に区分されている。住区内は通過交通を排除し、歩行者専用の緑道が地区内の住区を結んでいる。日常生活に密着した商業・サービス施設などが徒歩圏内に整った暮らしやすいまちとなるよう計画されており、住区内には商業施設や生活支援サービス施設のある近隣センターや医院が集まった医療センター、公園、幼稚園・保育所等が隣接して配置されている。

このように泉北ニュータウンは、多様な住宅で構成された住宅地が、公園や緑道などの緑豊かな住環境に立地し、広域圏からも集客できる駅前商業施設と、徒歩圏で生活が完結する商業・生活支援機能を有し、しかも電車やバスの公共交通網が発達した大規模ニュータウンとして整備され今日まで発展してきた。

泉北ニュータウンの課題

まちびらきから半世紀を経た泉北ニュータウンは、高度成長期に開発された他のニュータウンと同様にいくつかの課題を抱えている。

一つ目は、人口の減少と少子高齢化が急速に進行していること。二つ目は、若年層をはじめとした多様な居住ニーズに適した住宅が不足していること。三つ目は、生活スタイルの変化・利用者ニーズの多様化によって商業機能が

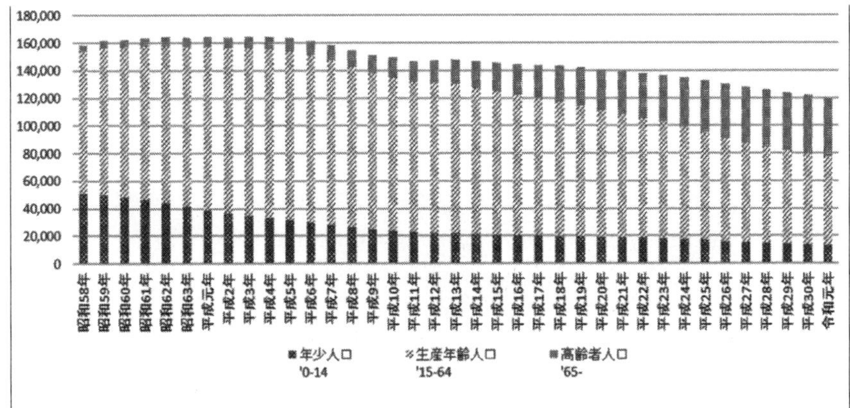

図1　泉北ニュータウンの人口推移

低下していること。最後に都市基盤・公共施設の老朽化が進行していることである。

特に人口問題については、堺市の人口減少が2013年から始まったのに対し、泉北ニュータウンに限れば1992年から減少し始めている。ピーク時には16万4千人いた人口が、2013年には13万6千人となり（**図1**）、2017年には12万3千人まで減少している。

全人口に占める65歳以上の人口の割合である高齢化率も急速に上昇し、2019年3月における堺市全体の高齢化率が27.9%であるのに対して、泉北ニュータウンの高齢化率は35.0%と、7.1ポイントも高くなっており、その差は年々拡大し続けている。

新たな課題

人口減少と高齢化の進行が泉北ニュータウンの大きな課題であるが、これらと合わせて課題と考えられるのが、買い物困難者の増加である。泉北ニュータウンは3つの丘陵部分とその間にある2つの浸食谷を切り開いて整備されているため高低差が大きく、徒歩や自転車の移動にどうしても体力が必要となる。高齢化が進み、自動車の運転ができない人が増えると、日々の買い物が困難になる住民の増加が顕著になると考えられる。

また一方で人口減少に伴って各住区の近隣センターにあったスーパーや日常生活用品を売る店舗が次々と閉店しており、特に栂地区においては、平成31年4月に栂・美木多駅前に新たな商業施設がオープンして以降、同年9月

閉店したスーパー

に最も駅から遠い御池台の近隣センターにあるスーパーが突然閉店し、翌年2月にはその隣の庭代台近隣センターのスーパーが閉店した。4月には駅の反対側の桃山台の近隣センターにあるスーパーも閉店してしまい、結果的に栂地区の近隣センターのスーパーが1軒もなくなってしまう事態となった。人口減少の流れの中で駅前の商業機能が高まると、限られた売り上げを奪い合う状況になり、駅から離れた場所の商業店舗が立ち行かなくなるという、トレードオフの関係性にあることが考えられる。こうした状況に関して、地域住民の方々から今後の生活に対する漠然とした不安を聴く機会が増えたと感じている。

全国的な課題

国土交通省においては、高度成長期の都市への人口集中に対し、全国各地で郊外部を中心に開発された住宅地を「住宅団地」と定義し、その早期に開発されたものを中心に「高齢化」「子ども世代の減少」「生活利便性の低下」「地域コミュニティ機能の低下」「空家・空地の増大」等の問題を抱えているとしている。しかし平成30年度の調査では、住宅団地再生に係る取組みを実施している自治体は21%と少なく、課題に対しての取り組み方針も、高齢者対応や若者転入促進、地域交通支援など様々である。また取組みにも関わらず、課題のある住宅団地においては、住民の減少傾向は継続しており、交通機関や店舗等の利用者が減り、バスの減便・廃止や商業店舗の撤退など生活利便性の低下につながっている。こうしたことが更なる人口減少を招く悪循環に陥りかねない状況にあると言われている。

加えて、社会全体が人口減少していく中で、単身世帯や共働き世帯の増加、マンションへの需要シフトなどの影響により、駅前の利便性の高い立地が好まれる傾向が強くなっている。2015年の国勢調査において、大阪府内で人口が増加しているのは、大阪市と吹田市、豊中市といった北摂地域であり、人口の二極化が進んでいる。

インクルーシブな地域づくり

泉北ニュータウンは、開発当時から丘陵部分（何々台）と谷の部分（旧村）があり、田園風景の向こうに大規模団地や戸建住宅群が見えるという独特な環境を形成し、それが泉北ニュータウンの魅力のひとつともなっている。これまでもニュータウンの小学生たちが旧村の田植えを手伝うイベントなど、地域全体の交流を図る施策を行ってきた。こうした施策の継続と合わせて、今後は便利になる駅前と対照的に、駅から離れた住宅地が住みにくさを感じることがないよう、有効な施策を展開していく必要がある。このため、地域に新たな活力や機能を導入し、外部から若年層人口の誘導を行うことに加えて、そこに住み続ける多くの人たちの声にも耳を傾け、幅広い施策を実施していくことが求められる。

コラム③

大阪における出所者支援の現状と課題

掛川 直之
（立命館大学）

はじめに

そもそも自己責任を問われ、引き裂かれた都市の狭間に落ち込んだ「出所者」という存在。山本譲司『獄窓記』（ポプラ社、2003）や浜井浩一『刑務所の風景』（日本評論社、2006）を契機として、刑事司法の領域に福祉的な支援が必要だという認識が共有される注目されるところとなり、刑事司法と福祉との連携がめまぐるしく展開していった。2009年には、高齢もしくは障害を有し、帰住先のない受刑者を福祉的支援につなげるための準備を保護観察所と協働して進める刑事司法ソーシャルワークの専門機関である地域生活定着支援センターの運営が厚生労働省の管轄のもとで開始されることとなった。この地域生活定着支援センターは、現在では、各都道府県に1ヶ所（北海道は2ヶ所）設置されており、刑事司法と福祉との連携に欠かせないものとなっている。

1. 地域生活定着支援センターの役割

地域生活定着支援センターの主な業務は、①コーディネート、②フォローアップ、③相談支援となる。

まず、①コーディネートとは、保護観察所からの依頼に基づき、刑務所等に入所中から、福祉サーヴィスにかかるニーズの確認等をおこない、受入れ先施設等の住まいの調整または福祉サーヴィスにかかる申請支援等をおこなう業務をいう。

ついで、②フォローアップとは、コーディネート業務を経て、刑務所等から出所する際に本人を出迎え、調整先の住まいまで送り届けたのち、本人はもちろん受入れ先の施設等や生活支援とおこなう支援者等に対して必要な助言等をおこなう業務をいう。

最後に、③相談支援とは、刑務所等から出所した者の福祉サーヴィスの利用等にかんして、本人やその関係者からの相談に応じて、助言その他必要な支援をおこなう業務をいう。被疑者・被告人段階でのいわゆる入口支援と呼ばれるものもこの業務の一環としてとりあつかわれている。

これらの3つの業務のほかに、近年、④受入れ先の施設等の新規開拓や関連する多機関との連携、支援ネットワークの拡充が重要な業務として加わっている。

2. 地域生活定着支援センターが抱える課題

(1) 制度設計上の課題

刑事司法と福祉との連携の進展を語るうえでは不可欠な専門機関である地域生活定着支援センターだが、設置から10余年が経過した今もなお、明確な法的な位置づけがなされないままに「生活困窮者就労準備支援事業費等補助金」のメニュー事業として実施されており、各都道府県から事業主体が、社会福祉法人、一般社団法人、NPO法人等に受託して運営されている。

同センターは、1350万円が国からの補助基準額として設定されており、各センターの過去3年分のコーディネート業務・フォローアップ業務の業務件数に応じての傾斜配分がなされている。著者が2018年12月18日から2019年1月21日にわたっておこなった「地域生活定着支援センターの受託団体変更に関する全国調査」(回収率73%〔48施設中35施設〕)によれば、その運営費は、2500万円が最高額となっていた。また、都道府県に独自の予算措置がおこなわれているセンターは6にとどまっている一方で、受託団体の持ち出しによる運営費負担がおこなわれているセンターが20あり、受託事業者の負担は大きい。

契約の方法については、随意契約方式が22(63%)と最多であったが、入札によるプロポーザル方式が9(26%)、一般入札方式が2(5%)と不安定な事業者も少なくない。契約期間についても、1年ごとの更新が30(85%)となっており、契約更新の時期も3月が24(68%)と大多数を占めている。しかし、同センターは、社会福祉士などの専門職1人を含む6人の職員の配置が基準とされている。1センターに6人の職員を配置するとなると、1人あたりの給与額をおさえるほかなく、1年ごとに事業の継続を問われることになれば、年度末ごとに失業の危機を抱えながら、安い給与で働かざるを得ず、労働条件としては劣悪なものとならざるを得ない。

くわえて、地方都市の矯正施設に収容されている受刑者が大都市部への帰住を希望することが多い。大都市部のセンターの相談員が地方都市に面談等に行く際の旅費等は、大都市部のセンターの自己負担となっており、大都市部のセンターがより多くの運営コストを負担することになっているという問題もある。

さらに、現行の計算式のように、コーディネート件数を基準に考えた場合には、運営コストと運営費に一定の相関を読みとることができるが、現実には出口支援よりも労力がかかる入口支援が相談支援件数のなかにカウントされている。センターによっては、入口支援を実施していないところもあり、相談支援件数の内実は同じ１件でも大きく異なるという問題も孕んでいる。

なお、本節にかかる調査結果については、掛川直之「持続可能な地域生活定着支援センター運営にむけての一考察：『地域生活定着支援センターの受託団体変更に関する全国調査』結果から」龍谷大学矯正・保護総合センター研究年報９号(2020)に公表している。

(2) 運営上の課題

地域生活定着支援センターにかかる制度設計上の課題にくわえて、同センターを運営してくための課題もある。

そもそも、刑務所等に服役する受刑者は、多様な課題を抱えている。高齢・障害・児童・生活困窮といった従来の社会福祉のすべての支援領域にかかわる幅広い対象者が想定され、帰住先等の調整の際にも、そのすべての支援領域における人脈を要求される。それに加えて、同センターの相談員は、刑事司法についても一定の知識を有していることが求められ、高度の専門性を要求される。したがって、新卒の新人には勤まりにくく、相談員の育成には大きな課題がある。また、センターの受託法人の規模によっても異なってくるが、大きな法人の場合には法人内における人事異動があるほか、特殊な業界のため離職率も高いといわれている。

何よりも、受刑者が出所後に社会生活をスタートさせるためには、帰住先の地域に受入れられなければならない。一定の見守りのなかで生活をスタートさせたくても、見守りを担う機関や、いわゆる施設系の資源がなければそれもかなわない。地方都市には、適切な施設が存在しないために、生活支援の手薄な消極的な意味でのハウジングファーストにならざるを得ない状況もある。

他方、根本的な問題として、現行の制度枠組みでは、高齢・障害といった課題がなければ福祉的支援の対象となりにくい。特別調整の対象者以外の福祉的支援が必要な人への支援を担当する専門機関がほとんどないため、支援対象者の死角化という問題が生じることにもなっている。

3. 大阪における出所者支援の現状と課題

大阪特有の課題を探れば、１節で紹介した調査結果によると、受託母体に他の収入源がなく、府独自の予算措置もないままに事業展開がおこなわれている。その一方で、コーディネート等の件数は全国でもトップレベル、かつ他府県からの依頼も多いため、慢性的な資金不足に陥っている。予算がなければ十分な人材を雇用することもできないため、人材不足にも陥っている。他府県に比べると少なくはないが、それでも受け手は不足しており、引受けてくれる頼れる機関の顔ぶれが似通ってしまっており、資源の不足も指摘できる。特別調整から漏れる支援対象者をカバーできる専門機関がほとんどないため、まだまだ基盤の整備をおこなっていくことが不可欠な状況にあるといわざるを得ない。

コラム④

ベトナムにルーツを持つ子どもを対象としたルーツ語教室の実践

鄭栄鎭
（大阪市立大学）

NPO法人トッカビ（トッカビ）は大阪府八尾市に活動の拠点を置く。1974年の発足時から在日朝鮮人の子どもを対象とした教育活動を実施し、現在では、すべてのエスニック・マイノリティへと対象をひろげている。

トッカビの発足当時、日本における在日朝鮮人への差別はきわめて厳しく、在日朝鮮人の子どもたちは、自らの国籍や民族的ルーツを隠蔽せざる状況にあり（今もある）、それをトッカビは「朝鮮人子弟が学校では表現できない生の姿」があるともしていた（トッカビサマースクール実行委員会、1978、「1978年度 第4回トッカビサマースクール総括集」、傍点原文）。トッカビはこのような子どもたちの将来展望を切りひらき、その当時のことばを借りれば、「民族の自覚と誇り」を培うために子ども会活動による教育実践を地域コミュニティにてすすめ、同時に、各種公的制度の外国籍者に対する国籍制限撤廃などの運動に取り組んでいった。

先の引用にあった「朝鮮人子弟」という言葉だが、これを「外国にルーツのある子ども」とおきかえてみると、これらの子どもたちが、みずからのルーツを明かすことができないという姿、すなわち「生の姿」をさらすことができない状況は今もかわらず厳存する。そのような（本コラムでいえばベトナムルーツの）子どもたちに対してトッカビが実施するのがルーツ語教室である。

八尾市には、ベトナム戦争終結後に「インドシナ難民」として渡日、あるいは、その後の親族呼び寄せ、ODP（Orderly Departure Program、「合法的出国」の略で、いわゆる「呼び寄せ計画」）などによって暮らすことになったベトナム人がいる。ルーツ語教室は、渡日一世のベトナム人保護者の「子どもがベトナム語を忘れてしまうので、どこか学べるところはないか」という相談からはじまったものである。

ベトナム生まれの親たちの第一言語はベトナム語が大多数であるが、子どもたちはほぼ日本で生まれ育っている。一日の生活の大半を学校が占め、日本語が必然的に第一言語とならざるをえず、さらには、日本社会の価値観を内面化することも否めない。そのような環境下で、子どもたちがベトナム語を「はずかしい」ことばと受け止める姿がみられる場合があった。それはそのようなことばを話すベトナム人が恥ずかしいという感覚をも有し、結果、ベトナムにルーツを持つ自己への否定にもつながりかねない。保護者の相談は子どもがベトナム語を学べる場を求めたものだったが、「民族の自覚と誇り」を取り戻す実践に取り組んできたトッカビにとって、ルーツを持つことを「はずかしい」とする感覚を払拭する場の必要をあらためて迫られたものであった。

現在、ルーツ語教室は、毎週土曜日午前に習熟度別クラス編成の各45分程度の授業で開講されている(学校長期休業中をのぞく)。講師はベトナム語ネイティブと教室修了生の青年であり、教材はトッカビが作成したオリジナルを主に用いている。

教室は言語習得が目的ではあるが、同時に、自分たちのルーツにかかわることばを学び、ルーツを肯定的にとらえてほしいというねらいと、ピアグループとつながってほしいという思いのつまった、子どもたちのエスニック・アイデンティティを醸成する場でもある。ことばを学ぶことは、同時にことばにあらわれる自分たちのルーツにかんすることを学び、理解することである。教室はそのきっかけとなる場であり、かつ、同じように学ぶピアグループがいる場でもある。さらには、教室は自分たちのルーツを絶対的に否定することのない、すべてを肯定的に理解する大人たちが存在する場でもある。そのような環境にいることによって、ルーツを持つ子どもたちは教室を安心できる場として理解し、自分たちの存在を肯定的に受容することが可能になる。

子どもたちは、「おもんない」と言いながらも毎週欠かすことなく参加し、友だちとの会話に脱線しながらもベトナム語学習に取り組んでいる。学年末の修了式には保護者、学校から教員を招き、子どもたちの学びや成長した姿を共有するようにしている。学校とは異なる明るい表情をする子どもたちの姿をはじめてみたと、学校教員がスタッフに対し述べることも多い。

子どもたちの様子からいえば、教室は自己のルーツを絶対的に肯定できる安心しきれる場であると同時に学校、家庭でもない「第三の場」でもあり、一種の「解放区」あるいは「居場所」として機能している。

開始より10年以上を経て、現在では、教室で学んだ子どもが成長して青年となり、講師やアシスタントとして教室にかかわるケースもあらわれ、ピアグループ内の世代間のつながりをつくる機能もがはたされている。再びかかわることとなった青年たちにとっての教室とは、「自分の中の一部であり、生活の中の一部。家とも違う、学校でもない、おんなじ子たちが集まった教室。わかってもらえる。共感できることが多い。なくなったらあかん」という場である(青年へのインタビューより)。

教室は、「ことば」というツールを介して創造された「コミュニティ」だといえよう。エスニック・ルーツを持つ子どもたちがそこに参加することで、地縁、血縁、友情をもとにしたヨコの人間関係をむすぶことができ、世代間のふれあいと結びつきによりタテの人間関係もが育まれる。また、学んだ子どもたちが成長し、講師とは異なる役割を持ってふたたび教室に参加することで、ロールモデルとしての役割をはたしている。このような世代間の連帯と継承によって、次なる「コミュニティ」の担い手がうまれる可能性がひらかれていく。主流社会とは異なる、マイノリティが中心となった、マイノリティが安心できる、マイノリティのための「コミュニティ」がそこで形成されている。

ただし、このつくられた「コミュニティ」は、子どもたちがここに参加したい、かつて参加して成長した青年たちが、ふたたびここにかかわりたいと思わせるような、継承の努力が欠かせない。教室は常に創造し続ける必要がある、少々「やっかい」な「コミュニティ」でもある。

子どもたちが「おもんない」と言いながらも毎週欠かすことなく参加していることからも、教室が子どもたちの安心できる場になっているのは明らかであろう。ただし、子どもたちが教室でばかり元気な姿をみせるとすれば、いったん立ち止まり、そこに問題がひそんでいると考えるべきである。エスニック・ルーツを持つことでなんらかの「緊張」を強いられ、ルーツ語教室でしかそれらから解放されないのであれば、「緊張」を強いる側に問題を差し戻す必要がある。ルーツを隠さず、かつ、「緊張」せずに安心して生きていける社会であれば教室は必要ない。当然ながら、望ましいのはそのような社会である。

エスニック・ルーツを持つ当事者がみずからのルーツを隠さざるをえない、なんらかの「緊張」を強いられるからこそ教室のような「解放区」が必要となる。だとすれば、ルーツを隠さざるをえない社会を変革する必要性が生じる。教室はエスニック・マイノリティをとりまく今も昔も変わらない課題を突きつけている。

コラム⑤

コロナ禍の東京に生きる居住困窮層への民間支援の現状と課題
――外国人、DV被害者、母子世帯、ホームレス支援の現場から

杉野衣代
（お茶の水女子大学／大阪市立大学）

東京ではヒトやモノの集積が強みとなり富や活力を生み出してきたが、新型コロナウィルス感染症によってその一極集中が弱みに転じ、他都市よりも社会活動に大きな制限を受けた。その最も大きなしわ寄せは社会的弱者に集中している状況にある。本稿では、外国人、DV被害者、母子世帯、ホームレス支援に携わる民間団体のキーパーソンへ、東京におけるコロナ禍のそれぞれの支援現場の現状を聞き取りした結果を提示していきたい。

「ささえあい基金」から見える仮放免外国人と留学生の困窮

東京における外国人支援の状況を、特定非営利活動法人移住者と連帯する全国ネットワーク（移住連）運営委員（上智大学教授）の稲葉奈々子さんにお伺いした。稲葉さんは、反貧困ネットワークが中心となって立ち上げたコロナ禍によって困窮した人たちへの支援金給付事業である「ささえあい基金」の外国人からの窓口を担当されている。

「ささえあい基金」への申請状況を見ると、10月31日現在で939件のうち東京からの申請は81件と少なかった。少ない中からも見えてきたことは、東京で仮放免の外国人と留学生が困窮している状況である。仮放免の外国人は生活保護を受けることも就労することもできないため、仮放免の状態にあること自体がそもそも困窮した状態である。さらに、支援者なしには生活ができず、その支援者がコロナ禍で困窮して、連鎖的に生活が立ち行かなくなったという状況も見られる。

一方、留学生は、アルバイトをしながら生活費と学費を支払っている人たちが多いので、コロナ禍でアルバイトがなくなり困窮してしまっている。こうした困窮した留学生たちの居住確保のために、移住連などの支援団体が住居確保給付金の手続きの支援をしたり、学校の寮に住み続けられるよう学校と交渉したりしている状況にある。こうした外国人の窮状を支援するため、移住連でも独自の基金を立ち上げ支援金の支給を始めている。

急増するDV被害者

コロナ禍による失業や「ステイホーム」により、DV被害者が世界中で急増していることが報告されている。東京での状況を、東京でDV被害者支援を行っている非営利活動法人女性ネットSaya-Saya代表理事の松本和子さんにお伺いした。

Saya-Sayaでは4月からDVのLINE相談を始め、電話相談枠も広げた。さらに、内閣府実施の電話相談「DV相談プラス」の委託も受けるようになった。そうしたところ相談件数が急増した。コロナ禍により、相談窓口の拡大と今までなんとか持ちこたえていた家庭が、自宅勤務などで持ちこたえられなくなったという状況が重なり、支援に繋がる人のすそ野が少し広がったように感じる。それでも、電話が繋がらないという声が上がっており支援ニーズに応えきれていないように感じている。

これは以前からの課題であるが、日本はまだ被害者が恥とか自分に非があると感じさせられる社会である。そのため、被害者は非常に声を上げにくく我慢を強いられる状況にある。声を上げられるようになれば、そこから新たな問題が掘り起こされると思うので、そこを変えていく必要がある。また、どこの国でも民間主導でDV被害者支援を行っているので、日本も民間主導で行政と連携しながら支援を行う方式に変えていかないと個々のニーズに対応できない。このコロナ禍によるDV被害の拡大を受け、全国女性シェルターネットが要望をまとめ行政に要望を出す動きも出ている。そのため、コロナ禍は、支援のあり方を変えていく大きなチャンスであると考えている。

シングルマザー向けシェアハウスという母子世帯の新たな住まい

住まいに育児・家事支援などを付加した新たな住まいであるシングルマザー向けシェアハウスは、母子の住生活を研究する葛西リサさんの調査によれば、2018年3月現在、全国に22戸存在し、その内10戸が東京都に集中する状況にある。その運営事業者によって構成されている特定非営利活動法人全国ひとり親世帯居住支援機構代表理事の秋山怜史さんに、コロナ禍の母子世帯の居住問題について伺った。

母子世帯向けの住まいを探すポータルサイトの検索件数が、緊急事態宣言が出されていた5月以降顕著に増加している。これは、賃貸住宅に住み続けることが苦しくなっているので、シェアハウスの検索数が伸びているのではないかと推測している。しかし、検索数は増えているものの相談件数の増加につながらないという現状にある。そのため、コロナ禍によって今は移動を自粛しているフェーズではないかと考えている。今後、経済的に逼迫した母子世帯から居住可能な物件への転居ニーズが表れてくるのではないかと予想している。

こうしたニーズを見越して、機構ではシングルマザー向けシェアハウスに住む困窮した母子世帯を対象とした6ヶ月間30万円分の家賃補助をこの7月から開始したところである。この家賃補助の効果を検証して行政に働きかけ政策提言していきたい。どれぐらいの母子が困っているのか行政も把握できていないのが母子世帯の居住問題の課題であるため、我々がエビデンスを作っていくフェーズかと思っている。

ハウジングファーストによるホームレス支援

コロナ禍にある東京でのホームレス支援の状況を、ハウジングファースト東京プロジェクトを構成する団体の一つである一般社団法人つくろい東京ファンド代表理事稲葉剛さんにお伺いした。同プロジェクトでは、ホームレス状態から住まいを確保すること及びその後の居住生活を継続するための支援を行っている。

つくろい東京ファンドでは、緊急事態宣言を受けたネットカフェの休業に合わせて、ウェブ上で相談フォームを開設したところ、5月末までに170件の相談があった。ここから支援につながった人は、主に東京都や区役所が借り上げたビジネスホテルやつくろい東京ファンドが運営するシェルターに一時滞在した後、生活保護を申請してアパート生活を取り戻す。コロナ禍で行き場を失った人は、路上生活経験もなく住まいさえあれば生活再建可能な人たちも多いのが特徴である。

その一方、このコロナ禍によって路上生活が10～20年と長期に渡る60代後半～70代の人たちが、感染を避けるためにシェルターに入居するという現象も現れている。つまり、このコロナ禍でホームレス期間が短い人とホームレス期間が長い人という今まで支援に繋がりにくかった困窮層が支援に繋がったという状況がある。

また、コロナ禍を受けて訪問などの居住支援に当たっていたスタッフの何名かが在宅勤務（自宅からの電話確認）に移行したため、既にアパート生活へ移行している人たちへの支援は通常より手薄になっている。さらに、アパート生活者と地域の人たちとの交流の場となっていたカフェ（カフェ潮の路）もコロナ禍により休止中で再開の目処が立っていない。何か屋外で集まれるような機会を設けたいと考えているが、今のところ具体的な案はなく、居場所事業をどうするかは課題となっている。

まとめ

各支援現場から見えてくるのは、元々、困窮やDVなどの問題を抱えている層やリスクの高い層がコロナ禍によって深刻化した状況である。こういった支援ニーズに民間支援団体はいち早く反応し、また、新たな支援を展開するなど支援活動を加速させている。筆者は、民間支援団体が担うセーフティネットとしての役割が、コロナ禍によって益々大きくなっているように思った次第である。

コラム⑥

教育と福祉と地域
――住之江区のこどもを支える取組みについて

松永貴美
（大阪市住之江区）

1. はじめに

平成28年大阪市「子どもの生活に関する実態調査」結果によると、大阪市全体の中でも住之江区には課題のあるこどもや世帯が多い傾向があることがわかる。経済、生活、学力等全般において、概ね全国平均、大阪市平均よりも下回る結果が出ている。

平成31年1月に区職員や福祉関係者やNPOスタッフならびに地域住民等が参加した勉強会「データで見る！すみのえの子どもと若者」では、これらの調査結果を可視化した資料を基に、参加者がそれぞれの立場からディスカッションを行った。参加者からは、実務や活動をとおして日頃感じている住之江区のこどもの現状と、可視化されたデータで見る現状との違い等について意見があがり、関係者間で課題意識を共有することが重要であると再認識する機会となった。

2. 大阪市こどもサポートネット事業の開始

大阪市こどもサポートネット事業は、大阪市が平成28年に実施した「子どもの生活に関する実態調査」の分析から、支援の必要なこどもや世帯については、複合的な課題を抱えていることが多く、総合的な支援が必要であるが、各種施策が十分に届いていないといったことが明らかになったことから、支援の必要なこどもや世帯を学校において発見し、区役所等の適切な支援につなぐ仕組みを構築し、区長のマネジメントにより、社会全体でこどもと子育て世帯を各種施策により総合的に支援する取組みである。

事業は、校長、教頭、担任、養護教諭等による「チーム学校」に、スクールソーシャルワーカー（以下、SSWと言う。）やスクールカウンセラー（以下、SCと言う。）、こどもサポート推進員（以下、推進員と言う。）を加えた「スクリーニング会議Ⅱ」において、スクリーニングシートを活用して課題を抱えるこどもと子育て世帯を発見し、支援方法を検討する。教育分野においては、学校やSSWならびにSCが支援し、保健福祉分野においては、推進員が保健福祉分野や地域による支援につなぐ。

住之江区では、平成 30 年度からモデル区として全市展開に先駆けて事業を開始しており、事業実施 3 年目となる令和 2 年度においては、事業の課題整理を行い、区長マネジメントのもと、より良い体制づくりを目指している。

3. 住之江区におけるこどもサポートネット事業の実施状況

住之江区においては、平成 30 年度の事業開始以来、保健福祉課子育て支援室と総務課教育担当とで共管し事業を実施している。SSW ならびに推進員が日々学校と連携し、子どもの支援に取り組んでいる。平成 30 年度から 31 年度にかけて、事業の対象とする児童・生徒数は前年比約 140% と増えており、学校におけるこどもサポートネット事業が徐々に浸透していることがうかがえる。令和 2 年度については、コロナ感染症対策のため、従来どおりの学校や家庭への訪問、会議の開催等がままならない状態が続いているものの、9 月現在では感染症対策を心掛けながら徐々に事業も動き出している。

4. 放課後学習チャレンジ教室事業の開始

平成 30 年度から「こどもサポートネット事業」を開始して以来、福祉領域の支援者から、小学生を対象とした学習支援に関する資源不足についての意見があがっていた。住之江区では、区内の児童・生徒を対象に放課後の学校において大人数制での学習支援事業を従来から実施していたものの、学校長へのヒアリングにおいて、課題を持つ児童・生徒にはよりきめ細やかな対応が必要であるという助言もあったことから、「こどもサポートネット事業」で支援する児童等を対象とした少人数制の学習支援事業として、令和 2 年度より、「放課後学習チャレンジ教室事業」を立ち上げることとなった。然しながら、令和元年度末よりコロナ感染症対策のため区内すべての小中学校が休業し、学習支援事業についてもやむなく中止した。同様に、「放課後学習チャレンジ教室事業」についても 7 月末まで事業中止を余儀なくされた。

5. コロナ禍における放課後学習支援の課題

コロナ禍における学校においては、1 日の授業時間の増加や学校行事の中止や変更があり、児童・生徒への負担が大きくなっていることは明らかである。また、教職員については、1 日あたりの授業時間の増加に加えて、新たな ICT 化への対応やコロナ感染症対策に関わる連絡業務や消毒作業等、本来の教育業務外の業務に手を取られる機会が増えている。このような状況において、児童や生徒に放課後学習を促すことは難しい。とりわけ、課題のある児童を学習支援につなげることの難しさが、コロナ禍以前よりも顕著になっている。教職員の手が足りない状況では、ただ学習支援の場を提供するだけでは、支援を必要とする児童や生徒に支援が届かない現状がある。

今後、「放課後学習チャレンジ教室事業」を継続するにあたっては、こどもサポートネット事業に関わるSSWや福祉領域の支援者との連携を強化し、学校の状況も考慮したうえで、児童を支援につなげる段階から視野に入れた事業としての再スタートを検討する必要がある。

6. おわりに

「こどもサポートネット事業」の概念図においては、こどもや子育て世代を中心に、3つの領域の支援者が描かれている。一つ目は教育分野の支援者としての「学校」、二つ目は保健福祉分野の支援者としての「区役所（保健福祉センター）」、三つ目は地域による支援者として、「民生委員・児童委員や主任児童委員や保護司、NPOや地域団体、青少年指導員や青少年福祉員、企業や商店等」が描かれている。こどもたちを取り巻く環境は日々多様化している。コロナ禍であるか否かに関わらず、今後の社会で求められる力は、「生き抜く力」である。あらゆる環境にあるこどもたちが、「生き抜く力」を身につけるために、こどもたちや子育て世帯を取り巻く、学校、保健福祉分野、地域、それぞれができることを注力し、こどもたちを学びにつなげる環境を整えていくことを目指したい。

おわりに

新型コロナウィルスの影響により、本年6月に開催予定であった「第10回東アジア包摂都市ネットワーク・ワークショップ」の開催が来年以降に延期された。台北での第1回の開催から10年、時代が一つ変わろうとする節目での開催を見据え、これまでの交流経験や実績を総和するという意味で、新たな交流拠点として、「東アジア包摂都市ネットワーク（East Asian Inclusive City Network, EA-ICN）」を結成することがメンバー間で合意されていた。

10年の間、ますます複雑多様化していく都市問題に対し、一都市内だけでの実践では限界を覚え、都市相互の経験交流による人材育成の支援や、比較研究を通した現場還元を目指し、内側と外側の両面から改善への手助けとなる拠点機構を形成していく必要性を、メンバーたちは強く感じていた。

東アジアの各都市は、文化や言語、規範などの様ざまな側面において類似した点を多く持つ。政治力の強いリーダーシップによって成し遂げられてきた開発の経験や、それを後方から支援するような形で整備されてきた社会保険や社会保障の充実化等、社会システムの生産主義かつ開発主義的な側面においても共通している。

一方、近年は、どの国や地域でも急速な少子化や高齢化の波に加え、財政赤字が膨れ上がるという状況が重なり合う中、行政のスリム化という名目で、民間との協力や資源の動員が進められている。それによって福祉の担い手も、公助から共助や自助への移行が広がっているようにも見える。

本書の各チャプター、そしてコラム等で取り上げた内容は、まさにそのような現在の各都市が置かれている状況や実態にかんする現場の報告である。人口減少や経済格差の拡大、そしてそれがもたらした都市空間の脆弱化という新たな課題にあたり、「分断都市」から「包摂都市」に向かうための、格闘の記録といっても過言ではない。

日本は、他の都市を先導するような形で人口減少と高齢化が進み、一方では住宅の余剰化と都市基盤の脆弱化による都市の劣化が危惧されるばかりでなく、災害リスクも高まっている。しかしもはやこれらの課題も東アジアに共通しており、ある面では日本以上に速いスピードで進んでいるところもある。しかし、本書では、まだそのような具体的な現場に対する実証的な調査内容が体系的に反映されておらず、それは今後の課題として譲るしかない。

本書は、この10年間の都市間交流の場に参加された多くの方がたの協力によるものである。また、これには、本書でも翻訳を担当された隠れた功労者の方がた、すなわち、各交流の場でも通訳や翻訳を担当してもらった多くの方がたの労がなければ成しえないことであった。そのようないわゆる翻訳や通訳の役割が、交流のファシリテーターとしてかつオーガナイザーとしていかに重要であるかを改めて実感させられている。

本書の刊行に当たっては、筆者が研究代表を務めた「トヨタ財団国際助成プログラム（東アジア包摂都市ネットワークの構築：引き裂かれた都市から包摂型都市へ）」による助成金の一部を利用した。まだ「包摂型都市」は「包摂都市」に向かう途中でしかなく、今後もいただいた貴重な機会を活かし研究や実践にまい進したい。なお、厳しい出版事情にもかかわらず、快く本書の刊行を引き受けていただいた東信堂下田勝司社長には、本書の構成をはじめ、様々な側面で助言をいただいた。ここに記してそのすべての方がたに感謝申し上げる。

執筆者一覧（＊＝編者）

＊全泓奎（はじめに・おわりに・13章）　大阪市立大学
Ngai Ming Yip（葉毅明）（1章）　City University of Hong Kong
箱田徹（1章訳）　天理大学
ヒェラルド・コルナトウスキ（2章）　九州大学
MAK Yee Ting（コラム：香港①）　聖雅各福群会社会房屋組
香港社区組織協会（コラム：香港②）
公認住居管理協会アジア太平洋支部（コラム：香港③）
施慧玲（コラム：香港④）　基督教関懐無家者協会
綱島洋之（コラム：香港⑤）　大阪市立大学
黃麗玲（3章）　国立台湾大学
劉恩英（4章）　国立台湾大学
山田理絵子（3・4章訳、コラム：台湾④）　包摂都市ネットワーク・ジャパン
林啟賢（コラム：台湾①）　国家住宅及び都市更新センター
蕭舒雲（コラム：台湾②）　台北市政府社会局
巫彥德（コラム：台湾③）　人生百味
閻和平（5章）　大阪商業大学
楊慧敏（香港①・②・④、台湾①・②・③訳、コラム：中国①）　同志社大学
金秀顯（6章）　世宗大学校
南垣碩（7章）　ソウル研究院
湯山篤（6章・7章訳、8章）　大阪市立大学
ソン・ドンス（コラム：韓国①）　サランバンマウル住民協同会
キム・ユンジ（コラム：韓国②）　ソウル住宅都市公社
鄭愿伍（コラム：韓国③）　大韓民国ソウル市城東区
イム・ドンウク（コラム：韓国④）　韓国外国語大学校
松下茉那（コラム：韓国①・②・③・④訳、コラム：韓国⑤）　神戸大学
阿部昌樹（9章）　大阪市立大学
水内俊雄・寺谷裕紀（10章）　大阪市立大学
矢野淳士（コラム：香港③訳、11章）　AKYインクルーシブコミュニティ研究所
志賀信夫（12章）　県立広島大学
川本綾（14章）　カトリック大阪大司教区社会活動センターシナピス
網中孝幸（コラム：日本①）　八尾市役所
古下政義（コラム：日本②）　包摂都市ネットワーク・ジャパン
掛川直之（コラム：日本③）　立命館大学
鄭栄鎭（コラム：日本④）　大阪市立大学
杉野衣代（コラム：日本⑤）　お茶の水女子大学／大阪市立大学
松永貴美（コラム：日本⑥）　大阪市住之江区役所

編著者

全 泓奎（じょん　ほんぎゅ）

所属：大阪市立大学都市研究プラザ教授・同副所長

専攻：アジア都市論、居住福祉論

最終学歴：東京大学大学院工学系研究科博士課程修了、博士（工学）

主要業績：『東アジア都市の居住と生活：福祉実践の現場から』（編著、東信堂、2019年）、『東アジア福祉資本主義の比較政治経済学：社会政策の生産主義モデル』（共監訳、東信堂、2019年）、『包摂都市のレジリエンス：理念モデルと実践モデルの構築』（共編著、水曜社、2017年）、『包摂都市を構想する：東アジアにおける実践』（編著、法律文化社、2016年）、『包摂型社会：社会的排除アプローチとその実践』（法律文化社、2015年）等。

分断都市から包摂都市へ：東アジアの福祉システム

2020年12月10日　　初　版第1刷発行　　〔検印省略〕

定価はカバーに表示してあります。

編著者Ⓒ全泓奎／発行者 下田勝司　　印刷・製本／中央精版印刷

東京都文京区向丘 1-20-6　　郵便振替 00110-6-37828

〒113-0023　TEL (03) 3818-5521　FAX (03) 3818-5514

発行所 株式会社 東信堂

Published by TOSHINDO PUBLISHING CO., LTD.

1-20-6, Mukougaoka, Bunkyo-ku, Tokyo, 113-0023, Japan

E-mail : tk203444@fsinet.or.jp　http://www.toshindo-pub.com

ISBN978-4-7989-1670-5　C3036

〒113-0023　東京都文京区向丘 1-20-6　TEL 03-3818-5521　FAX03-3818-5514　振替 00110-6-37828
Email tk203444@fsinet.or.jp　URL:http://www.toshindo-pub.com/